U0565024

中國哲學方法論

如何治『中国哲学』

彭国翔 著

上海三联书店

目 录

导 言

本书由我2003年以来发表的十篇论文和一篇访谈结集而成，以对中国哲学方法论的探讨为全书核心。虽然也涉及若干相关的其他问题，但如何治中国哲学，特别是如何从事中国哲学的现代诠释工作，可以说是一个贯穿全书始终的基本问题意识。正是在这个意义上，本书以“中国哲学方法论”为正题，以“如何治‘中国哲学’”为副题。

对于从事“中国哲学”的学者而言，是否具备足够的方法论自觉以及这种方法论是否周全合理，直接制约着其成就的有无和大小。没有充分的方法论自觉，哪怕终生从事中国哲学，也只能是“依样画葫芦”，往往由其跟随的老师和阅读的著作决定其自我发展与完成的形态。在这种情况下，遇到一流的老师，读到一流的著作，长期“熏习”和“临帖”之下，也许可以成为不错的“摹本”。但这已是最理想的结果，实际情况则大多不过是“对塔说相轮”的门外聒噪，并不真正懂得学术思想为何物。而如果遇到的老师是庸碌之辈，读到的作品又并无原创性可言，那么，即便获得博士学位，得到大学的教职，也不过是“中国哲学”的“从业员”，无法在“中国哲学”这一领域真正有所建树。至于能够意识到方法论之重要，更能够对此进行自觉的思考，但未能形成系统、合理与周到的见解，要么边见作祟，要么蔽于一曲，则往往落入“道隐于小成，言隐于荣华”的地步而不自知，或可在一些“蛛丝马迹”上不无所见，终究难成贯通古今中西的大器。

对于中国哲学方法论的自觉反省，我的这部小书当然不敢自诩已经做到了系统、合理与周到。但是，对于从事中国哲学乃至整个中国人文学的同行，尤其是那些有志于中国哲学和人文学且尚未陷溺于门户之见和帮派习气的年轻朋友，如果我的探讨能够提供些许的帮助，即便是作为启发进一步思考的助缘，这部小书的结集出版，便不再只是我个人多年来思考中国哲学方法论问题的初步总结，而同时也获得了更具公共性的价值和意义。此外，虽然有心的读者未尝不可以从原初发表的出版物中寻得本书的各章文字，但鉴于各章文字不仅散见于不同的出版物，更是发表于前后跨度达十六年间的不同时期，此书将其汇总并加以修订，无疑可以为读者提供无需“动手动脚找东西”（借用傅斯年语）的便利。这也是本书出版的另一个意义。下面，我将对本书各章包括附录的缘起和主旨加以简要的交代，然后对本书各章和附录编排的结构及其意义加以说明，希望可以为读者在阅读本书各章及附录之前，提供一些理解上的帮助。

第一章“合法性、视域与主体性——当前中国哲学研究的反省与前瞻”作于 2002 年底，最初发表于《江汉论坛》2003 年第 7 期，是应当时担任《中国社会科学》编辑的魏长宝兄之邀所作的笔谈文章之一。该文曾被《新华文摘》2004 年第 1 期全文转载，也曾收入我的《儒家传统与中国哲学——新世纪的回顾与前瞻》（石家庄：河北人民出版社，2009 年 8 月初版）一书中。该文的英文版则发表于《当代中国思想》（*Contemporary Chinese Thought*）2005 年的秋季号。

我对于中国哲学方法论的思考，自然不是从这篇文字才开始。不过，我的思考进入学界的公共论域，应该以这篇文字为最初的标志。长宝兄当初之所以邀请中国哲学领域的几位同仁撰稿，始于所谓“中国哲学合法性”的问题。正如我在该文一开始即指出的，所谓“合法性”的质疑本身即存在合法性的问题。因为该种质疑所赖以为据的“哲学”观，实则不过是西方哲学传统的一支。如果对西方哲学传统能有更为深入和全面的了解，则未必需要拘泥于某一种对于哲学的理解而对“中国哲学”是否构成一种“哲学”产生疑问。在我看来，真正的问题不是对中国哲学是否构成一种“哲学”这一伪问题纠缠不已，而是如何才能建立中国哲学的主体性。这一问题，其实是上个世纪初学界讨论如何研究中国哲学的焦点所在。只不过当时参与讨论的学者，未必都能对此具有足够清楚的意识。而这一问题意识，成为我思考中国哲学方法论的出发点。事实上，我在文中已经指出了西方哲学、海外中国哲学研究对于中国哲学的不可或缺，也指出了中国哲学原始文献对于确保中国哲学主体性的意义。就此而言，我对于中国哲学方法论的思考和反省，其宗旨可以说在这篇最早发表的文章中已经确立。不过，限于当时笔谈文章的篇幅要求，虽然宗旨已备，但详细的论述和阐发，则要到后来进一步发表的文字了。

第二章“中国哲学研究的三个自觉——以《有无之境》为例”作于2006年，原本是为陈来先生《有无之境——王阳明哲学的精神》一书撰写的书评论文（review article），最初曾以“为中国哲学研究建立典范——试评陈来《有无之境——王阳明哲学的精神》”为题发表于《哲学门》总第13辑第7卷（2006）第1册。由于该辑《哲学门》其实出版于2007年，在此之前，本文曾以如今的题目，作为会议论文提交给深圳大学国学研究所和澳大利亚国立大学亚洲研究院于2006年12月12—14日在深圳大学联合主办的“中国哲学建构的当代反省与未来前瞻”国际学术研讨会。后来景海峰教授主编出版会议论文集《拾薪集——“中国哲学”建构的当代反思与未来前瞻》(北京：北京大学出版社，2007 年 7 月)，该文也收录其中。

我在这篇文章中着重探讨的"文献基础"、"西学素养"和"国际视野"，可以说是我对在"合法性、视域与主体性"一文中已经提出的宗旨的进一步发挥。该文最初以《有无之境——王阳明哲学的精神》书评论文的形式发表，固然是应陈来先生之命，但更为重要的原因是，在我看来，该书恰恰是很好地体现了"文献基础"、"西学素养"和"国际视野"的范例。这三个概念的意思虽然在"合法性、视域与主体性"一文中已经具备，但其正式和确定的表述，则是在"中国哲学研究的三个自觉"一文之中。如果说"西学素养、文献基础和国际视野"三元一组的观念构成我的中国哲学方法论的重要组成部分，那么，读者要想对这三个方面的内涵有基本的了解，除了"合法性、视域与主体性"这一章之外，首先要阅读的便应是"中国哲学研究的三个自觉"这篇文章。我在对这三个方面的内涵进行阐释的同时，对于三者之间的关系，也提出了自己初步的看法。不过，对于从事中国哲学而言，这三者之间的关系究竟应该如何理解，三者各自的意义为何，后来又因学界的各种机缘，促使我做出了进一步的思考和说明。本文最后部分，对于中国哲学的"研究"与"建构"之间的关系，我也大略提出了自己的看法。因为所谓"从事"或者"治"中国哲学，其实包含"研究"和"建构"两个彼此不同却又密切相关的方面。前者主要是指中国哲学史的诠释，后者则侧重中国哲学的理论创造。不过，对于两者之间的关系，由于相应的时节因缘，要在我后来的若干文字中，比如"在世界学术的整体中推进中国的人文学"(2018)这篇访谈和"中国哲学方法论的再思考——温故与知新"(2019)这篇论文的相关部分，才有进一步的探讨和分析。

第三章"中国哲学研究方法论的再反思——'援西入中'及其两种模式"也是一篇约稿的结果，最初发表于《南京大学学报》2007

年第 4 期，后来也曾收入我的《儒家传统与中国哲学——新世纪的回顾与前瞻》(石家庄：河北人民出版社，2009 年 8 月初版)。2006 年底，南京大学的颜世安教授约我为他在《南京大学学报》主持的一个专栏撰稿，主题是回应刘笑敢教授所谓的“反向格义”说。不过，我的这篇文章与其说是对刘教授的回应，不如说是对一个具有普遍性的问题的进一步思考。因为他提出的疑问并非他个人的私见，而是当时不少学者共同的意识，我的探讨也是以中国哲学的方法论为对象，其中援以为例的文献及其范围涵盖整个中国哲学史，而不是像刘教授在论述其“反向格义”说的相关论文中那样仅以老子的现代诠释为例。事实上，刘教授并未参与学界关于中国哲学合法性问题以及中国哲学方法论问题最初的讨论。他的“反向格义”说是比较后来才提出的。此外，这个名词也并非其首创，而是在几位台湾学者既有概念的基础上提出的。

本章首先交代了写作的背景与所要探讨的问题，表明撰写此文的用意。其次论证并指出：20 世纪以来作为现代学科意义上的“中国哲学”，在引入西方哲学的观念资源来诠释和建构现代中国哲学的意义上，其基本模式与其使用“反向格义”来指称，不如以“援西入中”来描述。之所以如此，原因有二：其一，在“援西入中”这一用语中，明确交代了现代“中国哲学”中不可或缺的两个基本要素，即西方哲学的观念资源和中国传统哲学的思想内容。正如我在前两章已经指出的，现代中国哲学方法论的一个核心线索或课题，是思考如何处理传统中国哲学与西方哲学的关系问题。这一点是“反向格义”一语所不能反映的。其二，“援西入中”是对 20 世纪以来引入西方哲学观念来诠释和建构现代中国哲学这一基本模式的客观描述，并不预设这一模式必然陷入困境因而一定是消极和负面的。如果西方哲学观念的引入可以使传统中国哲学的固有内容在“未始出吾宗”的情况下不断丰富和扩展，正如宋明儒学援引佛道两家的观念不仅没有使儒学的精义丧失，反而使其发挥得更加透彻一样，那么，这种“援西入中”就是一种正面和积极的诠释与建构。换言之，“援西入中”可以同时包含正面和负面两种不同的模式和后果，“反向格义”不过指示了其中负面的模式，即在引入西方哲学的过程中使中国哲学的主体性和特质逐渐丧失，思想内容逐渐沦为单纯被解释的材料。在此基础上，我进而对比、分析了“援西入中”的正、负两种模式及其特点，具体说明了西方哲学“援入”中国哲学的不同方式及其不同效果。如果说我在本书前两章中已经指出现代中国哲学自始即无法摆脱与西方哲学的关系，可以视为一种“比较哲学”，那么，在本章的最后部分，我总结全文论旨，再次指出对于作为一门“比较哲学”的现代“中国哲学”来说，西方哲学不仅不是“负担”，反而是“资源”。中国哲学当下和将来发展的必由之路不应当是“去西方哲学化”，其诠释和建构恰恰需要与西方的哲学甚至整个人文学科的深度互动。如此才能真正避免那种“以西解中”的“单向格义”，从而在“以中为主”的“中西双向互诠”中建立中国哲学自身的主体性。

第四章“中国哲学方法论的再思考——温故与知新”作于 2018 年底，最初发表于 2019 年 9 月的《哲学动态》，同样是一篇应约而撰的文字。由于我之前认为自己关于中国哲学方法论的思考在前三章的文字中已经基本交代清楚，今后也不会有所改变，所以原本已经不打算再写这一类的文字。这也和我历来认为的一个看法有关，即方法论的反省固然不可或缺，但更重要的是要将其体现于具体和坚实的研究与建构之中。之所以还是有了这篇文章，几乎完全是因为约稿人长达两年有余的锲而不舍。只不过该文最终并未发表在最初约稿人所在的刊物，其间的曲折，非三言两语能尽。关键在于最初约稿刊物编辑对于此文的删改，已经不只是订正讹误，而是到了改变文意和文风的程度，而且非如此不可。这实在与我对编辑工作性质的理解相去甚远，只能撤稿。不过，这里不是交代此事前因后果的地方。若非需要说明此文依然是一篇约稿的结果这一缘起，我本完全不必在此提及此事。当然，在此文撰写的过程中，《哲学动态》的编辑王正也曾向我约稿。这也是我最终决定由原先约稿的刊物撤稿，改由《哲学动态》发表的缘由。

本章首先回顾了21世纪初我参与学界中国哲学方法讨论时提出的主要看法，将其核心内容概括为“一个模式”和“一组观念”。一个模式是“援西入中”，一组观念是“西学素养、文献基础和国际视野”。“援西入中”是对20世纪以来现代中国哲学诠释与建构基本模式的概括，是在“描述”而非“主张”的意义上做出的一种客观的观察，与“以西解中”、“汉话胡说”和“反向格义”这些单一消极指向和明显包含负面价值判断的观念明显不同。对于“援西入中”这一用语四个方面的涵义，本章做出了清楚的说明。这一观念虽然在前三章的文字中或多或少都有反映，尤其是在第三章的文字中正式提出，但只有在本章的文字中，才将其各方面的涵义集中加以完整与明确的界定。至于“西学素养、文献基础和国际视野”这三元一组的观念，虽然前三章的文字中也已经明确提出，但作为对如何诠释与建构现代中国哲学的三个不可或缺且彼此相关的方面，以及作为从事中国哲学的现代学人所当具备的一种工作程序的方法自觉，其意义则在本章中得到了全面的总结。

当然，如果说对于“援西入中”和“西学素养、文献基础和国际视野”的总结重在回顾性的“温故”，那么，在此基础上，本章第三部分的内容，则围绕“作为比较哲学的中国哲学”、“如何理解‘文献基础’中的‘文献’”、“诠释/建构、哲学史/哲学、人物/问题”以及“方法论背后的‘哲学’观”这几个问题，既作澄清，又加辨正。在前三章文字发表多年之后，本章文字作为仍然一直关注学界相关动态、不断思考的结果，再次对如何诠释与建构现代中国哲学提出了进一步的方法论思考。在这个意义上，作为本书中最近的一篇文字，本章既是对前三章内容的总结，也提出了一些新的看法。所谓“温故与知新”，即就此而言。

第五章“重思‘Metaphysics’——中国哲学的视角”作于2014年，最初发表于《中国社会科学》2015年第11期。在前四章的内容中，我反复指出的一点就是：作为现代学科意义上的中国哲学，自始即处在与西方哲学的关系之中，可以说是一种“比较哲学”。并且，我也已经提出了“中西方哲学的互动交融”（第一章）、“双向互诠”（第二章）以及“中西双向互诠”（第三章）的观念。显然，中西哲学传统之间不应该是单向的关系，无论是“互动交融”还是“双向互诠”，其核心在于一个“互”字。换言之，在“援西入中”的同时，我们也需要进行“援中入西”的工作。就此而言，如果说前四章的重点均在于探讨“援西入中”过程中需要注意的若干方法论问题，那么，第五章的重点则可以说转换到了“援中入西”之上。

本章开篇即指出，如果说以往我思考如何在当代中国治“中国哲学”这一问题时，主要关注的是西方哲学传统在“研究”与“建构”这两个虽密切相关但毕竟各有不同的方面所扮演的角色。那么，这一章我想探讨的，则是在一个世界哲学彼此互动、“共生共成”的整体脉络中，中国哲学传统对于当今西方哲学的发展所可能提供的思想资源，以及如何进一步不囿于西方哲学的传统而去思考一些人类经验普遍面对的根本哲学问题。这一点，可以说是一个关乎“世界哲学”发展的问题。不过，为了不使这一讨论过于抽象，我并未在一般的意义上进行讨论，而是选择了西方哲学中的“metaphysics”和中国哲学中的“形而上学”作为展开分析和论证的取样和视角。具体而言，本章首先对比分析了西方哲学传统中以柏拉图哲学为代表的“metaphysics”与中国哲学传统中以儒家哲学为代表的“形而上学”这两者之间的差异，揭示了其各自的根本特点。其次，本章以现代中国哲学中较有代表性的几种"形而上学"建构为例，包括牟宗三的"道德的形上学"、陈来的"仁学本体论"和杨国荣的"具体的形而上学"，将其作为中国"形而上学"对于西方"metaphysics"的回应，进一步考察了"援中入西"所可能产生的理论效果。最后，指出当前中西哲学发展的前提与前景在于世界哲学的"共生共成"，以及双方应当如何在这一共生共成的格局下自处和发展。

总之，作为我自己"铸造"的两个术语，如果说"援西入中"更多地是一个事实的描述和历史的观察，是对 20 世纪初以来中国哲学研究与建构基本模式的概括，尽管这一"援入"的历史事实同时也是一种"应然"的自觉，那么，与之相较，"援中入西"则更多的是一种呼吁和主张。这种呼吁和主张包括两层涵义：首先，要自觉调动和运用中国哲学乃至整个人文学传统的资源，去解决西方"philosophy"乃至整个"humanities"传统内部的基本问题；其次，也是更为重要的一点，"援中入西"并不仅仅是为了"援外"，因为正如西方哲学对于现代中国哲学的发展毕竟只是"助缘"一样，西方哲学的发展最终仍要落实为一种自我的更新，中国哲学的"援入"并不能改变这一基本性质。除了有助于西方哲学传统的自我反思之外，"援中入西"更是要触及和探究那些中西传统彼此"共同"、"共通"或至少是具有"家族相似性"的普遍的人类经验，提炼出对这些经验更为深邃的检讨，为人类整体智慧的提升做出贡献。显然，如果我们承认古今中外人类经验所具有的普遍性，那么，哲学作为致力于反思人类经验的学问，其普遍性问题尤为突出。虽然"哲学"不必等同于"philosophy"且中文世界的"哲学"和西文世界的"philosophy"均非铁板一块，但中西哲学传统毕竟有着"共同"、"共通"或至少是具备"家族相似性"的问题意识。正是这些问题意识，使得"哲学"成为一个有别于其他人文学科的科目。也正是在这个意义上，"世界哲学"也才既不意味着世界上各种不同的哲学传统可以取消各自的特性而趋于同一，也不意味着这些不同的哲学传统彼此完全"另类"、毫无相互沟通的可能和必要。正是面对那些普遍的人类经验和问题意识，各种具有不同历史文化背景的哲学传统提供了各自的回应。这些回应共鸣激荡、融会贯通，反过来又深化和拓展了对于那些人类经验和问题意识的觉解，构成"世界哲学"这一"和而不同"、"多元一体"的人类思想与精神"风云际会"的场所。就此而言，世界上各种哲学传统，无论中西，可以说都是"世界哲学"的有机组成部分。正是这些各具特性的哲学传统彼此互动与融汇，使得"世界哲学"呈现为一个"日生日成"、"日新月异"的动态过程而非静态结构。因此，在一个世界哲学"共生共成"的整体脉络中，中国哲学传统对于当今西方哲学的发展能够提供怎样的思想资源，以及如何进一步不囿于中西哲学的传统而去思考一些人类经验普遍面对的根本哲学问题，既是我提出的"援中入西"这一用语的涵义所指，也构成本章整体思考的核心所在。

第六章"唐君毅的哲学观——以《哲学概论》为中心"最初发表于 2007 年第 4 期的《中国哲学史》。此文之作，虽然说外部的机缘是唐君毅作品系列 2005—2006 年在中国社会科学出版社出版，我应邀参加相关的学术会议，但是，该文除了弥补唐君毅研究中的一项缺失之外，其背后的问题意识，仍然是我对于中国哲学方法论的思考。正如我在本书第四章第三节最后"方法论背后的'哲学'观"部分指出的，任何哲学方法论的反省，都离不开背后的哲学观。对于什么是"哲学"的理解，会在相当程度上制约着关于哲学方法论的思考。因此，本章的内容固然可以说是考察唐君毅哲学观的个案研究，不过，透过呈现唐君毅对于什么是哲学的理解，也恰恰表达了我在世界各种哲学传统所构成的整体视域中对于那种"理一分殊"的哲学观的认同。

本章首先指出唐君毅在《哲学概论》中对中文“哲学”与西文“philosophy”的自觉区分及其意义。他从考察中文“哲”与“智”这两个字的涵义入手，认为中文“哲学”的涵义要比英文“philosophy”既宽且深。对他来说，“哲学”这一概念应是超越具体不同民族文化传统的一个具有普遍意义的概念，无论是西方哲学、中国哲学还是印度哲学，都只是“哲学”的一种，任何一种“哲学”都并不足以代表或独占“哲学”这一概念本身。如其所谓“我们则要以‘哲学’之一中国字，兼指西方人所谓 philosophy，与及西方以外如中国、印度之一切同类之学术思想”。正是在这个意义上，“哲学”虽然是一个日人翻译“philosophy”的现代名词，中文中本无“哲”与“学”连用的整词，但回到中文原本的语境，“哲学”完全可以将中国古代的理学、道学、道术等包括在内而有其自身的涵义。显然，唐君毅之所以并不忌讳将中国传统思想的相应部分称为“哲学”，是因为对他来说，“哲学”原本就不等于“philosophy”，这和如今国内一些反对用“哲学”来称呼中国传统智慧的人士有着根本的不同。后者往往不过是因为一说到“哲学”，自己心中不免总想到“philosophy”，加之不解“philosophy”这一概念在整个西方传统中的复杂，所以产生了不必要的混乱和顾忌。究其实，恐怕是对中国传统中“哲”与“学”字的涵义以及西方传统中“philosophy”的涵义都缺乏全面深入的了解所致。

其次，本章指出，正是在自觉区分“哲学”和“philosophy”的基础上，唐君毅建立了一种涵摄性(comprehensive)的哲学观。他将整个人类的学问分为两类六种，在这两类六种学问的关系中，为“哲学”划定了自身的范围。而在确定了“哲学”的范围尤其是与其他学问之间关系的同时，他又具体提出了对于究竟什么是“哲学”的看法，总结出了“哲学”的五种涵义，并将“哲学”所包涵的内容概括为“名理论”、“天道论”、“人道论”和“人文论”四大部分。整个西方哲学、中国哲学以及印度哲学的所有内容，几乎都被囊括在这四个部分之中。正是基于对中、西、印这世界上三大最重要的哲学传统的深入了解，唐君毅对哲学的理解才能够不为某一民族文化的哲学传统的特殊性所限定，从而成为一种涵摄性的哲学观。

在本章最后部分，我提出了对唐君毅涵摄性哲学观的三点评价：其一，是一元中心的破除，即不再以西方的“philosophy”作为“哲学”的标准；既破除了西方中心论，同时也超越了狭隘的民族主义，并非那种保守的东方甚至中国中心论。其二，是多元统摄的视野，即一方面顾及世界上不同哲学传统各自的特性，另一方面又能把握这些不同哲学传统之间的共性。前者是“多元”，后者是“统摄”。这一点，可以说是唐君毅提出的“超越的反省法”的一个自然结果。其三，是儒学价值的归宗。唐君毅的哲学观既不以西方哲学为中心，也不以中国哲学为中心，而是能够以一种多元统摄的视野去平情观照中、西、印三大不同的哲学传统。但在价值观上，他却仍然归宗中国的哲学传统，尤其儒学，或者说以儒家哲学的境界为最高。当然，哲学观与价值论属于不同的层次，一个哲学家或哲学研究者，其哲学观与其自身的价值立场之间，并不具有必然的对应关系。哲学观相同之人，其价值立场未必相同。而哲学观不同之人，其价值立场却可能一致。唐君毅价值观上的特殊性与其哲学观上的普遍性之间，并不存在矛盾。就此而言，我们可以说，无论采取怎样的价值立场和认同，并不妨碍我们广泛深入地了解“中国哲学”之外的各种哲学传统，那样非但不会消解“中国哲学”，反而是“中国哲学”自身丰富和发展的必要条件。而这一点，也许是唐君毅的“哲学观”对于如今从事中国哲学研究所能给予的最大启示。

第七章“唐君毅与印度哲学——以《哲学概论》为中心”最初以“唐君毅与印度哲学”为题刊于 2012 年的《哲学门》第 13 卷第 2

册。和前一章文字的性质一样，本文固然是一项专题研究，可以说是为了填补唐君毅思想研究的一项空白，同时也正是出于我对现代中国哲学作为一种比较哲学的方法论自觉。正是在这个意义上，我在该文的开头即指出了我之所以要从事这项专题研究的这两点用意。就后者来说，那种自觉就是：只有通过与世界上各种哲学传统的深度交流与充分对话，所谓“揽彼造化力，持为我神通”，中国哲学才能“苟日新、日日新、又日新”。显然，这正是我有关中国哲学方法论的一贯主张。

我在前面各章中反复提到必须将现代中国哲学理解为一种“比较哲学”，其意在于强调：现代学科意义上的中国哲学，自始即处在与西方哲学的关系之中；需要在与西方哲学的关系当中去理解和发展中国哲学。不过，中国哲学传统现代发展的参照系除了西方哲学之外，还有印度哲学。20世纪以来，尽管印度哲学在现代中国哲学诠释与重建的过程中所产生的影响远不如西方哲学那样深广，中国知识人中却已有关注印度哲学者。其中，唐君毅是非常重要的一位。本章对唐君毅与印度哲学的考察，既是要填补唐君毅研究中的一项空白，也是要通过这一专题研究，为现代中国哲学作为一种“比较哲学”提供一个具体的案例。由此我也再次希望大家能够充分意识到：只有通过与世界上各种哲学传统的深度交流与充分对话，中国哲学才能有新的发展。这一点，也是我的中国哲学方法论所一再强调的。

本章的讨论主要包括如下几个问题：首先，唐君毅是透过哪些文献了解印度哲学的。唐君毅并非印度哲学的专家，他对印度哲学的了解，没有通过直接研究印度哲学的第一手文献。但是，他阅读了当时英文世界中大量最重要的关于印度哲学的研究著作，也充分消化和吸收了中文世界中当时有关印度哲学的论著，包括汉译日本学者研究印度哲学的著作。其次，唐君毅讨论了印度哲学的哪些内容。对于传统印度哲学的核心内容，即吠陀时期的《吠陀》经和《奥义书》，尤其是经典时期的九派哲学，唐君毅在其《哲学概论》中都有讨论，其了解和掌握可以说相当全面和均衡。只不过他并没有按照印度哲学自身的脉络和流派，而是将传统印度哲学各派的思想内容分别系属于各个不同的哲学问题之下，并和中国哲学以及西方哲学的相关内容一起加以对比讨论。这一方式，正是本章所要探讨的第三个问题：唐君毅是如何分析和说明印度哲学的。

唐君毅与当时中文世界研究印度哲学的一流学者一样，都能够自觉广泛征引海内外各种参考文献并注重印度哲学的核心内容。并且，在吸收新的研究成果以及对印度哲学核心内容的完整把握方面，唐君毅甚至有过之而无不及。因此，唐君毅当时已被如徐梵澄（1909—2000）、糜文开（1908—1983）等专业印度学者视为印度哲学的专家。但是，唐君毅讨论印度哲学的与众不同之处，尤其在于其运用的方式。唐君毅讨论印度哲学的方式有这样几个特点：第一，他没有像当时其他几位印度哲学的研究者那样按照“印度哲学史”的方式逐一考察印度哲学从吠陀到九派各家的哲学思想，而是将印度哲学各派的相应思想内容分别纳入“名理论”（包括“逻辑”和“知识论”）、“天道论”、“人道论、价值论”以及“文化哲学”这四个部分来加以讨论。在唐君毅看来，所谓“哲学”即由这四个部分构成。因此，在这四个部分之中，除了印度哲学之外，也有中国哲学和西方哲学的相应内容。这种方式是预设人类面对一些普遍的哲学问题，而探究中、西、印三大哲学传统对于这些共同问题意识的各自解答。这当然需要对印度哲学有较为深入的了解，方能将印度哲学的内容消化和解析之后重组到不同于其原先历史和叙述脉络的另一套架构之中。第二，唐君毅不但将印度哲学的相关内容分属于“名理论”、“天道论”、以及“人道论”和“价值论”这些普遍的哲学问题之下，更在每一部分的讨论中，时时处处以中国哲学和西方哲学的相应内容作为对比和参照，在比较分析中揭示印度哲学相关内容的涵义（meaning）和意义（significance）。这是其讨论印度哲学方式上的另一个更为重要的独特之处。事实上，这种兼顾人类不同文明形态各自视角而加以对比分析的比较方法，不仅是唐君毅讨论印度哲学的方式，也是他讨论西方哲学和中国哲学的方式，构成其思想方法或思维方式最为重要和根本的特征。对于现代中国哲学的方法论而言，这一点尤有启发意义。

本章最后所要讨论的，是唐君毅研究印度哲学的方法论意义。对此，本来可以从两个角度来看，一是在印度哲学研究的领域和脉络中来加以讨论，但这应当是专业印度哲学研究者的工作，既无需我越俎代庖，也与本书主题无关。另一个角度，便是在中国哲学的诠释与建构这一领域和脉络中来检讨。这一点，自然是我作为中国哲学的研究者理应思考的问题。而这又回到了现代中国哲学方法论这一问题。在我看来，对于现代中国哲学的诠释和建构来说，唐君毅所充分运用的比较哲学的方法具有特别重要的意义。对此，他本人也有高度的自觉。唐君毅在讨论中、西、印这世界三大哲学传统的任何一支时，都会将另外两支作为比较分析的“镜子”。这样一来，通过彼此之间的对比分析，世界三大哲学传统各自的特性都得到了进一步的显示。正如其所谓“由比较，而使同异皆显出，同以异为背景，而同益彰其同；异以同为背景，异亦更见其异。由是而使同异皆得凸显，而所比较之对象之具体的个体性，亦皆得凸显”。只有通过这种方法，研究对象的特性才会在不同参照系的对照以及更为广阔的背景和脉络中凸显出来。更进一步，这种方法也会使比较研究者自己获得更为丰富和深厚的思想资源，并且在消化、吸收和综合之后，最终提升比较研究者自身的哲学思想。唐君毅在中、西、印三大哲学传统相互比较的脉络中考察印度哲学，正是这种方法论自觉的充分表现，也可以说为这种比较方法的充分运用提供了一个绝佳例证。而从治中国哲学的角度来看，如果西方哲学、印度哲学等传统都能够作为参照和借镜，那么，不但中国哲学自身的特性可以得到更为明晰的彰显，治中国哲学者自身的思想也会得到不断的提高。这就是唐君毅的比较哲学研究法对于治中国哲学的最大意义。而我历来主张并在本书较为完整和集中表述的中国哲学方法论，其中的一点，也正是将现代中国哲学作为一种“比较哲学”，使之成为一种既“兼通”而又同时不失其“归宗”的成就和造诣。

第八章“典范与方法——侯外庐与‘中国哲学史’研究”最初发表于2010年第4期的《河北学刊》，原本是根据友人梅约翰(John Makeham)教授的建议撰写的一篇会议论文。但阴差阳错，我并没有参加梅约翰教授组织的在澳洲举办的那场会议。不过，后来提交给由莱顿大学、东京大学和复旦大学2009年12月在上海合办的学术会议，梅约翰教授也应邀与会，现场听到了我的报告。在这个意义上，本文也仍然算得上是一篇约稿。显然，若非梅约翰教授邀我赴会并建议我考虑“侯外庐与中国哲学”这一题目，此文大概也不会产生。

需要说明的是，最初澳洲会议的工作语言是英语，我的论文原本是用英文写的。后来复旦会议的主要工作语言也是英文，所以此文正好可以用作会议论文。由于《河北学刊》的主编王维国先生之前屡屡约稿，而我一直没有合适的文章，所以，我就把此文译成中文寄给了《河北学刊》。由于毕竟是译文而非直接的中文写作，此文有些地方的语势不免稍有英文表达方式的痕迹，细心的读者也许会有察觉。

侯外庐以“中国思想史”的研究著称，我为什么要把他放在“中国哲学史”的脉络中来加以检讨呢？这不仅是因为他的确出版过几部名为“中国哲学史”的著作,更重要的原因在于:从20世纪50年代到80年代这差不多四十年中,在中国哲学史研究的领域,侯外庐建立的典范和他所提倡的方法一直居于主导地位。因此,考察其典范尤其是他所运用和提倡的研究方法,可以说是我们思考中国哲学方法论的题中之义。侯外庐所运用和提倡的研究中国哲学史的方法,根本之处在于强调经济条件和社会结构对于历史人物思想的影响甚至决定作用。在20世纪50年代到80年代的中国哲学史研究中,这一方法成为中国大陆几乎所有中国哲学史研究者共同接受和使用的方法。这一方法在某个特定历史时期的流行,可以说是得益于马克思主义作为国家意识形态的建立,因为唯物史观最为重视的就是社会存在对于社会意识的决定作用。而侯外庐1949年以后特殊的政治和社会地位,也是使得这一方法成为典范并形成所谓“侯外庐学派”的一个重要因素。不过,客观来说,侯外庐早在1949年之前就已经接受了马克思主义,他对马克思主义的信奉与持守可以说是一贯和连续的。因此,从侯外庐自身学术思想的角度来看,提倡马克思主义并将其作为一种研究中国哲学史的诠释架构,来自于他对马克思主义的真实信仰。

作为一种信仰的马克思主义,不是我要讨论的问题。我所关注的问题,是与本书主旨密切相关的中国哲学方法论的问题。在我看来,虽然侯外庐提倡的方法如今早已式微,但考察其方法论仍有意义。首先,如果“中国哲学史”需要在与“中国思想史”、“中国文化史”以及“中国社会史”的相互关系中才能更为清晰地确立自身,那么,尽管侯外庐的方法论在中国哲学史的研究中大势已去,但由于他格外重视思想产生和发展的社会土壤和历史脉络,这种方法在“中国思想史”、“中国文化史”和“中国社会史”中就仍然可以找到共鸣。其次,即便在中国哲学史的研究中,侯外庐的方法论所特别强调的注重原始文献这一原则,或者说要求研究者注重哲学论证所赖以建立的历史材料，仍然可以说是颠扑不破而并未过时的。这一点，与我的方法论中“文献基础”这一观念，也恰好是一致的。不过，侯外庐并没有明确在“思想史”和“哲学史”之间做出区分。在他的心目中，这两者似乎是同一个东西。事实上，“哲学史”和“思想史”、“文化史”等密切相关而又毕竟有别的学科之间如何定位，对于治中国哲学来说，也是一个需要具备高度自觉的问题。在这一方面如果观念不清，也势必对治中国哲学产生不利的影响。本书下一章的内容，正是我针对这一问题做出的澄清。

第九章“‘思想’与‘历史’之间的‘中国思想史’”原本是我为《海外中国思想史研究前沿丛书》撰写的总序。该套译丛 2013 年正式出版以来，已经有近十部英语世界研究中国思想史的最新一线成果被译成中文。距离 2012 年暑假浙江大学出版社北京启真馆公司的负责人邀请我主编这套丛书，如今已经八年过去了。该文曾于 2015 年 11 月 25 日发表于《文汇学人》第 175 期第 2 版，网上一度也有流传。

本文虽然是一篇序文，篇幅不宜过长，但我在文中特意对于“哲学史”(history of philosophy)、“观念史”(history of idea)、“思想史”(intellectual history)、“文化史”(cultural history)、“社会史”(social history)甚至“地方史”(local history)这些彼此交错却又各有其相对独立性的学科(disciplines)做出了扼要的说明，指出了其各自的对象、范围、方法和特点。例如，“思想史”既不是单纯研究人们所在的外部历史境遇，也不是仅仅着眼于人们的思想本身，而是在兼顾历史境遇和主体自觉的同时，更多地着眼于两者之间的互动关系，即“思想”与“历史”的互动。并且，这里的“人们”也不是泛指群体的大众意识，而往往是那些具备高度自觉和深度思考的思想家们。“文化史”往往关注较为一般和普遍的社会历史现象，以及作为群体的社会大众而非社会精英在一个长程的社会变动中扮演的角色。“社会史”则是史学与社会科学更进一步的结合,甚至不再被视为人文学科(humanities)的一种,而是一种从社会发展的角度去看待历史现象的社会科学(social science)。较之“思想史”以精英的思想家为主要研究对象,“社会史”和“文化史”最大的特点在于其关注的对象不是精英的思想家,而是社会大众。

我历来认为,“思想史”、“哲学史”、“文化史”、“社会史”等等,其实是研究不同对象所不得不采取的各种方法,谈不上孰高孰低、孰优孰劣。对于彼此之间的关系,我常有一个比喻:“思想史”、“哲学史”、“文化史”和“社会史”等不同学科,分别来看都是一个个的手电筒,打开照物的时候,所“见”和所“蔽”不免一根而发;在照明一部分空间的同时,也使得该空间之外的广大部分益发黑暗。显然,为了照亮更大的空间,我们不能用一个手电筒替换另一个手电筒。因为无论再大的手电筒,毕竟只有一束光柱。而如果能将不同的手电筒汇聚起来,“阴影”和“黑暗”的部分就会大大减少。医院的无影灯,正是这一原理的运用。由这个比喻来看,不同学科只是观察事物的不同视角,“思想史”、“哲学史”、“文化史”、“社会史”等不同学科之间应当是“相济”而不是“相非”的关系。否则的话,狭隘地仅仅从自己学术训练的背景出发,以己之所能傲人所不能,正应了《庄子》中所谓“以为天下之美尽在己”的话。另一方面,却也恰恰是以己之所仅能而掩饰己之所诸多不能的缺乏自信的反映。“盲人摸象”的典故,也正是对于这种各执一端、不见整全的状况的描述。

在澄清这些观念及其关系的基础上,我特别对“中国思想史”的特征和前景表示了自己的看法。在我看来,和“哲学史”、“观念史”不同,“思想史”在“思想”、“观念”之外,同时容纳了“历史”的向度。而传统中国思想各家各派的共同特点,恰恰在于其立言一般都不抽象地脱离其发生发展的历史脉络。就此而言,“中国思想史”可以做到既能有“思想”也能有“史”，也许是一种更好地切近中国传统的取径。只要不把“思想史”视为一个可以无视专业学术训练的托词，而是一个和“哲学史”、“观念史”、“文化史”、“社会史”等既有联系甚至“重叠共识”，同时又具有自身明确研究对象和领域而“自成一格”的学科视角，那么，广泛吸收各种学科的长处，宗教的、伦理的、哲学的，都可以成为丰富“思想史”研究的助力和资源。当然，如果对于这些不同学科之间的分际与离合不能有清楚的自觉，例如，试图站在“中国思想史”的角度批评“中国哲学史”存在的合理性，便实在恰恰是“思想”不够清楚的结果了。

本书九章正文之外，还有两个附录。附录一是一篇英文论文“Contemporary Chinese Philosophy in the Chinese-Speaking World: An Overview”，最初发表于 2018 年第 1 期的《中国哲学前沿》(*Frontiers of Philosophy in China*)，是我应邀为该刊组稿所撰写的一篇专论。在此之前，曾经作为主题发言(keynote speech)的论文，提交给 2016 年 6 月 9—11 日在立陶宛首都维尔纽斯(Vilnius)举办的欧洲中国哲学学会首届年会。

如果说我提倡的中国哲学方法论其中一点是注意观念发生和演变的思想脉络，那么，我的这篇论文，可以说恰好为当代中国哲学，尤其是中国大陆 20 世纪 50 年代以来中国哲学的结构与动态，绘制了一幅整体的图画。文章后面的参考书目，虽然不能囊括无遗，但也可以说列举了 20 世纪以来中文世界中国哲学领域最主要的著作，便于读者按图索骥。了解这样一个整体的思想脉络，对于理解本书正文中我对中国哲学方法论的种种讨论，会有进一步的帮助。鉴于我提倡的方法论中“西学素养”这一项包括西文能力，而有志于治中国哲学者，即便是年轻的大学生和研究生们，我认为也应该具备相应的阅读西文的能力，所以，我的这篇英文论文特意没有译成中文。

附录二"在世界学术的整体中推进中国的人文学"是一篇访谈,发表于2018年4月的《学术月刊》。根据《学术月刊》的体例,该访谈是为了配合我的"'尽心'与'养气':孟子身心修炼的功夫论"这篇专题论文的发表。按照《学术月刊》的要求,这篇访谈主要应介绍我自己的学思历程和治学特点。而就"治学特点"来说,当然也就离不开我对于治学方法或者说方法论问题的反省了。

在这篇访谈中,虽然我对治学方法的观点已经不限于哲学,而是扩展到了包括文史哲和宗教等在内的整个人文学(humanities),这当然和我自己的研究领域不限于哲学一门有关,不过,关于中国哲学方法论的看法,仍然是其中的重点。也正因此,在访谈最后的部分,我的思路又自然回到或者说聚焦到了中国哲学方法论的问题,并对我所理解的治中国哲学的方法,特别是其中应该注意的几个方面,再次进行了简明扼要的说明。虽然这并不能概括我的相关思考的全部内容,但至少对本书第一章至第三章的内容做出了一定程度的总结。这也是为什么我要把该文作为附录收入本书的原因所在。

以上,我对本书各章包括附录的缘起和主旨做了简要的交代。细心的读者也许已经看出,各章以及附录的编排,并没有按照原本文字发表的时间顺序。那么,我为什么要这样安排各章的文字呢?这样的结构其意义何在呢?在我看来,第一至第五章讨论的内容属于整体性的思考,是我对中国哲学方法论一般原则的理论阐释。其中,第一章至第四章的重点是"援西入中"这一模式以及"文献基础、西学素养和国际视野"这三元一组的观念,核心问题是如何在中西哲学的关系中从事作为一种"比较哲学"的"中国哲学"的诠释与建构。第五章的重点则是"援中入西",核心问题有二:一是中国哲学如何在一个"共生共成"的世界哲学的整体脉络中为当今西方哲学的发展提供思想资源;二是如何进一步不囿于西方哲学的传统而去思考一些人类经验普遍面对的根本哲学问题。第六至第八章的内容则是个案性的研究，是以具体的案例来展示我所理解的方法论原则如何被或多或少加以运用。通过这三章的阅读，可以有助于理解前五章中我对一般原则的理论阐释。第九章的内容则是通过引入对"中国思想史"的思考，尤其是通过对"哲学史"、"思想史"、"文化史"和"社会史"这些观念及其彼此关系的简要说明，客观上将中国哲学方法论的反省置入一个更大的人文学的脉络之中。至于两个附录的意义，前已说明，此处不赘。总之，这就是我如此编排本书各章和附录的结构及其意义。

本书所收文字大多是邀稿的结果，可以说原本并不在计划之中。如果不是相关同仁的邀请，我对中国哲学方法论的思考和反省，或许只存在于我自己的脑海之中，体现在我自己的研究成果里面。细心的读者当然可以从我的研究成果中探测到我治中国哲学的方法，但是，那毕竟不同于将自觉的思考和反省加以锤炼而行诸文字，可以更为直接和明确地呈献给读者。就此而言，我要借此机会向以往邀稿于我的师友以及发表我的文章的各个出版单位表示感谢。

本书各章虽然均以中国哲学方法论为探讨的核心或主要内容，但毕竟撰写的跨度达十六年之久。各章文字之中，有些意思未免会有一咏三叹之处。不过，这些反复强调的文字，恰恰反映了我在中国哲学方法论问题上那些尤其重视的方面，也正是我希望读者格外注意的所在。当然，借这次结集成书之便，我也对原来的文字做出了修订。原来发表时因篇幅等原因删去的文字，我复还其旧。既然合为一书，原先各篇中一些注释的文字表达，我也依据全书的体例做出了调整和删减。一些误植之处，也改正过来。这些也是我要在此特别说明的。

最后我想说的是，导言部分的文字虽然可以说在一定程度上概括了各章的主旨，但更多地却是发挥“引导”进一步阅读正文的作用。各章正文在涵义表达上的细微曲折之处，是无法在导言的部分得到充分反映的。且不论即使阅读了各章正文，读者各人的理解仍会有深浅和偏全的不同结果，如果只看导言不看正文的话，对于我关于中国哲学方法论的思考或者说如何治中国哲学的看法，其理解落入“化约主义”（reductionism）的“边见”甚至“误会”，就是在所难免的了。因此，有兴趣的读者若想对我的中国哲学方法论知其究竟，在阅读了导言之后，仍需进入各章正文。这样的话，对于我的中国哲学方法论或者说如何治中国哲学的若干反省，才能有更为全面、准确或至少是“同情”的了解。

第一章 合法性、视域与主体性
——当前中国哲学研究的反省与前瞻

一、"合法性"的合法性

作为从现代学科意义上对"中国哲学"近百年发展的反思,认为中国哲学研究存在所谓"合法性"的问题,无疑具有相当的意义。但深究精察,其本身也存在问题。那就是,这种问题意识背后对于"哲学"的理解,或者说思考该问题时自觉不自觉所选取的作为一种参照系的西方"哲学"观,其实不免限于西方近代以来以理性主义为主体的哲学传统;或者说,对于西方"哲学"的理解,存在着化约主义与本质主义的问题。事实上,"哲学"这一概念在整个西方传统中并非铁板一块、固定不变。夸张一点地说,甚至有多少西方哲学家就有多少"哲学"的概念。有西方学者就曾经举出数十个西方哲学传统中不同的"哲学"概念。而如果我们根据 Pierre Hadot 对哲学的界说,即哲学是作为一种"精神践履"(spiritual exercise)的"生活方式"(way of life),[①]或者根据

① 参见 Pierre Hadot, *Philosophy as a Way of Life: Spiritual Exercises from Socrates to Foucault*. Translated by Michael Chase. Blackwell Publishers Ltd. 1995。

Martha Nussbaum的诠释，将古希腊罗马哲学传统的精义视为一种“欲望治疗”（therapy of desire），[②]那么，中国哲学作为一种“哲学”的“合法性”，似乎从来就不成问题。因此，我们不必自觉不自觉地仅仅以西方的某一种“哲学”概念作为“哲学”的标准。如上所述，鉴于西方哲学传统内部“哲学”概念本身的歧义性，那种做法本身就是未经检讨而实际上存在着“合法性”问题的。我们应当采取“理一分殊”的看法，将“哲学”视为一种普遍的“原型”或者“共相”，而世界上各大文明传统对于宇宙、人生的理论思考，如西方哲学、印度哲学、中国哲学以及其他文化传统的哲学，都可以说不过是“哲学”这种“理一”的分殊性表现。事实上，中国的哲学家或中国哲学的研究者，从老一代的冯友兰、张岱年、唐君毅、牟宗三到当今较年轻一代的陈来、杨国荣等人，恐怕都是这种“哲学”观，只不过在论及该问题时各自具体的表述有话语的差别而已。

对于那种作为“原型”和“共相”的所谓“哲学”是什么，我们当然可以进行探究和思考，但不必一定要采取本质主义的下定义方式。对于中国哲学的合法性问题，我们尤其不必受制于西方“哲学”尤其是某一种或某一类“哲学”定义下的本质主义思考方式。当然，目前对“中国哲学合法性”问题的追问并非偶然，也不无意义，但问题的关键在于：“中国哲学”研究的成就，在相当程度上并不取决于对该问题本身的纠缠不已。换言之，对“中国哲学合法性”问题本身的反思，还并不就等于、更不能替代在“中国哲学”这一广阔领域内各种具体的研究与思考。虽然二者不无关联，但只有后者才更能够切实推进中国哲学的研究和探索，在诠释与建构的双重意义上不断提升中国哲学的水准。正如在并没有将“中国

---

② 参见 Martha Nussbaum, *The Therapy of Desire: Theory and Practice in Hellenistic Ethics*. Princeton: Princeton University Press, 1994。

哲学的合法性问题”设为鹄的之前，中国哲学已经取得了相当丰富的成果一样，对于今后的中国哲学来说，不论在古典的研究还是在现代的理论建构方面，我们同样可以取得更为深入与广泛的成就。只要在“理一分殊”的“哲学”观念下来看待作为世界哲学传统之一的“中国哲学”即可，无需过多地执着、纠缠于“中国哲学的合法性”问题本身。其实，就近百年来“中国哲学”发展的实际看，如果我们充分考虑到“中国哲学”既以西方哲学为参照而又并不完全对应于西方意义上“哲学”的特殊形态，那么，我们未尝不可以说，“中国哲学”作为世界上的“一种”哲学传统，已经具备了其自身的合法性。尽管这种学科意义上的“中国哲学”似乎更多地是近百年来对中国传统思想资源进行诠释和建构的结果，但它无疑与中国思想传统一脉相承，是后者在现代的开花结果。

二、视域：西方哲学与海外中国哲学研究的必需

因此，在今后的中国哲学研究中，对于不断提升中国哲学的水准而言，更为重要的与其说是如何在西方传统和中国传统的纠结中确立某种定义性、本质性和普适性的“哲学”概念，不如说是如何在西方哲学传统与中国哲学传统之间的互动与交融关系中，具体地处理中国哲学的各种问题。进一步而言，就是如何在深入把握中西方哲学传统中丰富的思想内容，包括人物、流派、问题意识等等的情况下，做到在两大传统之间游刃有余，从而以西方哲学传统作为诠释、建构与发展中国哲学的丰富资源。事实上，和中国的“西方哲学”研究不同的是，自有“中国哲学”这一观念和相应的学科建制以来，中国哲学研究就不是一个仅限于“中国哲学”的孤立行为，而是始终处在与西方哲学的关系之中。换言之，中国哲学的研究，从一开始就摆脱不了与西方哲学的关系。

鉴于以往较为简单地以西方哲学某家、某派来裁剪中国哲学思想材料的那种“人为刀殂，我为鱼肉”的局面，思考如何从事今后的中国哲学研究，更为明确地说，思考如何建立中国哲学的主体性，可以说是目前广大中国哲学研究者在不同程度上共同面对的问题。其实，对于“中国哲学合法性”问题的探讨以及其他一系列的相关论说，都可以说是反省与检讨“如何建立中国哲学主体性”这一问题的不同层面与不同角度的表现。不过，确立中国哲学的主体性，或者就目前的情况具体而言，改变以往那种简单袭取西方哲学某家、某派作为中国哲学诠释框架的做法，是否意味着要彻底摆脱与西方哲学的关系，中国哲学的主体性是否要在与西方哲学的绝缘中才能建立，恐怕是当前以及今后需要深思熟虑的问题。

针对以往中国哲学研究的问题，目前一些学者的确显示了希望从中国哲学研究中清除西方哲学因素的倾向。但是，笔者以为，简单地用某种西方哲学的框架裁剪中国哲学的思想材料，固然难以把握中国哲学的固有精神，无缘得见中国哲学的主体性，而由此即导致逆反，对西方哲学产生厌恶或者恐惧，希望全面清除中国哲学中的西方哲学因素，同样不免堕入“边见”，只能是从一个极端到另一个极端。以往对于西方哲学的运用不善，并不意味着中国哲学的研究不需要西方哲学，更不意味着真正的“中国哲学”中就不允许有任何西方哲学的因素。在目前世界各种文化传统互动沟通日趋深入的情况下，试图在拒斥西方哲学的情况下建立中国哲学的主体性，是既无必要也不可能的。并且，只有在与西方哲学深度互动与交融的过程中，作为一种真正富有特性的观念结构和价值系统而非单纯的话语形式，中国哲学的主体性才能够最终得以建立。我们可以看到，迄今为止，无论就古典研究还是理论建构（这两方面常常是难以截然分割而彼此交织在一起的）来说，在中国哲学领域取得巨大成就的前辈与时贤，几乎无一不对西方哲学传统有着深入的了解与吸收。可以这样说,对中国哲学的发展而言,关键不是用不用西方哲学的问题,而是用得好坏与深浅的问题。我们当然不能以西方哲学为标准,但不可不以西方哲学(甚至可以包括印度哲学以及其他文化的哲学传统)为参照。事实上,只有在以"他者"为参照、与"他者"的沟通互动中,才能够获得更为明确的自我意识,并不断扩展深化自身的主体性和身份认同,这是如今世界范围内每一种文化传统、哲学传统都需要面对的问题。正如中国哲学的主体性需要在与西方哲学传统的深度互动中建立一样,当代西方哲学也日益认识到,包括中国哲学在内的非西方的哲学传统构成了自身发展不可或缺的相关因素甚至组成部分。如今西方学者的中国哲学研究以及比较哲学的不断发展,恰恰说明了这一点。

如此看来,如果我们不停留在对中国哲学"合法性"问题的抽象反思,而是要以具体、坚实的研究为基础和内容,来充分发展作为一门学科的中国哲学,那么,我们进一步需要思考的,就是如何才能建立中国哲学的主体性;或者说,以建立中国哲学的主体性为宗旨与目标,当前的中国哲学研究尤其需要注意哪些问题。

首先我们要面对的,是一个视域的问题。所谓视域的问题,就是要具备怎样的一种视野,在怎样的一个脉络中来从事中国哲学的研究。对此,笔者以为至少有两点需要指出。第一,当前与今后中国哲学的研究,一定要自觉地在中西方哲学的互动交融中来进行,而不能在与西方哲学绝缘的情况下展开。具体而言,不论是古典的诠释还是现代的系统性建构,中国哲学的发展都需要西方哲学的资源。在一定意义上,对西方哲学了解得深浅甚至在相当程度上制约着中国哲学的诠释与重建。或者说,越是深入西方哲学,就越是有助于中国哲学的阐发。这一点,以上已经略有说明,此处不赘。需要补充的是,对于西方的深入了解,甚至不能仅仅限于哲学传统,其他人文社会学科的传统如宗教学、思想史、人类学等等,都需要中国哲学研究者“循其性之所近，勉其智之所及”[③]地加以消化和吸收。由于中国哲学传统自身的特性，有些属于中国哲学研究对象的内容，在西方或许更多地处于其他学科领域之中。比如说儒学传统的工夫理论和实践，或许可以在西方宗教传统与宗教学理论中找到更多的共鸣。事实上，以美国高等院校为例，我们中国哲学研究的同行们，主要并不是在哲学系，而是广泛地分布在东亚系、历史系、宗教系等等。总之，凡有益于中国哲学诠释与建构的西方资源，不论在西方的学科分类体制中处于何种位置，我们都应当充分了解和吸收。

第二，中国哲学早已不再是中国学者的专利，而是包括欧美、东亚等世界范围内具有不同国家、地区和种族背景的学者群体共同从事的一项事业。因此，我们的中国哲学研究如果不能放眼世界，在国际中国哲学研究的整体脉络内来从事、定位自己的研究和成果，便很难取得真正一流的成就。如今，如果有人还认为中国学者天然地具有中国哲学研究的优势，中国学者中国哲学研究的水平理所当然在海外学者之上，那只能说是坐井观天的无知之见。在许多方面，海外学者中国哲学研究所取得的既有成果，无论在广度还是深度上，都不能不让中国学者对之敛衽。譬如，在宋明理学的研究中，邵雍应当是一个重要人物，但中国大陆地区除了一本《邵雍评传》(南京大学出版社)之外，大概迄今还没有其他研究专著出版。而美国 1989 年和 1996 年分别已经有 Anne D. Birdwhistell 和 Don J. Wyatt 的两本分别从哲学和思想史角度研究邵雍的专著问世，法国 2002 年也出版了 Alain Arrault 研究邵雍的最新专著。再如，早在 20 世纪 70 年代末，日本的荒木见悟先生就有研究晚明会通三教的重要人物管志道(字登之，号东溟，1536—

③　王畿：《王龙溪先生全集》卷十七《学易说》。

1608)的专著出版，而对国内许多中国哲学甚至宋明理学的业内人士来说，恐怕管志道还是个陌生的名字。如果说以往的中国哲学研究曾经受制于意识形态的干扰和学术交流的不畅，那么，自 80 年代末以来，随着全球一体化的趋势，国际学术界日益联系成为一个交往互动密切的整体。在这种情况下，我们的视域就不仅要扩展到包括港台地区在内的整个中文世界，更要充分伸展至包括日本和西方在内的整个国际学术社群。只有在充分了解国际范围内中国哲学研究状况的前提下，我们的中国哲学研究才能够避免闭门造车和低水平的重复，从而真正做到推陈出新，在整个国际学术界确立领先的地位。

三、中国哲学主体性的保障：文献的功夫

对于建立中国哲学的主体性来说，宽广的视域是一个不可或缺的条件。但更为重要的决定因素，则是要能够把握住中国哲学自身的特质。无论对于传统中国哲学的诠释还是现代与将来中国哲学的系统理论建构，衡量其主体性确立与否的标准，首先在于中国哲学之所以为中国哲学的特质是否得到了彰显。而对于西方哲学以及海外研究成果的吸收运用，都应当是以此为前提的。只有始终明确中国哲学自身的问题意识，立足于此，才不会在充分吸收运用西方哲学以及海外研究成果时“从人脚跟转”而导致自身主体性的迷失。而只要内在于中国哲学的固有脉络，把握住中国哲学自身的问题意识，在吸收运用西方思想资源的过程中，就能够“左右逢源”、“得心应手”而始终不“出吾宗”、“以我为主”。前文所谓“越深入西方哲学就越有助于中国哲学的阐发”之所以可能，正是也只能是在这个意义上而言的。中国哲学的主体性，关键并不在于“言”层面的话语和词汇，而在于“意”层面的“义法”。所谓“依义不

依语，依法不依人”。[④] 比如，如今中国学者用中文甚至文言文、四六体写出的有关中国哲学的文章，有可能未必契合中国哲学的精神，而西方学者用英文以及其他外语写出的有关中国哲学的文章，却很可能说到点子上。但是，如何才能“转法华”而不“为法华所转”，在充分消化、吸收和运用西方哲学与海外研究成果、不以西方话语和名相为忌的同时，始终立足于中国哲学自身的问题意识和义理结构呢？笔者以为，这在相当程度上取决于我们中国哲学文献材料的功夫。

作为一种累积性的传统，中国哲学自身的问题意识和义理结构，即中国哲学的“义”和“法”，显然蕴涵在中国哲学的各种经典以及文献材料之中。只有对这些文献典籍烂熟于心，才能把握其中的“义”和“法”。这里所说的文献材料，不仅包括基本的经典文本，也包括古代历史上对这些经典文本的研究成果。譬如对孔子思想的研究，不仅要全面充分掌握孔子本人的思想材料，如《论语》以及散见于其他一些先秦文献中的材料，还要尽可能掌握历史上不同学者对孔子思想的诠释，如《论语》的各种注疏等。甚至去今不远的前辈学者（不论中外）的重要研究成果，也应当认真研读消化。因为如果就“意”而非“言”的层面来说，我们很难想象今人直接面对《论语》文本所进行的思考一定能够发前人所未发，在同样的问题上较前人思考得更为深入。不了解前人的成就（如今还要加上“外人”的成就——海外学者的研究成果），很难有真正的创造性成果可言。真正的推陈出新和创造性，一定是在一个前后相续、左右相关的过程与脉络中实现的。就如今的中国哲学研究而言，无论古典诠释还是理论建构，无人会反对方法的多元性。但是，如果不

---

④　典出佛教所谓“四依”，即“依法不依人，依义不依语，依智不依识，依了义不依不了义”。

首先全面深入地掌握文献材料、充分地咀嚼消化文献材料，任何外在的方法论都难以落实，未必有助于揭示中国哲学自身的特质。所谓“法无定法”，任何方法论都有其有效性的适用范围，而判断并选择合理有效的方法论的标准，只能是研究对象自身的特质。所谓“书读百遍，其义自现”、“读书破万卷，下笔如有神”，只要把文献典籍读熟吃透，其中的问题意识和义理结构自然会浮现出来。相反，如果不能首先虚心、平心地吃透文献，还没读几页书就浮想联翩，结果只能是在缺乏深透与坚实的理解和领会的情况下放纵个人的想象力，对源远流长的中国哲学传统终究难有相契的了解。其研究结果也只能是“六经注我”式的“借题发挥”与“过度诠释”。[5] 事实上，这一点非独中国哲学研究为然，对西方哲学以及其他任何历史悠久的思想传统来说，情况恐怕同样如此。再者，“巧妇难为无米之炊”，再聪明的头脑，脱离深厚的文献典籍，其发挥的空间必然有限。其思想的展开，充其量只不过是个人经验与想象力的单独运作。反过来说，如果聪明的头脑再加上文献典籍的深厚功力，个人的自我经验与蕴涵在文献典籍中众多古圣先贤的历史经验融为一体，便不再是一种单薄的个体之思，而成为贯通古今并表现于当下的一股强大经验之流和思想之流，恰如“至大至刚”、“塞于天地之间”的“浩然之气”，[6]其思想的展开必然是“若决江河，沛然莫之能御”。[7] 这种情况下的中国哲学研究，其成就自不待言。

---

⑤ 关于“过度诠释”问题的讨论，可参［意］艾柯(Umberto Eco)等著：《诠释与过度诠释》，王宇根译，北京：生活·读书·新知三联书店，1997。

⑥ 语出《孟子·公孙丑上》，原句为：“‘敢问何谓浩然之气？’曰：‘难言也。其为气也，至大至刚，以直养而无害，则塞于天地之间。其为气也，配义与道，无是，馁也。是集义所生者，非义袭而取之也。’”

⑦ 语出《孟子·尽心上》，整句为：“孟子曰：‘舜之居深山之中，与木石居，与鹿豕游，其所以异于深山之野人者几希。及其闻一善言，见一善行，若决江河，沛然莫之能御也。’”

老一代中国哲学的大家，无不强调文献典籍功夫的重要性，如冯友兰、张岱年对“中国哲学史料学”的重视，牟宗三对中国哲学研究要走“文献途径”的反复强调，等等。如今较年轻一代在中国哲学领域中有所建树的学者，也都在中国哲学的文献材料方面自觉建立深厚的学殖。

尤其需要指出的是，从今后中国哲学的发展来看，对于更为年轻一辈治中国哲学的学者来说，所患者或许不在于西方资源的吸收与运用，而更多的在于中国哲学文献材料的涵泳与契入。事实上，在当今各种西方思想理论蜂拥而入、“城头变换大王旗”的情况下，要想既充分吸收西方的相关资源，同时又能够合理有效地有所取舍而为中国哲学所用，保持中国哲学的主体性，避免“生吞活剥”，只能以中国哲学自身的问题意识和义理结构为准，否则，难免重蹈以往教条主义中国哲学研究的覆辙，所不同者，只是西方理论话语的变换而已。而中国哲学自身的问题意识和义理结构，则是深深蕴蓄在中国哲学的文献材料之中的。“问渠那得清如许，为有源头活水来”，[⑧]可以说，对于作为一种悠久传统的中国哲学来说，历代不断累积的丰富文献材料正是其“源头活水”。只有深深植根于这一源头活水，我们才能立足于中国哲学的主体性，在今后的发展中“溥搏渊泉而时出之”，在全球性的广阔视域中使中国哲学不断地综合创新。如果说在全球性的视域下融通吐纳西方哲学以及海外中国哲学的研究成果意味着“不可有门户”，那么，植根于中国哲学的文献材料，建立中国哲学的主体性，则意味着“不可无宗主”。[⑨]

---

⑧ 语出朱子(1130—1200)乾道二年(1166)所作《活水亭观书有感》诗。原诗为："半亩方塘一鉴开，天光云影共徘徊。问渠那得清如许，为有源头活水来。"

⑨ 所谓“不可有门户”、“不可无宗主”，取自章学诚(1738—1801)《文史通义》卷五《内篇五·浙东学术》一篇，所谓“学者不可无宗主，而必不可有门户；故浙东、浙西，道并行而不悖也。浙东贵专家，浙西尚博雅，各因其习而习也”。

第二章　中国哲学研究的三个自觉
——以《有无之境》为例

一、引言

在反思与前瞻“中国哲学”的研究这一问题时，笔者认为首先有必要在两个命题之间加以区分：一个是所谓“中国哲学的合法性问题”；另一个则是“当前及将来应当如何研究和建构中国哲学的问题”。

对于第一个命题，前几年曾经一度引起广泛讨论，笔者也曾参与。[①] 笔者自始即指出，认为“中国哲学”的概念存在所谓“合法性”问题的看法，本身就存在“合法性”的问题。因为这种看法背后对于“philosophy”的理解，或者说思考该问题时自觉不自觉所选取的作为一种参照系的西方“philosophy”观，其实不免局限于西方近代

① 参见彭国翔：“合法性、视域与主体性——当前中国哲学研究的反省与前瞻”，《江汉论坛》（武汉），2003 年第 6 期。《新华文摘》2004 年第 1 期全文转载。现收入本书作为第一章。英译版“Legitimacy, Horizon, and Subjectivity: A Reflection on and Prospects in Contemporary Studies of Chinese Philosophy”，见 *Contemporary Chinese Thought*, M. E. Sharpe, Vol. 37 No. 1, Fall 2005, pp. 89 - 96。

以来以理性主义为主体的哲学传统，未能充分顾及整个西方哲学传统内部“哲学”观念的多样性和歧义性。事实上，“哲学”这一概念在西方传统中并非铁板一块、固定不变。夸张一点说，甚至有多少西方哲学家就有多少“哲学”概念。并且，作为西方哲学的源头，如果说古希腊罗马的哲学观最能够代表“哲学”的本来意义的话，那么，根据目前西方一些一流的哲学史家和哲学家对于古希腊罗马哲学的理解，中国哲学作为一种“哲学”，本来就不成问题。笔者曾指出，根据法兰西学院古希腊和罗马资深讲座教授阿道(Pierre Hadot)的研究，古希腊罗马的“哲学”本义应当被理解为一种生活方式(way of life)和精神修炼(spiritual exercise)。而阿道的哲学观并非其“独唱”，美国芝加哥大学哲学系、法学院和神学院合聘的弗洛伊德杰出伦理学和法学讲座教授(Ernst Freund Distinguished Service Professor of Law and Ethics)纽思浜(Martha Nussbaum)可谓阿道的同调，根据纽思浜对于古希腊罗马尤其是希腊化时期哲学的研究，对于古希腊罗马哲学家来说，哲学其实是一种“欲望治疗”的活动，而“哲学家”也应当被理解为“teacher/doctor”。②

笔者举阿道和纽思浜的例子，并不是仍要以西方“philosophy”作为定义哲学的唯一标准，而只是意在说明西方哲学传统内部本身对于“philosophy”这一观念理解的丰富性。在笔者看来，我们应当采取“理一分殊”的看法，将“哲学”视为一种普遍的“原型”或者

② 关于阿道和纽思浜分别在“生活方式”、“精神践履”以及“欲望治疗”的意义上来理解“哲学”，笔者在讨论儒家传统中的身心修炼及其治疗意义的论文中，曾有简要的介绍，参见我的“儒家传统的身心修炼及其治疗意义——以古希腊罗马哲学为参照”，该文最早收于杨儒宾、祝平次编：《儒学的气论与工夫论》(台北：台湾大学出版中心，2005，页1—45)，后来收入我的《儒家传统：宗教与人文主义之间》(北京：北京大学出版社，2007，初版，第十章；北京：北京大学出版社，2019，增订版，第十三章)。

“共相”。世界上各个文明传统对于宇宙、人生的理论思考，如西方哲学、印度哲学、中国哲学以及其他文化传统的哲学，都可以说不过是“哲学”这种“理一”的分殊性表现。任何一种哲学传统，无论中、西、印，都不能单独代表作为“原型”或“共相”的“哲学”本身(philosophy as such)。事实上，在唐君毅先生的《哲学概论》中，就曾明确将中文的“哲学”与英文的“philosophy”加以区分，指出前者即可兼后者。

如今有些人之所以反对中国“哲学”，其实不过是因为一说到“哲学”，这些人自己心目中自觉不自觉地总想到“philosophy”而已，再加上对整个西方传统中 philosophy 这一观念的复杂性不甚了解，仅仅局限于理性主义和知识论中心的狭义哲学传统，因而产生了不必要的混乱和顾忌。说到底，其实是对中国传统中“哲”字涵义以及西方传统中“philosophy”的涵义都缺乏全面深入的了解所致。

另一方面，更为关键的一点在于：“中国哲学”研究的成就，在很大程度上并不取决于对所谓“中国哲学合法性”问题本身的纠缠不已。换言之，对“中国哲学合法性”问题本身的抽象反思，还并不等于、更不能替代在“中国哲学”这一广阔领域内各种具体的研究与思考。尽管二者不无关联，但只有后者才能真正切实推进中国哲学的研究与建构。正如在并没有将“中国哲学的合法性问题”设为鹄的之前，20 世纪 20 年代以来中国哲学的研究和建构已经取得了相当丰富的成果一样，对于今后的中国哲学来说，只要在“理一分殊”的“哲学”观念下来看待作为世界哲学传统之一的“中国哲学”，无需过多地执着、纠缠于“中国哲学的合法性”问题本身，我们同样可以取得更为深入与广泛的成就。就近百年来“中国哲学”发展的实际来看，如果我们充分考虑到“中国哲学”既以西方哲学为参照而又并不完全对应于西方任何意义上“philosophy”的特殊形态，那么，我们未尝不可以说，“中国哲学”作为世界上的“一种”哲学传统，其实早已具备了自身的合法性。因此，在今后中国哲学的研究与建构中，对于不断提升中国哲学的水准而言，更为重要的与其说是如何在西方传统和中国传统的纠结之中确立某种定义性、本质性和普遍性的“哲学”概念，不如说是如何在西方哲学传统与中国哲学传统之间的深度互动与交融关系中，同时深入双方，从中国哲学固有的问题意识出发，充分利用西方哲学甚至其他人文社会科学的丰富内容，以之作为诠释与重建中国哲学的资源，具体地处理中国哲学的各种问题。这一点，相信并非是笔者的私见，而是许多中国哲学同行的共识。

因此，“中国哲学的合法性问题”并不等于“当前及将来应当如何研究和建构中国哲学的问题”。如果说前者近乎一个伪问题的话，后者随着改革开放以来学术研究的渐趋正途，乃是中国大陆中国哲学界针对以往教条主义研究方式而必然要提出、反省和总结的。但是，对于如何思考这一问题来说，具体的说明或许更胜于抽象的议论。事实上，尽管这种反思意识的普遍产生似乎是晚近之事，可是，中国哲学界第一线学者的研究却早已将深入的反思化为了具体的成果。考察这种成果，或许更有助于我们思考“当前及将来应当如何研究和建构中国哲学”的问题。以下，笔者就以陈来先生的《有无之境》一书为例，来说明当前以及今后研究中国哲学应当具备的三个自觉。该书一问世即受到海内外同行学者的推重，书中关于王阳明哲学的许多具体论断，或许已经经常为后来的研究者在相关研究中加以引用，但是，该书所建立的中国哲学研究方法的典范意义，一直并未引起足够的反思、考察和借鉴。这一点，或许与作者在书中并未明确交代自己在研究方法上的考虑有关。希望笔者所总结的以下三个方面，能够引起进一步的思考。

二、文献基础

任何哲学史的研究，首要的一步是对于研究对象文献材料的掌握。牟宗三先生晚年反复强调中国哲学的研究要走“文献的途径”，也无非是要强调这一点。不但对于人物个案的研究是如此，对于哲学问题的研究也同样。因为任何哲学问题都是由相关人物的讨论构成的。离开相关人物的文献材料，所谓哲学问题的研究亦无从下手。可以毫不夸张地说，对于研究课题范围内文献掌握的完整与深入程度，构成研究成败、高下的一个先决条件。

熟悉陈来先生的读者大概都首先会对其文献考订的深湛功夫印象颇深。作者的《朱子书信编年考证》(上海人民出版社，1989)一书，正是以其对朱熹两千余封书信写作年代与相关问题的细致考辨而令国际朱子学研究的权威陈荣捷先生赞赏不已，同时令以文献考辨见长的日本学者叹服心折。该书的出版虽然晚于作者的成名作《朱熹哲学研究》(中国社会科学出版社，1987)，其实却是作者研究朱熹哲学时用功于文献的一个见证和副产品。事实上，正是由于对朱熹文献的了解做到了“表里精粗无不到”而烂熟于心的程度，作者《朱熹哲学研究》一书对于朱熹哲学的诠释，才能够达到“全体大用无不明”而精义无遗的境界。对于文献掌握之于思想分析的基础意义，陈来先生无疑有着高度的自觉，这一点，同样鲜明地体现在《有无之境》一书之中。

《有无之境》最后一章(第十二章)作者题为“附考”，包括“《年谱》笺证”、“《续编》书札考”、“越城活动考”和“著述辨疑”四个部分。“年谱笺证”对现行王阳明年谱中的不少问题进行了考辨，纠正了长期习焉不察的错误。譬如，阳明早年实践朱子“格物”之说而“格竹子”的故事广泛流传，以往均依据年谱“弘治五年壬子，阳明二十一岁”条下的记载，认为此事发生在阳明二十一岁时。但是，作者根据对年谱本身文句的细致解读和再三玩味，认为此事不可能发生在弘治五年阳明二十一岁时(页 339—340)。后来《阳明先生遗言录》公布，其中第 49 条中阳明自己明确说“某十五六岁时，便有志圣人之道，但与先儒格致之说若无所入，一向姑放下了。一日寓书斋，对数箠竹，要去格它理之所以然。茫然无可得，遂深思数日，卒遇危疾，几至不起，乃疑圣人之道恐非吾分所及，且随时去学科举之业”[③]，足证《有无之境》中的怀疑不虚。阳明究竟哪一年“格竹子”或许并不重要，但作者对于这一问题的怀疑和纠正，却为我们树立了阅读文献时细心和精察的榜样。没有这种细心和精察，大概很多问题都会与阅读者失之交臂。“续编书札考”则是类似《朱子书信编年考证》的工作。阳明与人论学书信，《文录》和《外集》中都注明了年代，但《续编》中的书信部分则完全没有注明年代。作者对三十余封书信逐一考证，几乎确定了每封书信的年代，为利用这些书信研究阳明的思想奠定了基础。王阳明之号“阳明”来自其曾经筑室阳明洞讲学的经历，可是阳明洞究竟在何处，阳明是否曾经讲学其中，自清代以来，都是未解决的疑问。“越城活动考”部分，就是以详细的考证，对于阳明洞的所在问题以及阳明越城讲学活动的情况提供了令人信服的解答。譬如，对于以往许多人沿袭的以阳明洞在四明山的说法，作者的驳论就基于坚实的文献材料而可称断案。至于“著述辨疑”部分，更是对《传习录》、《大学古本旁释》这两部研究王阳明思想的基本文献中的诸多问题进行了全面的清理。有关《传习录》的考辨，在此前陈荣捷先生《王阳明传习录详注集评》的基础上更进了一步。

---

③ 陈来等:“关于《遗言录》、《稽山承语》与王阳明语录佚文”,《清华汉学研究》,第一辑,清华大学出版社,1994,页 186。

除了“附考”专门用力于文献考订工作之外，在全书其他研究王阳明哲学思想的部分，作者精湛的文献功夫亦随处可见。这里，笔者仅略举数例。譬如，在第六章中，当引用湛若水“答阳明王都宪论格物书”作为分析王阳明与湛若水格物之辩所涉及的问题时，作者顺便对这一封原无年月的书信进行了考证，指出该书当作于正德十六年辛巳（1521）正德十七年壬午（1522）之交（页142，注1），如此阳明和甘泉讨论格物问题的前后过程即可定位，阳明在该问题上思想的变化亦可显现。在第八章中，当讨论“天泉证道”引用邹东廓“青原赠处”这篇文献时，作者同时指出，该文献中邹东廓将天泉证道和严滩问答混为一事（页201，注1），因此，其“青原赠处”并不能作为天泉证道的第一手材料。

单就文献考证而言，作者的这些工作都是具有独立价值的。但是，作者这些工作显然并不是以文献考证本身为目的的。至少在笔者看来，和《朱子书信编年考证》一样，《有无之境》最后一章“附考”部分，其实可以视为作者精读王阳明文献的一个见证，而这种工作反映的是作者对于文献的熟悉程度。至于熟悉文献的目的，则并不以考证本身为限，而是要为真正深入透彻地了解和诠释王阳明的哲学思想提供一个尽可能坚固的基础。

对文献材料之于哲学诠释活动的意义缺乏相应了解者，或许会觉得作者对于王阳明文献的考证与其对于王阳明哲学的诠释无关。而好学深思的学者则会充分意识到这两者之间的紧密关系。无论在《朱熹哲学研究》还是在《有无之境》中，陈来先生并没有对这种方法论方面的考虑专门进行明确的交代。但是，笔者以为，这种方法论上的高度自觉可以说是从《朱熹哲学研究》到《有无之境》一以贯之而首先足称楷模的。进一步来说，如果“高度自觉”尚不能等同于“充分运用”，前者必以后者为归着而后者必然蕴涵前者的话，那么，从《朱熹哲学研究》到《有无之境》，更是将这种方法论充分付诸研究实践的楷模。毕竟，任何研究方法的考虑如果不能真正充分落实到具体的研究之中，未免不是真知。而研究方法在具体研究成果中的充分运用，则说明研究者对其所运用的方法必定有高度的自觉。用王阳明的话来说，正所谓“行之明觉精察处即是知”。

三、西学素养

以全面、坚实的文献阅读和研究作为哲学思想诠释的基础，从研究对象的思想材料本身提炼出其所内在固有的义理结构，而不是以任何一种外在的诠释框架去进退、取舍研究对象的思想材料，这是《朱熹哲学研究》与《有无之境》两书在研究方法上共同具有的特征。而《有无之境》不同于《朱熹哲学研究》的一个重要方面，④同时在笔者看来也是20世纪90年代以来中国大陆中国哲学研究一个重要发展方向的率先反映，则是在分析王阳明哲学精神的具体方面时，作者引入了大量西方哲学的概念、命题和理论作为诠释的资源，从而使王阳明哲学的一些具有普遍性的内涵在一个更为广阔的中西比较和对话的思想脉络中获得了进一步的展示，在一些具体的分析和讨论上使得《有无之境》具有了某种比较哲学的特征，虽然作者在“绪言”结尾声明该书“并不是文化研究或比较哲学的专著”（页19）。

作者在第一章“绪言”中交代了贯穿王阳明哲学、宋明理学甚

---

④　当然，《朱熹哲学研究》中并非没有西方哲学观念的引入以及与朱熹相关思想的比较。如讨论“理气先后”时，作者便曾提到柏拉图哲学的有关内容；在讨论朱熹关于“所以然之故”的思想时，曾经与莱布尼茨的充足理由律加以比较；在讨论朱熹的认识论时，也曾经简略对比过朱熹与莱布尼茨的异同。但是，无论就涉及西方哲学人物的数量还是具体观念比较分析时的深入程度而言，《有无之境》都远远超过《朱熹哲学研究》。

至整个中国哲学史的三个问题意识或者说三条线索。如果说“有我与无我”、“戒惧与和乐”更多地具有中国哲学的特性的话，“理性与存在”则似乎更多地是西方哲学史上的问题。然而，“以理性主义到存在主义的转向来把握宋代理学到明代心学的演变线索，力图在比较分析的视野中把心学的古典问题转化为现代哲学语言来了解”(《有无之境》内容提要)，却恰恰是贯穿整个《有无之境》一书的一个基本线索。同样，在全书除最后一章“附考”之外的各个章节中，作者也屡屡引用西方哲学的不同观念来阐发王阳明哲学思想中的诸多内容。譬如，在诠释“心即理”这一王阳明哲学的第一命题时，作者援引了康德道德哲学的若干观念和命题；在讨论“心外无物”这一命题的具体涵义时，作者引入了胡塞尔现象学的意向性理论；在分析“知行合一”时，作者借助了赖尔(Ryle)《心的概念》一书中对于“知道怎样”(knowing how)和“知道什么”(knowing what)的区分等等。由于“存在主义的转向”是作者对于王阳明哲学相对于朱熹哲学精神方向变化的一个基本判断，一些主要存在主义哲学家如克尔凯郭尔、海德格尔、萨特等人的若干观念，就更是在《有无之境》一书的不同章节中时常出现。至于该书“附录”的文章“心学传统中的神秘主义问题”，[⑤]则更是广泛地运用西方比较宗教学的相关观念以为参照，如 W. T. Stace、Ninian Smart 等人提出的一些范畴，对整个宋明理学传统中的神秘体验问题进行了现象学的描述，深度涉及了超越的天道与内在的心性彼此之间一而二、二而一的关系问题。

不过，在引用西方哲学的若干观念来诠释王阳明哲学时，作者

⑤ 该文原题为“神秘主义与儒学传统”，作于 1987 年 2 月，正值作者访学哈佛大学期间，是作者当时在哈佛着手王阳明哲学研究的准备工作之一。该文最早刊于《文化：中国与世界》第 5 辑(北京：生活・读书・新知三联书店，1988)，页 28—57。

所做的其实是一种“双向互诠”而非“单向格义”的深度对话性的工作。在援用西方哲学来诠释中国哲学时，最常见到的是那种较为肤泛的“单向格义”式的做法，即简单地用西方哲学的概念来比附中国哲学的观念，将富有中国哲学自身特性的观念说成就是西方哲学的某种概念。这其实既是没有真正进入中国哲学文献所蕴涵的义理结构内部的表现，也是对西方哲学皮相之见的反映。而对中西双方都能有较为深入的了解者，既能够做到明同别异，不流于“贴标签”的简单比附，又能够做到互相发明，不忌讳所谓比较哲学的取径，从而不仅在借用西方哲学观念诠释中国哲学观念时有助于开显后者的思想蕴涵，同时在澄清其间的差异时也有助于对前者的进一步理解，达到在中西哲学之间“双向互诠”的境界。作者即明确指出：“我们应当注意，任何西方哲学的范畴应用于中国哲学，都具有相对的意义，因为各自范畴都产生于一定的历史文化脉络，具有不同的问题指向和意义。”（页 37）这一点，凡作者援引西方哲学观念来阐发王阳明哲学的精神时，无不时时体现。

譬如，在与康德哲学进行比较的过程中来揭示王阳明哲学的特征时，对于双方的不同与可能产生的理论后果，作者有深刻的观察。在第七章“良知与致良知”最后，作者指出：“在康德，意志与意念的分离，理性与情感的分裂，虽然使意志仅仅成为立法原则，失去了实践力，但以此为代价，换来的是理性与感性泾渭分明的界线，使感性无法混入理性。在心学，没有意志与意念的分离、理性与感性的两分，本心与心交叉使用，良知即体即用，良知包括感情好恶，可以成为践履原则，但也要为此付出代价。它借用了感性的力量，便无法排除感性的渗入，以至‘任心率性而行’都可在良知的名义下求得合法性，使纯粹的良知无法保持童贞，这是王学‘左派’的发生在理论上的必然结果。”（页 192）

再譬如，在借助康德的道德哲学来诠释阳明“心即理”的命题时，笔者所谓的“双向互诠”，在作者的以下论述中就格外明显：“对于康德的自律来说，只说心自立法度是不够的。‘心即理’若要合于康德之自律，不能仅从抽象的意义上说，必须先肯定心是道德主体（即实践理性），和理作为‘单纯普遍的立法形式’，并非任何主体的任何原理皆可称为自律，正是因为单纯普遍立法形式是理性自身的结果，才能说到理性的自己立法。正因为自律是指理性以其自身的‘单纯普遍的立法形式’决定选择，所以才说‘这种自律本身就是一切准则的形式方面的条件’。在规定自律原则的整个定理四中，康德注意的核心仍然是如何以普遍立法形式取代感性自然法则。因而简单地说，他律即遵从感性法则，自律即由普遍立法形式以建立义务。普遍立法形式既被看作理性自身的结果，所以康德认为理性应当遵从的不过是理性自己的法则，这个演绎过程的脉络下才有自律的说法，而不是说一切主张心提供道德法则的就是自律。从主体说，心学的‘本心’虽是道德主体，但此道德主体与康德规定的道德主体仍有不同，本心虽排斥情欲，但仍有感性的色彩即道德感情。本心提供的道德法则也不指唯一的普遍立法形式，更不用说‘形式’与‘实质’的区分也是儒学所无。此外，康德的‘自律’包含‘服从道德律’，这表明康德的自律意味着理性的反思，而心学的良知具有直觉的意义，包含着道德感。康德在《道德形而上学探本》中特别强调了‘人自己也得要服从他所规定的这种规律’。‘服从’的观念显然是康德自律学说中与心学很不同的一个观念。可见，自律的范畴虽然为我们理解心学的特质有很大的帮助，由此可以开发出一种富有生命力的诠释方向，但也要了解彼此之间的差异，以免使之绝对化而产生不必要的纠葛。”（页38—39）“至于他律是否适用于与心学对立的理学，更一直是一个争议问题。事实上，对自律——他律用于宋明儒学诠释的疑问，主要也在他律上，而不在自律上。这个问题不必在此详加讨论，只需指出，康德伦理学包括自律原理主要讨论的是‘法则’即如何确定道德法则，而不是‘心体’，更不是‘工夫’。而在法则的问题上，程朱陆王并无异议，他们都是以天理（理性法则）排斥人欲（感性法则）。如前引述康德的表述，一切他律都是与‘意志的道德性’对立的，在康德哲学中，意志的道德性与行为的合法性相对，为个人幸福而作一件合乎道德法则的行为，只有合法性，而无道德性，只有‘正其谊不谋其利’，把正其谊本身作为目的，才会有道德性。这样看来，‘他律’所针对的乃是只讲合法性不讲道德性的倾向。而理学无论程朱还是陆王，都是把正谊不谋利作为基本实践原理。从这点看，康德所谓的他律与程朱伦理学显然有很大距离。从另一个角度说，自律与他律的分别用另一种形式表达，就是定言式与假言式的分别，而在用定言式方面，朱子学显然是为康德所肯定的。”（页 39）作者这里“双向诠释”的基本结论，在第一章“绪言”中更有简明扼要的总结。所谓“即使我们确认心学为自律形态，并不意味着心学与康德伦理学的基本取向完全一致，心学是否为自律与心学是否与康德伦理学相近是两个不同的问题。事实上阳明学主张的‘工夫’与‘境界’与康德有相当大的距离。其次，即使我们确认阳明学为自律，并不简单地导致我们必然承认朱子学为他律，也并不等于同时以否定和消极的意义来看待他律。”（页 13）

另外，在引入赖尔的认知理论分析阳明“知行合一”这一重要思想命题时，作者最后总结说：“赖尔理论的出发点，他所企图解决的问题，他所讨论的重点都与阳明有很大距离。他的总体批判是针对笛卡尔式的身心双重论，他以逻辑分析为手段是现代哲学的特色，他的行为主义立场更不是阳明所了解的。在 knowing how 方面，阳明讨论的知孝知弟等也不属于‘知道怎样’的知，这些都是阳明不同于赖尔的地方。事实上，就阳明使用的‘知’的一般意义而言，是包含着许多不同性质和形态的知的。阳明所关注的活动不是智力性的活动，而是道德性活动。然而，无论如何，阳明主张德性谓词‘孝的’或德性知识‘知孝’不是指意识对准则的知性了解，而指其在行为上能正确体现这些性质，因此这些心理谓词并非仅指心理性质而是指心理特质发挥的行为方式，在这些方面显然与赖尔的提法是相通的。”（页116—117）这里显示出，作者运用现代西方分析哲学来诠释王阳明哲学时，对于双方的同异同样有明确的了解。因此，其诠释自然恰当而不失彼此之间的分际。

最后，我们不妨再举一例。从中，同样可以看到作者在引用西方哲学观念诠释王阳明哲学时能够充分了解彼此的同异从而做到“双向诠释”。在第八章“有与无”的结尾部分，作者指出：“在具体的情感体验范畴方面，存在主义都很强调‘烦恼’，但不同哲学家的理解并不相同。如萨特哲学中的‘烦恼’含有‘全面深刻的责任感’的体验，显然与儒家固有的‘忧患’意识相同。正如《周易》的‘忧患’是肯定的、积极的忧患，而《大学》‘正心’要排除的‘忧患’则是否定的、消极的个人忧患一样，与萨特具有某种积极性的烦恼不同，存在主义者如海德格尔则强调更多地体现了消极性的‘烦’。阳明继承了道家和佛教的思想，也把‘烦恼’看成完全消极的、异在于心之本体的情感，‘烦恼’代表了一切消极性的情感情绪，而‘心体’正是烦恼的对立面，无烦恼的安宁与平静、自在，才是人的本真的纯情绪状态。人的精神生活的目的就是排除种种非本体所固有的烦恼，而回到内心本然的自由境界。当然，这并不意味着情感不发生，只是强调不要使情感情绪的留滞不化引起内心的障碍和失衡。从而，与海德格尔要通过‘畏’达到无的澄明之境不同，阳明则要克服执著带来的烦恼达到不离不滞的自在之境。无，在无滞的意义上，是一个正面的体验。与存在主义者如萨特以否定、消极的态度看待空无或虚无不同，东方存在主义是要积极地利用必要的虚无化，以解除烦扰心灵的负荷，使主体得到全面的解放。当我们说阳明哲学具有某种存在主义性格时，并不意味着他与存在主义者具有相同的立场，毋宁说是指他所提出的问题是‘存在主义式’的问题。事实上，在存在主义者之间对这些问题的解决也往往大不相同。”（页234）

无论从以上对康德哲学的讨论和比较，还是这里与存在主义之间同异的辨别与互诠，我们都可以深切地感受到作者对于西方哲学了解的素养之深厚。相对于个别有西方哲学训练背景而妄解中国哲学者，其高下悬殊何啻天壤。事实上，笔者认为，真正能够深入西方哲学堂奥者，如果要来认真地解读中国哲学，也同样能够做到明同别异并最终达到双向互诠的造诣。如安乐哲（Roger Ames）和郝大维（David Hall）对古典儒学和道家思想的把握，南乐山（Robert Neville）对儒家哲学尤其形上学和宇宙论的了解，麦金太尔（Alasdair MacIntyre）对孔子伦理学与亚里士多德德行伦理学的比较等，都是很好的例子。比附、曲解和妄议，往往是于中西双方均浅尝辄止而未能掘井及泉的结果。

能否做到“双向互诠”而非“单向格义”，除了在具体概念、命题的诠释方面表现如何之外，还有一个重要的方面，那就是：是以某种外在的理论立场作为诠释中国哲学的先入为主的诠释框架，还是不预设任何外在的诠释框架而从全面、深入和细致的文献阅读中去掌握和提取蕴涵在文献之中的中国哲学的固有脉络。中国大陆在1949年以后到90年代以前，无论中国哲学史通史、断代哲学史还是个案、专题研究，反映的几乎都是前者；90年代以后，才逐渐摆脱那种教条主义的生搬硬套。而初版于1991年的《有无之境》，却在当时便已尽脱窠臼。全书无论章节还是子目，其结构所体现的脉络完全来自于王阳明自己的文献材料。无论在具体观念的分析时可以如何充分地援引西方哲学作为诠释的资源，首先要从王阳明自身的文献中确定其自己的问题意识和思想结构，作为诠释王阳明哲学的基本前提，这一点由全书的纲目即可感知。如今回过头来再看，在当时大多数研究著作尚未能完全避免教条主义的模式和话语的情况下，作者的研究方式是难能可贵的。这一点，无疑首先取决于作者对王阳明文献全面、深入和细致的掌握之功。离开了这一基础，任何的西学素养都没有用武之地。这是笔者之所以首先讨论“文献基础”并提请读者再三注意的原因所在。

四、国际视野

除了广泛深入地借助西方哲学作为诠释的理论资源之外，作为《有无之境》的特点之一，另一个不同于《朱熹哲学研究》的方面，是作者在书中所显示的开阔的国际视野。这一点，大概同样与作者1986到1988年的哈佛访学经验密切相关。如果说缜密的辩名析理在一定意义上未必依赖西方哲学训练的话，⑥那么，国际视野的具备则一定离不开对于海内外相关研究成果的充分掌握。

中国哲学尤其宋明理学的研究早已不是中国学者的专利，而是包括欧美、东亚等世界范围内具有不同国家、地区和种族背景的学者群体共同从事的一项事业。如果有人还认为中国学者天然地具有中国哲学研究的优势，中国学者中国哲学研究的水平理所当然在海外学者之上，那只能说是坐井观天的无知之见。即以阳明学研究为例，日本的荒木见悟先生从20世纪70年代开始就进行了大量深入细致的研究。如晚明会通三教的重要人物管志道，至今对于我们许多中国哲学甚至宋明理学的业内人士来说仍是一个较为陌生的名字，而荒木先生20世纪70年代末就出版了研究管志

---

⑥ 传统宋明理学以及中国佛学包括天台、华严的理论思辨程度之高，都并不亚于西方哲学传统的任何一支。

道的专书。[7] 因此，要想在世界范围内跻身中国哲学研究的一流，就势必需要在国际中国哲学研究的整体脉络内来从事、定位自己的研究和成果，对海内外相关的研究成果有足够的了解，如此才能掌握前辈时贤已经做了哪些工作，哪些问题已经解决，哪些值得研究的问题尚未引起研究者注意，哪些问题既有的研究还有商榷的必要，等等。在此基础上做进一步的研究，才能避免闭门造车和低水平的重复，真正做到推陈出新，在整个国际学术界确立领先的地位。这一点，除了外文的掌握以及海外学术交流等客观条件的影响之外，研究者主观的自觉尤其重要。在全球化、信息技术日益发展的今天，海外许多研究成果的获取较之以往已经有相当的便利，未必一定需要“身在此山中”的海外经验了。但问题是，一些学者即使在今天似乎对此仍未有充分的自觉。回头来看，《有无之境》的写作固然有良好的海外研究的经验作为具备国际视野的条件，但作者自己对此的自觉或许更为关键。如果考虑到《有无之境》完成于 1988 年秋到 1990 年春，作者在中国哲学研究的国际视野方面，可以说更是早早着了先鞭，成为中国同行学者中国际化的“先行者”。

《有无之境》对英文、日文的相关研究成果多有吸收。譬如，在第一章“绪言”部分，当讨论阳明学与存在主义可比性时，作者就指出英语世界最早提及此点的韩裔学者郑和烈（Hwa Yol Jung）及其论文和出处（页 15，注 3），以及倪德卫（David Nivison）和冈田武彦对于该问题的研究（页 16，注 1）；当涉及儒家传统的“精神性”问题时，作者指出了加拿大籍华裔学者秦家懿（Julia Ching）对该问题的研究论文（页 19，注 1）。在第五章讨论知行问题时，作者留意到柯

---

[7] 参见荒木见悟：《明末宗教思想研究——管東溟の生涯とその思想》（东京：创文社，1979）。

雄文(A. C. Cua)曾有专书研究知行合一的问题以及其中对于两种不同道德知识的区分(页 100,注 1)。在第十一章结语部分讨论王阳明身后其学的流变时,作者借鉴了狄培理(W. T. de Bary)关于"个人主义"的说法(页 335,注 1)。在第十二章关于王阳明年谱的笺证中,作者考察阳明三十六岁条下有关问题时引用并肯定了日本学者河住玄发表于《东洋文化》的"王阳明先生流谪事迹考"(页 348,注 1)。

除了直接参考英、日文的相关研究成果之外,对于港台地区中文出版和发表的有关论著以及中译的海外研究成果,作者更是广为参考,消化、吸收和商兑之处俯拾皆是。譬如,第一章曾参考岛田虔次的《朱子学与阳明学》(陕西师范大学出版社 1986 年中译本)、牟宗三的《才性与玄理》(台湾学生书局,1985)、柳田圣山的《禅与中国》(生活·读书·新知三联书店 1988 年中译本)。第二章曾参考李明辉的"儒家与自律道德"(《鹅湖学志》第一期,台北文津出版社,1988)和"再论孟子的自律伦理学"(台北《哲学与文化》十五卷十期,1988)、杜维明的《人性与自我修养》(和平出版社 1988 年中译本)。第六章曾参考傅武光"四书学考"(《台湾师范大学国文研究所集刊》第十八集)。第七章曾参考陈荣捷的《王阳明传习录详注集评》(学生书局,1983)、李明辉的"儒家与自律道德"、杜维明的《人性与自我修养》。第八章曾参考陈荣捷的《王阳明与禅》(学生书局,1984)、傅伟勋的《从西方哲学到禅佛教》(生活·读书·新知三联书店,1989)。第九章曾参考陈荣捷的《王阳明传习录详注集评》、唐君毅的《生命存在与心灵境界》。第十章曾参考陈荣捷的《朱子新探索》(学生书局,1988)、余英时的《历史与思想》(台湾联经事业出版公司,1976)。第十一章曾参考秦家懿的《王阳明》(台北东大图书公司,1987)、蔡仁厚的《王阳明哲学》(台北三民书局,1974)。我们可以看到,在 20 世纪 80 年代末的情况下,撇开直接参考外文研究成果之外，仅就港台地区有关论著的参考而言，作者的视野也是度越时流的。

仅仅具有国际视野，对海外学界的情况有相当了解，自然并非造就国际一流研究成果的充要条件。这对于中国哲学的研究尤其如此。不过，在全球学术社群联系交往日益密切的情况下，如果无法尽可能充分了解海内外相关的各种研究成果，不能尽量对这些既有的成果加以消化和吸收，从而在其基础上"更上一层楼"，恐怕很难真正处于国际中国哲学研究的第一线。这一点，即便在21世纪的今天，仍然未必是我们每一个中国哲学研究者都有足够自觉的。而《有无之境》在1991年的初版，实际上却早已通过"现身说法"的方式向学界指点了这一学术方向。当然，至于后学是否都能敏锐地捕捉到这一点并化为自己的研究方法，则要靠个人自己的悟性了。

五、典范意义

以深厚的文献功底为基础，在国际视野的观照下，广泛借助西方哲学的理论资源进行细致入微的思想分析，《有无之境》成功地将王阳明哲学精神的丰富内蕴揭示无遗，成为王阳明哲学研究的一部杰作，是可想而知的。但是，读者在佩服作者考证之详、论断之精的同时，往往只是接受了作者关于王阳明哲学的具体论断，对于作者何以能够做出如许论断，或许未做深究。换言之，《有无之境》赖以成功的三方面要素，即文献基础、西学素养和国际视野，作为作者运用于该书的研究方法，恐怕未必充分进入广大读者的问题意识。其实，在笔者看来，对于一部学术精品而言，更重要的与其说是了解并记住其各个具体的论断，不如说是领会并掌握其如何进行研究从而得出那些论断的方法。依笔者之见，如果在文献基础、西学素养和国际视野这三个方面都能真正臻于上乘，相应的研究成果在世界范围内居于学界一流水平，实属必然之事，决不仅仅适用于王阳明哲学研究，在整个中国哲学的研究范围内都有其普遍的有效性。这也正是笔者以《有无之境》为例来说明目前以及今后研究中国哲学所应具有的上述三点自觉的原因。

正如本文开头提到的，历史进入21世纪以来，反思以往中国哲学的研究范式，探讨如何进一步研究中国哲学，一度成为学界关注的重点。晚近对于究竟应当如何研究中国哲学的广泛讨论，其中关键的问题之一是在当前的“中国哲学”研究中如何处理与“西方哲学”的关系。自从现代学科意义上的“哲学”建立以来，“中国哲学”的发展就一直处在和“西方哲学”的关系之中。在这个意义上，我们不妨说“中国哲学”这一学科一开始就是某种比较哲学。无论是1949年以前冯友兰的《中国哲学史》，还是20世纪50年代以后海外新儒家对于中国哲学的重新诠释和建构，甚至1949年到20世纪末中国大陆普遍的教条马列主义解释中国哲学的普遍模式，在一个较为宽泛的意义上都可以称之为“援西入中”的模式，尽管所“援”西方哲学的流派、程度不同，极端生硬者简单袭取西方哲学某家、某派作为中国哲学诠释框架，已经不是“援西入中”而直可谓“以西(教条马列主义)解中”了。如今的反省，也主要在于针对这种“援西入中”的基本模式。不过，以往“以西解中”的浅陋与失败，是否意味着“援西入中”全然不可取，中国哲学的主体性是否要在与西方哲学的绝缘中才能建立，则是当前以及今后需要深思熟虑的问题。对于究竟应当如何研究中国哲学以及中国哲学研究的发展方向，笔者也曾参与讨论，基本的看法，可以大体归纳为以下三个方面。

第一，中国哲学的研究早已无法摆脱与西方哲学的关系。简单套用西方某种哲学框架来裁剪中国哲学的思想材料，如20世纪50

年代到80年代中期中国大陆的研究，自然无法达到对中国哲学合理与有效的诠释和重建，而试图从现有中国哲学的研究中彻底清除西方哲学的所有痕迹，却是既不必要也不可能，其结果并无益于中国哲学自身的发展。只有在与西方哲学深度互动交融的过程中，作为一种真正富有特性的观念结构和价值系统而非单纯的话语形式，中国哲学的主体性才能够最终得以建立。在一定意义上，对西方哲学了解的深浅甚至在相当程度上制约着中国哲学的诠释与重建。我们可以看到，迄今为止，无论就古典研究还是理论建构（二者密切相关）来说，在中国哲学领域取得巨大成就的前辈和时贤，几乎无一不对西方哲学传统有深入的了解。可以这样说，对中国哲学的发展而言，关键不是用不用西方哲学的问题，而是用得好坏与深浅的问题。我们当然不能以西方哲学为标准，但不可不以西方哲学为参照。凡有益于中国哲学诠释与重建的西方资源，不限于哲学一科，我们都应当充分了解和吸收。只有在以“他者”为参照、与“他者”的沟通互动中，才能够获得更为明确的自我意识，并不断扩展深化自身的主体性和身份认同，这是如今世界范围内每一种文化传统、哲学传统都需要面对的问题。

第二，中国哲学的研究需要广泛、深入地吸收海外学界包括西方、日本和台港地区的相关研究成果，充分意识到中国哲学研究早已不是中国学者的专利。我们的中国哲学研究如果不能放眼世界，在全球学术社群的整体脉络中来评估自己的研究成果，便很难取得真正一流的成就。我们的学术视野不但要扩展到包括港台地区在内的整个中文世界，还要充分伸展到包括西方和日本在内的整个国际学术社群。只有在充分了解国际范围内中国哲学研究状况的前提下，我们的中国哲学研究才能够做到综合创新，在世界范围内真正达到一流的水准。

第三，无论是充分吸收西方哲学的理论资源还是海外研究的相关成果，都必须深深植根于中国哲学固有的问题意识，如此才能始终把握中国哲学自身的特质，才不会在吸收运用西方哲学以及海外研究成果时“从人脚跟转”、丧失自身的主体性。而如何才能在充分消化、吸收西方哲学与海外研究成果、不以西方话语和名相为忌的同时，始终立足于中国哲学自身的问题意识和义理结构，则在相当程度上取决于我们中国哲学文献的功底。只有对这些文献典籍烂熟于心，才能把握其中蕴涵的中国哲学固有的问题意识和义理结构。就如今的中国哲学研究而言，无论古典诠释还是理论建构，无人会反对方法的多元性，但是，如果不首先全面深入地掌握文献材料、充分地咀嚼消化文献材料，任何外在的方法论都难以落实，未必有助于揭示中国哲学自身的特质。所谓“法无定法”，任何方法论都有其有效性的适用范围，判断并选择合理有效的方法论的标准，只能是研究对象自身的特质。只要把文献典籍读熟吃透，其中的问题意识和义理结构自然会浮现出来。相反，如果不能首先虚心、平心地吃透文献，还没读几页书就浮想联翩，结果只能是在缺乏深透与坚实的理解和领会的情况下放纵个人的想象力，对源远流长的中国哲学传统终究难有相契的了解。其研究结果也只能是“六经注我”式的“借题发挥”与“过度诠释”。其实，这一点非独中国哲学研究为然，对西方哲学以及其他任何历史悠久的思想传统来说，情况恐怕同样如此。再者，“巧妇难为无米之炊”，再聪明的头脑，脱离深厚的文献典籍，其发挥的空间必然有限。其思想的展开，充其量只不过是个人经验与想象力的单独运作。反过来说，如果聪明的头脑再加上文献典籍的深厚功力，个人的自我经验与蕴涵在文献典籍中众多古圣先贤的历史经验融为一体，便不再是一种单薄的个体之思，而成为贯通古今并表现于当下的一股强大经验之流和思想之流，其思想的展开必然是“若决江河，沛然莫之能御”。这种情况下的中国哲学研究，其成就自不待言。尤其需要指出的是，从今后中国哲学的发展来看，对于更为年轻一辈治中国哲学的学者来说，所患者或许不在于西方资源的吸收与运用，而更多的在于中国哲学文献材料的涵泳与契入。事实上，在当今各种西方思想理论蜂拥而入、“城头变换大王旗”的情况下，要想既充分吸收西方的相关资源，同时又能够合理有效地有所取舍而为中国哲学所用，避免“生吞活剥”，只能以中国哲学自身的问题意识和义理结构为准，否则，难免重蹈以往教条主义中国哲学研究的覆辙，所不同者，只是西方理论话语的变换而已。可以说，对于作为一种悠久传统的中国哲学来说，历代不断累积的丰富文献材料乃是其“源头活水”。只有深深植根于这一源头活水，中国哲学在全球范围的不断发展才能始终不丧失其主体性。

笔者之所以要提到晚近关于如何研究中国哲学的反思和讨论并重申自己的看法，决非偶然。事实上，笔者提到的三个方面，正是文献基础、西学素养和国际视野的问题。显而易见，如果说强化这三个方面是我们当前和将来研究中国哲学的方向，那么，对于如何以深厚的文献功底为基础、在国际视野的观照下充分吸收西学来诠释和建构中国哲学，陈来先生的《有无之境》恰恰为我们提供了极佳的例证。反思中国哲学研究的方法论自然不无意义，但是，抽象的反思毕竟不能等同和代替在“中国哲学”这一广阔领域内各种具体的研究与思考，只有后者才更能够切实推进中国哲学的研究，在研究与建构的双重意义上不断提升中国哲学的水准。并且，正如前文提到的，即使具有方法论的高度自觉，仍需贯彻到具体的研究工作当中。具体研究成果的水平，是衡量任何方法论高低的最终标准。在这个意义上，与其抽象地苦思冥想和议论不休，不如仔细体会包括《有无之境》在内诸多中国哲学研究的佳作。至于老一辈中国哲学大家如唐君毅、牟宗三、劳思光等人的工作，更是值得再三玩味，切不可轻易绕过，更不可在未能深入全面了解的情况下“妄议”。如此，我们才能进一步将中国哲学研究方法的“个中三昧”运用并发挥到自己的研究工作当中。

最后，笔者愿意指出的是，我们当然可以说“哲学”与“哲学史”难以截然分开，哲学的创造(construction)和哲学史的诠释(interpretation)活动也的确往往彼此交织。但是，哲学创作或哲学体系的建构，与哲学史的诠释活动又确有分别。总体来说，中国哲学的创造应该是中国哲学研究到相当程度之后的自然结果，任何人都不可能在对整个中国哲学史缺乏全面深入了解的情况下妄谈建立中国哲学的体系。在中国传统哲学与西方哲学彼此互动已近一个世纪，尤其是已经出现了牟宗三、唐君毅等先生融会中西印哲学传统所建构的新的中国哲学体系的情况下，建构新的有意义的中国哲学的体系更不是一件轻而易举的事。从大的文化氛围来看，晚清以来，反传统思潮日益强势，到20世纪80年代，可以说已经形成了一个反传统的传统(tradition of anti-tradition)。对如今中文世界的学者来说，几乎所有人自出生之日起即身在反传统的传统之中，对包括哲学在内的整个中国传统思想文化都已隔膜甚深。对西方思想文化的了解仍需进一步的扩展和深化。试想，无论是对传统中国思想文化的掌握，还是对西方思想文化的了解，如今有多少人可以望牟宗三、唐君毅以及钱穆、余英时等先生的项背？因此，在这种情况下，我们与其奢谈中国哲学的建构，不如首先踏踏实实多做些研究工作。待到“真积力久则入”之时，若真有成系统的度越前贤的真知灼见，建构中国哲学亦只是“水到渠成”而已。

第三章　中国哲学研究方法论的再反思
——"援西入中"及其两种模式

一、背景与问题

晚近几年来，关于中国哲学研究的方法问题在中文世界普遍引起了较为广泛的讨论。而且，这一讨论也引起了西方学者的关注甚至参与。[①] 笔者本人曾经参与这场讨论，2002 年应编辑之约撰写的"合法性、视域与主体性——当前中国哲学研究的反省与前瞻"，发表于《江汉论坛》2003 年第 6 期，随即为《新华文摘》2004 年第 1 期全文转载。迄今为止，笔者认为自己的宗旨在那篇文章中已经交待得很清楚，目前和今后大概也不会有所改变。因此，本已不欲在这个问题上驻足。但由于当初该文是一组笔谈之一，受制于篇幅限制，虽主旨已出，有些方面或许还有详说的必要。2005 年

---

① 比如，比利时鲁汶大学的戴卡琳（Carine Defoort）教授不仅在其主编的 *Contemporary Chinese Thought* 中花了几期专门翻译中国学者关于这一讨论的有代表性的文章，自己也参与其中，发表了两篇很有意义的文章，参见其"Is There Such a Thing as Chinese Philosophy? Arguments of an Implicit Debate"，*Philosophy East and West* 51：3(2001)，393－413；以及"Is 'Chinese Philosophy' a Proper Name?"*Philosophy East and West*，56：4(2006)。

陈来先生《有无之境——王阳明哲学的精神》新版出版之际，笔者即以该书为例，进一步讨论了如今中国哲学研究所当具备的"文献基础"、"西学素养"和"国际视野"这三方面的自觉。[②] 在2006年12月12—14日深圳大学国学研究所和澳大利亚国立大学亚洲研究院联合主办的"中国哲学建构的当代反省与未来前瞻"国际学术研讨会上，笔者也提交了"中国哲学研究的三个自觉——以《有无之境》为例"的论文。[③] 可以说对此前"合法性、视域与主体性——当前中国哲学研究的反省与前瞻"一文有进一步的发挥。

不过，2006年12月15—16日在香港中文大学召开的"中国哲学研究方法论"内部讨论会上，刘笑敢教授列举并分析了迄今为止有关中国哲学研究方法论问题讨论的代表性的诸说。其中，对于笔者"合法性、视域与主体性——当前中国哲学研究的反省与前瞻"一文中所谓"对中国哲学的发展而言，关键不是用不用西方哲学的问题，而是用得好坏与深浅的问题"这一说法，他提出了"如何判断好坏、深浅"的发问。的确，无论在"合法性、视域与主体性——当前中国哲学研究的反省与前瞻"还是在"中国哲学研究的三个自觉——以《有无之境》为例"中，笔者一个一贯的看法就是：

> 简单地用某种西方哲学的框架裁剪中国哲学的思想材料，固然难以把握中国哲学的固有精神，无缘得见中国哲学的主体

---

② 彭国翔："为中国哲学研究建立典范——试评陈来《有无之境——王阳明哲学的精神》"，《哲学门》（北京大学哲学系），总第13辑第7卷（2006）第1册，北京：北京大学出版社，2006，页223—241。

③ 该文与"为中国哲学研究建立典范——试评陈来《有无之境——王阳明哲学的精神》"有所不同。所不同者，在于"中国哲学研究的三个自觉——以《有无之境》为例"一文首先强调了应对"中国哲学的合法性问题"与"如何研究中国哲学的方法论反思"这两个不同的问题加以区分。前者是一个伪问题，后者则是集中于对以往用西方哲学来解释中国哲学这种做法的反思。

> 性，而由此即导致逆反，对西方哲学产生厌恶或者恐惧，希望全面清除中国哲学中的西方哲学因素，同样不免堕入“边见”，只能是从一个极端到另一个极端。以往对于西方哲学的运用不善，并不意味着中国哲学的研究不需要西方哲学，更不意味着真正的“中国哲学”中就不允许有任何西方哲学的因素。在目前世界各种文化传统互动沟通日趋深入的情况下，试图在拒斥西方哲学的情况下建立中国哲学的主体性，是既无必要也不可能的。并且，只有在与西方哲学深度互动与交融的过程中，作为一种真正富有特性的观念结构和价值系统而非单纯的话语形式，中国哲学的主体性最终才能够得以建立。我们可以看到，迄今为止，无论就古典研究还是理论建构（这两方面常常是难以截然分割而彼此交织在一起的）来说，在中国哲学领域取得巨大成就的前辈与时贤，几乎无一不对西方哲学传统有深入的了解与吸收。可以这样说，对中国哲学的发展而言，关键不是用不用西方哲学的问题，而是用得好坏与深浅的问题。我们当然不能以西方哲学为标准，但不可不以西方哲学（甚至可以包括印度哲学以及其他文化的哲学传统）为参照。事实上，只有在以“他者”为参照、与“他者”的沟通互动中，才能够获得更为明确的自我意识，并不断扩展深化自身的主体性和身份认同，这是如今世界范围内每一种文化传统、哲学传统都需要面对的问题。

如果说这里强调的是要在中西哲学的密切互动关系中来诠释中国哲学，使西方哲学（甚至其他人文学科）成为中国哲学诠释与建构不可或缺的参照和资源，那么，对于西方哲学的这种“取用”如何做到“好”和“深”，而不是“坏”和“浅”，笔者在“合法性、视域与主体性——当前中国哲学研究的反省与前瞻”并没有具体说明，尽管

“中国哲学研究的三个自觉——以《有无之境》为例”一文，其实倒正好可以说是为运用西方哲学作为诠释中国哲学的参照和资源做到“深”和“好”提供了一个具体的例证。

在上述香港的会上，笔者当时对刘笑敢教授的发问虽然口头有所回应，但毕竟不等于专文的深思熟虑。并且，“中国哲学研究的三个自觉——以《有无之境》为例”一文虽然事实上提供了陈来先生有效而恰当地援引西方哲学观念资源研究王阳明哲学的例证，但也仍非直接针对该问题的进一步展开。如今，笔者觉得当有再作专文继续追究的必要。之所以如此，并非仅由于会上刘笑敢教授的发问本身，另外一个重要的原因就是，笔者后来拜读了刘笑敢教授的“‘反向格义’与中国哲学研究的困境——以老子之道的诠释为例”一文，[④]益发感到他在该文中所提相关问题的重要性。他所谓的“反向格义”，正是对运用西方哲学来诠释中国哲学这一基本取径的指谓和质疑。因此，对于上引笔者主张在与西方哲学深度互动中来诠释和建构中国哲学的看法，或者即所谓“对中国哲学的发展而言，关键不是用不用西方哲学的问题，而是用得好坏与深浅的问题”，本文的进一步讨论，可以作为笔者对于中国哲学研究方法论问题的再反思。

当然，本文不必是对刘笑敢教授该文的直接回应。原因有二：其一，刘教授该文主要以老子的现代诠释为例，本文则以中国哲学史的整体研究尤其儒家哲学的研究为例；其二，更为重要的是，刘教授文中所表示的忧虑并非他个人的想法，而是不少学者共同的问题意识。在这个意义上，本文与其说是对刘教授发问和文章的

---

④ 该文刊于《南京大学学报》（哲学·人文科学·社会科学），2006年第2期，页76—90。该文也是作者《老子古今》一书导论的一部分。参见刘笑敢：《老子古今——五种对勘与析评引论》（北京：中国社会科学出版社，2006），上卷，页66—88。

回应，不如说是对一个具有普遍性的问题的进一步思考。不过，如果没有刘教授学术会议上的发问和上述论文的“启发”，笔者或许也就没有本文对以往思考的“增益”，至少本文再反思的问题意识或者对象，也许未必能够那么明确。这是要特别向刘文表示感谢的。

二、“援西入中”：现代“中国哲学”研究的基本模式

笔者在以前的文章中都曾经指出，20 世纪初至今，作为一门现代意义上的学科建立以来，“中国哲学”就一直处在与西方哲学的关系之中。进一步来说，现代意义上的“中国哲学”之不同于传统的以“经学”和“子学”为其主要表现形式的“中国哲学”，正在于其诠释和建构的一个不可或缺的重要资源和参照是“西方哲学”。这一点与中文世界的“西方哲学”不同，后者尽管以中文为书写方式，但其诠释和建构可以完全无涉于中国哲学（无论是传统的还是现代的）的任何内容。也正是在这个意义上，笔者以为，自从其创制以来，现代学科意义上的“中国哲学”就可以说是某种“比较哲学”。

对于 20 世纪以来现代中国哲学的这种研究和写作方式，刘笑敢教授在前述文中称之为“反向格义”。他认为，中国历史上传统的“格义”是“以固有的、大家熟知的文化经典中的概念解释尚未普及的外来文化的基本概念的一种权宜之计”，而现代的“中国哲学”则是“要‘自觉地’以西方哲学的概念体系以及理论框架来研究中国本土的经典和思想”。正是这种方向的“相反”，使得刘笑敢教授将“自觉以西方哲学概念和术语来研究、诠释中国哲学的方法”称之为“反向格义”。

刘教授的这一看法并非他个人的私见，而是不少学者一个共同的意识所在。他自己也说，“反向格义或许是一个新的说法，但却

不是笔者的创见。很多人有过类似的观察”。并且,他还举了林安梧和袁保新两位教授的例子。不过,其文中将与“反向格义”意思一样的“逆格义”之说归诸林安梧教授,所谓“林氏之说”,则有所未审。事实上,据李明辉教授言,这个看法最早当出自袁保新,尽管袁教授或许未必直接使用“逆格义”这一术语。而即便就“逆格义”这一术语来说,林安梧教授之前,在2002年的“当代中国哲学研究前景”和2004年的“中西比较哲学的方法论省思”两文中,⑤李教授本人都已经明确使用了。当然,谁最先使用“逆格义”这一术语也许并不重要,关键在于,这说明很多专业治中国哲学的学者都很清楚:援用西方哲学的观念资源来诠释和建构中国哲学,已经构成现代中国哲学的一种基本模式。譬如,景海峰教授虽然并未使用“逆格义”和“反向格义”之类的字眼,但他在2001年发表的“学科创制过程中的冯友兰——兼论‘中国哲学史’的建构及其所面临的困境”一文中,⑥曾经以冯友兰为例具体说明了现代中国哲学的这一基本模式。郑宗义教授在其2001年发表的“论二十世纪中国学人对于‘中国哲学’的探索与定位”一文中,⑦也同样指出了这一模式适用于20世纪以来几乎所有主要的中国哲学家。

需要指出的是,笔者所谓“援用西方哲学的观念资源来诠释和建构中国哲学”虽然和“反向格义”或“逆格义”所指的是同一个现

⑤ 李明辉:“当代中国哲学研究前景”,华梵大学哲学系编:《劳思光思想与中国哲学世界化学术研讨会论文集》(台北:“行政院文化建设委员会”,2002),页241—245。其中提到袁保新的“逆格义”。李明辉:“中西比较哲学的方法论省思”,《东亚文明研究通讯》(台湾大学东亚文明研究中心),第3期(2004年4月),页30—34;亦刊于《中国哲学史》,2006年第2期,页17—20。

⑥ 景海峰:“学科创制过程中的冯友兰——兼论‘中国哲学史’的建构及其所面临的困境”,《开放时代》,2001年第7期。

⑦ 郑宗义:“论二十世纪中国学人对于‘中国哲学’的探索与定位”,《劳思光思想与中国哲学世界化论文集》,页1—23。该文后来也刊登于《中国哲学史》,2006年第1期。

象，即20世纪以来中国哲学研究的基本模式，但笔者是一种中性的描述，而“反向格义”和“逆格义”则不免含有明显的价值判断，尤其对刘笑敢教授等人来说，其中显然包含质疑的成分。当然，后者亦不可一概而论，如同样使用“逆格义”来指称现代中国哲学基本研究模式的李明辉教授，对于西方哲学的引入基本上就并非持质疑而是持肯定的态度。[8] 因此，如果说现代学科意义上“中国哲学”研究的基本模式是笔者所谓“援用西方哲学的观念资源来诠释和建构中国哲学”，或者如刘笑敢教授所谓“以西方哲学的概念体系以及理论框架来研究中国本土的经典和思想”，这一点大家并无疑义，那么，首先要反思的问题在于，对于迄今为止这一“中国哲学”研究的基本模式，用“反向格义”和“逆格义”这样的术语来概括是否精确和恰当？

除了其中涉及的明显的价值判断之外，使用“反向格义”或“逆格义”来指称20世纪以来中国哲学的基本研究模式或者书写方式，其实还有一个更加值得检讨的问题。刘笑敢教授之所以使用“反向格义”这一术语，是因为他认为这是20世纪以来“中国哲学”研究领域特有的一个现象。在他看来，“传统格义”与现代的“反向格义”之不同的关键，在于前者是用自己本来所在的文化传统的思想资源来帮助自己了解外来文化，后者则是利用外来文化传统的思想资源来帮助自己了解自己本来的文化传统。对此，其他学者也有同样的理解。[9] 不过，笔者希望补充的是，如此理解的“反向格义”或“逆格义”，其实并不只是20世纪以来现代中国才出现的特有的现象。在宋明儒学的传统中，儒家学者援引佛教、道家道教的观念资源来诠释和发明儒家传统中本有的思想，可以说是俯拾皆

---

⑧　参见其“中西比较哲学的方法论省思”一文。

⑨　比如，在其“当代中国哲学研究前景”一文中，李明辉教授也是如此看待历史上的“格义”与现代的“逆格义”。

是。并且,那种援引往往不仅没有使儒学的精义丧失,反而有时使其发挥得更加透彻。譬如,较之宋代儒学,明代以阳明学为中心的儒学尤以义理阐发的精微见长,所谓"牛毛茧丝,无不辨析"。而之所以能够达到这种细致入微和引人入胜的程度,在很多情况下正是阳明学者大量引入佛道两家观念资源的结果。这方面具体的例子很多,不胜枚举。[10] 道家道教固然不是"外来"的,但相对于儒家传统自身来说,仍然是"外在"的。佛教传统是"外来"的自不必言,即使其经过了魏晋、南北朝、隋唐的长期消化,内化为整个中国文化的组成部分,相对于那些内在于儒家传统的儒家学者来说,依旧是"外在"的。否则,儒释道三教之别或者说各自的相对独立性就无从谈起了。因此,对于宋明的儒家学者来说,援引佛道两家的观念来发明儒学的思想,也就恰恰可以说是"反向格义"或"逆格义"。

或许有人会说:经过长期的互动融合,到了宋明时期,儒家学者们对于佛道两家已经很熟悉了,如此才能保证他们的"反向格义"不致流于曲解自我的方凿圆枘。诚然,如果宋明儒者借用佛道两家的观念发明儒学自身义理的优劣与成败其实根本取决于他们在植根儒学传统的基础上对于佛道两家熟悉的程度或者说了解的深浅,而并不在于诠释方向的"正"还是"反",那么,对于现代援引西方哲学来研究中国哲学,这个道理是否也同样适用呢?这一点,正是本文第三部分要重点讨论的。

前已指出,无论是"反向格义"还是"逆格义"的表述,实则都在于指出借用西方哲学的观念来诠释和建构中国哲学的现代形态这一20世纪以来"中国哲学"的基本模式。因此,既然"反向格义"或"逆格义"并不是"中国哲学"的现代形态所独有的现象,并且,正如

---

[10] 参见彭国翔:《良知学的展开——王龙溪与中晚明的阳明学》(台北:学生书局,2003;北京:生活·读书·新知三联书店,2005,2015增订版),第5章。

宋明儒学借用佛道两家的思想资源一样，既然“反向格义”或“逆格义”的结果未必一定导致对原来思想传统的遮蔽或曲解，那么，使用“反向格义”或“逆格义”这样的术语来概括现代“中国哲学”研究（包括诠释和建构）的基本模式，就未必十分妥当。依笔者之见，以“援西入中”来概括这一基本模式，比较之下，或许是更为持平而且准确的表述。

首先，在“援西入中”这一用语中，明确交代了现代“中国哲学”研究中存在的两个基本要素，即西方哲学的观念资源和中国传统哲学的思想内容。[11] 可以说，几乎所有现代中国哲学研究方法论的反思，其中的一个核心线索或课题，就是思考如何处理传统中国哲学与西方哲学的关系问题。[12] 这一点，是“反向格义”或“逆格义”的用语所不能反映的。其次，“援西入中”是对20世纪以来引入西方哲学的观念资源来诠释和建构现代中国哲学这一实际的基本模式的客观描述，并不预设某种价值判断。更为重要的是，该术语并没有预设这一基本模式必然是陷入困境的、必然是消极和负面的。换言之，“援西入中”可以同时包含两种可能和结果，“反向格义”或“逆格义”不过指示了其不良的一面，即在引入西方哲学的过程中使中国哲学的主体性和特质逐渐丧失，思想内容逐渐沦为单纯被解释的材料。而另一方面，如果西方哲学观念资源的引入可以使

[11] 刘笑敢教授在“‘反向格义’与中国哲学研究的困境”一文中将传统中国哲学界定为“指两千年来以孔孟老庄、程朱陆王为代表的传统课授的子学与经学中的思想学术传统”。其实，且不论其中对佛教传统有所忽略，此外，中国传统哲学的范围和内容也不限于经学和子学，史部尤其集部中许多思想内容都是传统中国哲学的重要组成部分。譬如，宋明儒学各个人物的哲学思想，大都反映在其文集之中。

[12] 对于这一核心线索或课题，笔者在“合法性、视域与主体性——当前中国哲学研究的反省与前瞻”一文中已经有所提示，所谓“和中国的‘西方哲学’研究不同的是，自有‘中国哲学’这一观念和相应的学科建制以来，中国哲学研究就不是一个仅限于‘中国哲学’的孤立行为，而是始终处在与西方哲学的关系之中。换言之，中国哲学的研究，从一开始就摆脱不了与西方哲学的关系”。

传统中国哲学的固有内容在“未始出吾宗”的情况下能够不断丰富和扩展，恰如宋明儒学援引佛道两家的观念资源一样，那么，这种“援西入中”就是一种正面和积极的诠释与建构。一句话，“援西入中”可以同时包括后者与前者这两种正、负不同的方向和效果。

当然，刘笑敢教授在“反向格义与中国哲学研究的困境”一文中对其“反向格义”这一术语进行了广狭两义的区分。他说：“反向格义或许可以分为广狭二义。广义可以泛指任何自觉地借用西方哲学理论解释、分析、研究中国哲学的做法，涉及面可能非常宽，相当于陈荣捷所说的‘以西释中’。狭义的反向格义则是专指以西方哲学的某些具体的、现成的概念来对应、解释中国哲学的思想、观念或概念的做法。”不过，刘教授同时也审慎地说明，他在文中的讨论“集中于狭义的反向格义”，“广义的反向格义的范围、做法、结果会复杂和丰富得多，决不是狭义的反向格义所能代表和涵盖的”。显然，刘教授的“反向格义”主要是就“狭义的反向格义”来说的，而用这种“反向格义”来概括20世纪以来整个中国哲学研究基本模式的问题，前文已经指出。至于“广义的反向格义”，即便其涵义大体接近本文所谓的“援西入中”，但如前所述，鉴于“反向”的非特定历史阶段性，即并非20世纪以来“中国哲学”特有的现象，以及“格义”所含的负面价值色彩，笔者以为仍不如“援西入中”更为妥当。至于刘教授所提到的陈荣捷先生“以西释中”的确切含义，笔者未及详考，但如果就是刘教授所说的“泛指任何自觉地借用西方哲学理论解释、分析、研究中国哲学的做法，涉及面可能非常宽”，则笔者仍以为有所未安。因为在“以西释中”这一语意中，显然“西”居“主位”，是主动的诠释者；而“中”则居“客位”，成为一个被动的解释对象。与之相较，“援西入中”的语意则不必是以西为主，因为“援入”可以是“中”方的自我要求和主动行为。而“援什么”、“如何援"以及"入何处"、"如何入"，其标准都可以在"中"而不在"西"。这种情况下，"西"方反而是较为被动的被选择方。因此，和"反向格义"或"逆格义"一样，"以西释中"或笔者所谓"以西解中"，[13]只不过反映了"援西入中"负面的方向和效果而已。

三、"援西入中"的两种模式：正面和负面、积极和消极

既然"援西入中"这种20世纪以来中国哲学研究的基本模式既有可能流于负面的"反向格义"和"以西解中"，也有可能产生正面和积极的诠释与建构，那么，我们就有必要进一步区分、对比和分析"援西入中"之下的正负两种效果。这也是对笔者所谓中国哲学研究中运用西方哲学"好"、"坏"和"深"、"浅"的进一步说明。因为在笔者看来，"援西入中"既然是指将西方哲学的思想观念作为一种诠释和建构的资源"援入"现代的"中国哲学"，那么，深究精察的话，其中也可以有两种不同"援入"的模式。在两种不同的"援西入中"模式之下，自然会产生正负两种截然相反的效果。而"援西入中"的两种模式，也正是现代中国哲学研究中运用西方哲学"好"和"深"以及"坏"和"浅"的不同反映。

刘笑敢教授在其关于"反向格义"一文的讨论中，具体是以过去使用"物质"和"精神"、"实然"和"应然"的概念诠释老子之道为例，来说明他所谓"中国哲学研究的困境"。仅就老子诠释本身的讨论而言，刘教授所论确有针对性而切中了问题的症结。但迄今

---

⑬　事实上，在知道刘教授提到的"以西释中"这一说法之前，笔者自己曾用过"以西解中"的表述，即指那种传统中国哲学被动地成为西方哲学解释材料的情况。参见笔者的"中国哲学研究的三个自觉——以《有无之境》为例"。刘教授所谓"狭义的反向格义"所指向的"中国哲学研究的困境"，实则也就是笔者所谓这种"以西解中"所产生的"人为刀俎，我为鱼肉"的问题。

为止整个现代“中国哲学”的研究是否均“无所逃于”“反向格义”，从而都不可避免地陷入了“困境”，则是值得仔细分疏的。以下，我们就使用一些具体的例证，来对比说明“援西入中”的两种不同模式及其所产生的效果。

刘笑敢教授所谓的“反向格义”，其实就是指生搬硬套甚至“生吞活剥”西方的理论架构和观念资源来进退、裁剪传统中国哲学的思想内容。或者说，要求古代的中国哲学家对西方哲学特有的一些问题意识做出回答。打个比方，即用西方的观念框架和结构来对传统中国哲学的思想内容进行重新格式化。就此而言，与其说是“反向格义”，不如说是“单向格义”。而这一种“单向格义”的“援西入中”模式，可以说普遍而集中地体现在1949年到1980年代之间中国大陆整个中国哲学的研究领域。最有代表性的，就是这一期间各种《中国哲学史》的写作。

在20世纪50年代到80年代之间的中国大陆，几乎所有的《中国哲学史》都是清一色的以“唯物主义”和“唯心主义”、“辩证法”和“形而上学”这两对基本范畴作为诠释“中国哲学史”的基本理论框架。[14] 中国历史上每一位哲学家都必须在这两对范畴之下被归类。思维和存在的关系问题，尤其是何者是第一性的问题，被理所当然地认为是每一个古代中国哲学家首要的问题意识。从先秦到晚清，每一位中国哲学家的思想，也几乎都可以在“认识论”、“自然观”、“世界观”、“伦理学”、“政治思想”和“社会历史观”这样的结构和模块之下被完全容纳。由于对以往这种“中国哲学史”的诠释方式大家基本上耳熟能详，笔者在此也就不必多说了。

相较之下，20世纪50年代到80年代之间港台地区出版的《中

---

⑭ 这期间比较有代表性的《中国哲学史》有：任继愈主编：《中国哲学史》(四卷，北京：人民出版社，1963年7月初版，1985年5月第4版)；萧萐父、李锦全主编：《中国哲学史》(上下卷，北京：人民出版社，1983年10月第1版)等。

国哲学史》，则呈现出另外一种面貌。这里，我们可以劳思光先生撰写的三卷四册本《中国哲学史》为例加以说明。[15] 显然，劳思光先生的《中国哲学史》仍然不脱“援西入中”的基本模式。但是，在具体的“援入”方式上，劳先生的《中国哲学史》与上述大陆出版的《中国哲学史》颇为不同。首先，劳先生并没有先行确立西方某一家哲学的问题意识作为“放之四海而皆准”的普遍标准，去审视一切中国历史上的哲学家；其次，在具体诠释中国历史上各个哲学家的思想时，也没有先行预设“认识论”、“自然观”、“世界观”、“伦理学”、“政治思想”和“社会历史观”这样的基本结构，然后要求古代中国哲学家的思想材料“就范”于这些“模块”。相反，劳先生的《中国哲学史》是尽量根据中国古代哲学家的思想材料或者文献，首先去发现那些哲学家们固有的问题意识，即那些古代的哲学家们自己所面对的是什么思想课题，然后再用现代的语言去诠释那些哲学问题。而在具体诠释中国哲学的思想课题时，则会根据不同的情况，即针对不同的哲学家，针对不同的具体问题，选择西方哲学传统中各种相关和恰当的观念，使中国古代哲学家们所思考的哲学问题能够在一个比较和参照的过程中更为明确地呈现出来。换言之，这种意义上对于西方哲学各种思想观念的“援入”，都是以首先确立中国哲学自身的问题意识为前提，以现代话语阐明中国哲学的思想观念为目标的。当然，笔者并不认为劳先生的《中国哲学史》在处理所有古代中国哲学人物和问题时都能将这种“援入”的方式理想地加以贯彻。但是，这种“援西入中”的方向和方式，可以说是劳先生的《中国哲学史》不同于同时期大陆出版的一系列《中国哲

---

⑮ 该书由香港友联出版社 1971 年 10 月初版，1980 年 11 月三版；后来台湾三民书局 1981 年 1 月出版，1984 年 1 月由三民书局再出增订版，长期以来成为港台地区最为通行的《中国哲学史》教科书。2005 年，该书则由广西师范大学出版社引进在中国大陆出版了简体字版，可以为大陆广大的大学生和研究生所使用。

学史》的一个基本所在。

除了劳思光先生的《中国哲学史》之外，牟宗三和唐君毅两位先生对于古代中国哲学的一系列里程碑式的著作，其实更是后一种意义上"援西入中"的范例。唐君毅先生虽然没有撰写一部《中国哲学史》，但是其《中国哲学原论》"导论篇"、"原性篇"、"原教篇"三部著作，则可以说是一部体大思精的中国哲学核心观念史。如果对中国哲学自身的问题意识缺乏极为深入、全面的掌握，是根本无法胜任这种写法的。牟宗三先生也没有撰写过一部《中国哲学史》，但是，其《才性与玄理》、《心体与性体》、《从陆象山到刘蕺山》以及《佛性与般若》，对于作为中国哲学骨干的儒释道三家的义理系统来说，无疑可以说是前所未有的专精深透的诠释。如今常常听到有人会说："牟宗三是用康德来解释中国哲学，唐君毅是用黑格尔来解释中国哲学。"其实这都是道听途说、口耳相传的皮相之言。真正认真钻研过牟、唐两位著作的学者，只要不是理解力不够或有先入为主的成见而不愿意进入，恐怕都不会得出这种似是而非的浅薄之论。他们两位对于康德、黑格尔哲学的"援入"，决非那种简单的"以西解中"。以牟宗三先生研究宋明理学的代表作《心体与性体》和《从陆象山到刘蕺山》为例，其诠释的方式是首先基于对宋明理学家们原始文献的精细解读，掌握其固有哲学思想的问题所在，然后在阐明宋明理学家们的具体哲学观念时，相关的所有西方哲学的观念资源，都会在适当的地方发挥"接引"和"助缘"的作用，决不仅仅是康德一家。⑯ 并且，在"援入"西方哲学作为诠释

---

⑯ 牟宗三先生对于西方哲学的造诣之深广，恐怕要远远超过一些中文世界中专治西方哲学的学者。这一点，无论由其早年的《认识心之批判》(1956 年由香港友联出版社初版，1990 年台湾学生书局再版，现收入 2003 年台湾联经出版公司出版的《牟宗三先生全集》第 18、19 册)，还是晚年的《中西哲学会通之十四讲》(1990 年台湾学生书局出版，1997 年上海古籍出版社出版了简体字版，现收入《牟宗三先生全集》第 30 册)，均可见一斑。

的观念资源时,是以宋明理学自身的哲学问题作为选择、取用相关西方哲学观念的标准而非相反。而一旦遇到理学家和西方哲学家共同的哲学问题,面对中西方不同的回答,牟宗三先生也往往都是站在中国哲学的立场。这一点,不仅体现于《心体与性体》和《从陆象山到刘蕺山》这两部诠释宋明理学的大著中,在其所有中国哲学研究的著作中,也无不贯彻。甚至在对康德哲学的翻译中,遇到与儒家哲学不同的立场,牟宗三也会根据后者来批评康德。譬如,在关于道德情感的理解上,牟宗三就并不认同康德将道德情感仅仅限于感性经验层面的看法,而力主道德情感尤其是孟子的"四端之心"可以而且必须是超越于感性经验之上的先天和理性的层面。⑰唐君毅先生对于西方哲学具体的"援入"方式,也是同样。

当然,上述中国大陆20世纪50年代到80年代的《中国哲学史》,是特定历史阶段的产物,早已不能代表如今大陆中国哲学的研究水平。80年代中后期以后,中国大陆的中国哲学研究,可以说进入了一个崭新的阶段。一些研究者对于中国哲学的诠释,也充分体现了和牟、唐、劳等人同样的那种"援西入中"的模式。并且,在充分吸收西方哲学观念资源的同时,更注意广泛吸收西方及日本中国哲学研究的相关成果,具备了更为开阔的国际视野。对此,笔者曾经以陈来先生的《有无之境》为例专文加以分析,⑱也曾经专文讨论过中国大陆宋明理学尤其阳明学研究在1990年之后最新的进展,对其中"援入"西方哲学观念资源从而对宋明理学的相关人物和问题进行了有效和积极诠释的学者与著作也有大体的介

⑰ 参见牟宗三译注:《康德的道德哲学》(台北:学生书局,1992年再版三刷),页439—440。后来,李明辉则对牟宗三的这一看法进行了更为细致和周密的分析与论证。参见李明辉:"孟子的四端之心与康德的道德情感",《儒家与康德》(台北:联经出版公司,1997年初版第二刷),页105—145。

⑱ 参见本书第二章。

绍。[19] 因此,这里就不再赘述了。事实上,笔者认为,关于中国哲学研究方法论的广泛讨论之所以会在2000年以后的中国大陆大规模展开,很大程度上正是广大中国哲学研究者对于20世纪50年代到80年代中期那种"中国哲学史"写作所代表的负面的"援西入中"模式的群体反思。至于群体性的反思要滞后于个别中国哲学研究者的自觉及其具体的研究成果,也是很自然的事情。

通过以上的对比与分析,我们可以尝试将正面和负面、积极和消极两种不同"援西入中"模式的特点和性质总结为以下两点。

首先,是"援入"过程中"中"与"西"之间关系的不同。对于正面、积极的"援西入中"来说,"中"是"主","西"是"宾"。对于负面、消极的"援西入中"来说,"宾主"关系正好相反。所谓以"中"为"主"、以"西"为"宾",意思是说:在诠释中国哲学史上各个哲学家们的思想时,首先要从其自身的文献脉络中确定其固有的问题意识,然后在具体诠释这些中国古代哲学家自己的思想课题时,可以相应援引西方哲学甚至其他人文学科、社会科学的内容作为诠释的观念资源。并且,所有"援入"的西方的观念资源只有在有助于阐明中国哲学自身观念的情况下才有意义。笔者所谓"助缘"的意思,正在于此。在这一点上,相对于中国哲学,西方哲学始终只是"参照",而决非"标准"。如果"援入"的结果不仅不能有助于发明"自家意思",反而徒增其乱,则不如不用。至于那种负面和消极的"援西入中",方向与效果则正相反,可谓"喧宾夺主"。它往往是首先以诠释者自己所掌握的某一种西方哲学的理

---

[19] 参见彭国翔:"20世纪宋明理学研究的回顾与前瞻"(上、下),《哲学动态》(北京),2003年第4、5期,页41—44、页38—40;彭国翔:"当代中国的阳明学研究:1930—2003",《哲学门》(北京大学哲学系),2004年第1期,页200—220。后文亦曾以英文发表,参见 Peng Guoxiang, "Contemporary Chinese Studies of Wang Yangming and His Followers in Mainland China", *Dao: Journal of Comparative Philosophy* (U. S. A), Vol. 11, No. 2, June 2003.

论框架为标准，去裁剪、取舍、范围中国哲学史的丰富材料，所谓“削足适履”。在这种“喧宾夺主”的“援西入中”之下，与其说是诠释中国哲学的思想内容，不如说只是利用中国哲学的文献材料给西方某一家的哲学思想提供佐证。一部中国哲学史，最后不免成为某种西方哲学理论的“中国注脚”而已。在这种“援西入中”的模式中，“西”对于“中”既然已经“反客为主”，自然不再是“参照”而成为“标准”了。总之，对于这两种“援西入中”的不同模式，我们不妨借用王夫之的两句话来说明：正面和积极的“援西入中”，可谓“即事以穷理”；负面和消极的“援西入中”，则可以说是“立理以限事”。

其次，是对西方哲学（包括其他人文学科）具体运用方式的不同。对于正面和积极的“援西入中”来说，由于是在确立中国哲学自身问题意识的前提之下，根据具体的需要情况再来斟酌取舍相关的西学资源，那么，对于西学的取舍和运用，就必然不是单一性的和整体性的。譬如，当我们诠释王阳明的哲学思想时，在诠释“心即理”这一思想命题时，我们可以引入康德“自律道德”的观念，而在诠释“知行合一”这一思想命题时，我们又可以引入赖尔（Ryle）对于“知道如何”（knowing how）与“知道什么”（knowing what）的概念。在诠释孟子的“四端之心”时，我们可以引入康德的道德情感说，但同时不必预设康德理性、感性严格两分的整体框架。总之，诠释中国哲学的不同思想和观念时，只要有助于阐明这种思想和观念，我们可以引入任何相应的西方哲学的观念。而引入某一位西方哲学家的某些具体观念时，也可以将这些观念与该哲学家的整体哲学架构相对分开。与此相反，负面和消极的“援西入中”，对于西方观念的“援入”，则必然是单一性和整体性的。安乐哲（Roger T. Ames）教授在讨论比较哲学时曾经有“wholesale”

(批发)和"retail"(零售)的比喻。[20] 笔者认为恰好可以借用来表明中国哲学研究中这两种对于西方哲学的不同运用方式。换言之,在笔者看来,对于西方哲学的运用来说,正面和积极的"援西入中"恰好是灵活多样的"retail";而负面和消极的"援西入中"则不免于整体和单一的"wholesale"。[21]

显然,正面和积极的"援西入中",要求对西方哲学传统必须有深入和广谱的了解,如此方能根据诠释和建构中国哲学的需要"随机应变"、"随圆就方",[22]相应选择恰当的观念资源为我所用。所谓对西方哲学运用的"好坏深浅",正是在这个意义上来说的。而那种负面和消极的"援西入中",既然往往流于单一性和整体性的"移植"和"生搬硬套",其于西方哲学不能或无需广谱和深入的掌握,也就是可想而知的了。同时,正面和积极的"援西入中",更需要对中国哲学传统本身有深入的了解。由于这种"援西入中"是以"中"为"主"、以"西"为"宾",必须首先明确中国哲学文献中所蕴涵的自身的问题意识,然后以之作为选择、取用相关西方哲学观念资源的标准,因此,如果不能对中国哲学的各种文献材料"入乎其内",无法掌握中国哲学固有的问题意识,一切也都无从谈起了。笔者所谓"越深入西方哲学就越有助于中国哲学的阐发",必须是以此为前提的。而以前的几篇相关文章中笔者之所以在主张对西方哲学保持开放和深入的同时,再三提醒研究者要注意建立中国哲学坚

---

[20] 在2006年12月15—16日香港中文大学的"中国哲学研究方法论"内部讨论会以及2007年3月26日台湾大学中文系的演讲中,安乐哲教授都曾提到这一说法。笔者两次活动都曾参加。前一次会议中还"客串"担任安乐哲教授的现场口译。

[21] 当然,这里对"批发"和"零售"本来的涵义已经有所"增益"。两者的区别不再只是数量上的"大小"与"多少",而是如笔者所谓,前者是整体单一的,后者则是灵活多样的。

[22] 这里作为"标准"和"尺度"的"方"、"圆",在"中"而不在"西",而"反向格义"或"逆格义"往往正相反。

实的文献基础，用意正在于此。

四、结语

总之，在讨论现代“中国哲学”研究的方法论问题时，我们必须从一个无从闪避的基本事实出发，那就是笔者以前以及本章第二部分开头已经指出的：现代学科意义上的“中国哲学”就其创制以来，不可避免地始终处在与西方哲学的关系之中。就西方哲学对于中国哲学研究的不可或缺性而言，现代的“中国哲学”一开始就是一种“比较哲学”。当然，这种不可或缺性是否必要，是否有益，则正是目前关于中国哲学研究方法论讨论的焦点所在。

如果西方哲学的引入必然导致“中国哲学的困境”，那么，诚如刘笑敢教授所言，面对这种困境大概只有两种处理方法：“一种是继续借用西方的概念来解释中国的术语，但同时指出这一西方概念用于中国古典语境时的局限和问题。另一种是尽可能不用西方或现代的现成的概念，以避免不必要或错误的理解和联想。”但是，这里有两个问题。第一，在目前运用现代汉语从事中国哲学写作时，不用西方或现代的现成概念是否可能？第二，更为重要的是，刘教授这里所谓两种处理方式是以引用西方哲学必然导致中国哲学的困境为前提的。但是，如果根据本章的分析，“援西入中”可以有正面与积极的方向和方式，“援入”西方哲学不一定只会给中国哲学带来困境，更有可能给中国哲学的诠释和建构带来发展和丰富的资源和契机，那么，我们在继续“援入”西方哲学来阐发中国哲学时，就不仅仅是要在消极的意义上注意“西方概念用于中国古典语境时的局限和问题”，更要在积极的意义上更为深入、充分地吸收整个西方哲学（甚至不限于哲学）传统中古往今来所有可以有助于中国哲学诠释与建构的观念资源。

事实上，从目前全球各种文化互动日益密切的情况来看，如果过于担心“援入”西方哲学可能给中国哲学带来的负面后果而试图尽量摆脱与西方哲学的关系，甚至试图与之“老死不相往来”，则不仅有“因噎废食”之虞，更不免“逆水行舟”而有违应有的发展大势。问题恐怕并不在于“不懂西方哲学似乎就完全没有资格谈论狭义的中国哲学”，而在于实际上不懂西方哲学的确严重限制了对于中国哲学的现代诠释。从胡适到冯友兰再到牟宗三，对于西方哲学的掌握程度，的确制约着他们对于现代中国哲学的诠释和建构。显然，在现代的语境中，对《论语》和《老子》等传统中国哲学的文献即便能够倒背如流，也并不能保证对孔子和老子等古代哲学家的思想有真正深入的了解。而用现代的语言诠释和建构的古代哲学家的思想，则必须以诠释者对文本的深度掌握为前提。就此而言，笔者愿意重申西方哲学甚至其他学科对于中国哲学研究的“参照”意义，即“合法性、视域与主体性——当前中国哲学研究的反省与前瞻”一文中的一个基本看法：“在目前世界各种文化传统互动沟通日趋深入的情况下，试图在拒斥西方哲学的情况下建立中国哲学的主体性，是既无必要也不可能的。并且，只有在与西方哲学深度互动与交融的过程中，作为一种真正富有特性的观念结构和价值系统而非单纯的话语形式，中国哲学的主体性最终才能够得以建立。……我们当然不能以西方哲学为标准，但不可不以西方哲学（甚至可以包括印度哲学以及其他文化的哲学传统）为参照。事实上，只有在以‘他者’为参照、与‘他者’的沟通互动中，才能够获得更为明确的自我意识，并不断扩展深化自身的主体性和身份认同，这是如今世界范围内每一种文化传统、哲学传统都需要面对的问题。”

对于西方哲学之于现代中国哲学研究的不可或缺性，相对于如今不论中、西文世界的“西方哲学”都可以无需“中国哲学”的局面，很多人认为这是西方文化“强势”所造成的一个“不对等”的结果。

那种"为什么研究中国哲学一定要有西方哲学的训练"的质疑，既可以是理性的思考，也不乏对这种"不对等"之"势"的情感反应。从历史发展的实然来看，这的确是"势使之然"，非"理所当然"。但是，"理"有多种，关键在于如何去看。既然如笔者所言，现代的"中国哲学"可以说一开始就是一种"比较哲学"，那么，现在研究中国哲学，就比单纯治西方哲学有"额外"的负担。因为除了要懂得传统中国哲学之外，还要对西方哲学有相当深入和广泛的了解。不过，在笔者看来，不必因"势"所激而不能平心以观"理"之所在。额外的"负担"同时也正是"优势"和"资源"。对任何一种传统来说，只有参照与借鉴的存在，才能获得不断的丰富和发展。对比17、18世纪启蒙运动时期和20世纪西方哲学界对于中国哲学的不同态度，正好可以说明这一点。17、18世纪西方哲学之所以会涌现一大批灿烂的群星，在相当程度上正是以包括中国哲学在内的东方思想为参照和借鉴的结果。[23] 在那个时候，中国文明是西方知识人的一个值得敬重和欣赏的参照系。伏尔泰甚至讲过"我们不能像中国人一样，真是大不幸"这样的话。当时欧洲一流的思想家很多都尽可能利用西文的翻译来认真了解中国的经典。而20世纪以来，西方哲学"the west and the rest"的心态所导致的妄自尊大和对于中国哲学、印度哲学的无视，看似强势，实则恰恰制约了其自身的丰富和发展。从文化双向交流和相互学习、彼此取益的角度来看，"吃亏"的并不是现代的"中国哲学"，而恰恰是"西方哲学"。西方的有识之士如今已经逐渐开始意识到了这一问题，晚近中国思想尤其儒学开始为更多一流的西方学者所取益，正是这一意识的反映。而如果我们不能意识到这一点，只是被西方强"势"所激发的

㉓　参见朱谦之：《中国哲学对欧洲的影响》(石家庄：河北人民出版社，1999；上海：上海人民出版社，2006)。

民族主义情绪一叶障目，从而萌生“去西方哲学化”的心态，则只能是“自小门户”，势必使中国哲学落入断港绝潢，其流不远。

就其根本而言，对“援西入中”来说，那种较为肤泛的“单向格义”式的做法，即简单地用西方哲学的概念来比附中国哲学的观念，将富有中国哲学自身特性的观念说成就是西方哲学的某种概念，其实既是没有真正进入中国哲学文献所蕴涵的义理结构内部的表现，也是对西方哲学皮相之见的反映。而如果对中西双方都能有较为深入的了解，便既能够做到明“同”别“异”，不流于“贴标签”的简单比附，又能够做到互相发明，不忌讳所谓比较哲学的取径，从而“批大郤，导大窾，因其固然”（《庄子·养生主》），不仅在借用西方哲学观念诠释中国哲学观念时有助于开显后者的思想蕴涵，同时在澄清其间的差异时也有助于对前者的进一步理解。

因此，“援入”西方哲学来诠释和建构现代“中国哲学”，关键并不在于方向的“正”与“反”，只要深入双方传统，真能做到游刃有余，最后的结果就自然和必然不再是“单向”的“格义”，而是“正”、“反”交互为用的“中西双向互诠”，达到所谓“依义不依语，依法不依人”、“不坏假名而说诸法实相”的境地。只有如此，中国哲学的主体性才能真正得以建立。当然，达到这一境界，并无巧法，只有老老实实读书，学思并进，于中西传统皆能深造自得之后方可水到渠成。同样，这一境界的达到也不是对中国哲学研究的方法论进行抽象反思所能奏效的。自觉当然不是不需要，但有了自觉之后，还有漫漫长途要走。也正因此，笔者愿意再次重申，抽象的方法论反思虽不无意义，毕竟不能取代具体的研究成果，后者才是切实推进中国哲学研究的指标。尤其在目前浮躁的风气之下，不仅是中国哲学，甚至所有人文社会学科，都必须在长期沉潜的“退而结网”之后才能有丰厚的收获。学术思想上“终久大”的真正建树，是历来与喧腾和尘嚣无缘的。

第四章　中国哲学方法论的再思考
——温故与知新

一、引言

21世纪初，中国哲学界曾发生一场关于中国哲学方法论的讨论，我不仅自始即参与，此后也因不同的机缘继续发表过相关的论文。最初参与讨论的三篇文字包括“合法性、视域与主体性——当前中国哲学研究的反省与前瞻”、[①]“中国哲学研究方法论的再反思——‘援西入中’及其两种模式”[②]以及“中国哲学研究的三个自觉——以《有无之境》为例”。[③] 我对中国哲学方法论的思考，基本

① 最初发表于《江汉论坛》，2003年第3期，页38—40，不久即被《新华文摘》2004年第1期全文转载。英文版以“Legitimacy, Horizon, and Subjectivity: A Reflection on and Prospects in Contemporary Studies of Chinese Philosophy”为题，发表于*Contemporary Chinese Thought*, Vol. 37 No. 1, 2005, pp. 89-96。

② 最初发表于《南京大学学报》，2007年第4期，页77—87。

③ 初稿曾以“为中国哲学研究建立典范——试评陈来《有无之境——王阳明哲学的精神》”为题，发表于《哲学门》2006年第1册，后来收入景海峰教授主编的《拾薪集——“中国哲学”建构的当代反思与未来前瞻》（北京：北京大学出版社，2007年7月）。

看法都反映在这三篇论文之中，[④]迄今并无根本性的改变。另外，我在之前的文章中已经指出，对于中国哲学方法论的反省，更应当体现在具体成果之中，不能停留在抽象的反思之上。因此，我后来就不再继续撰写此类文字了。

当然，除了上述三篇论文，我还有一些论文与反思中国哲学方法论也有直接关系。比如，“唐君毅的哲学观——以《哲学概论》为中心”，[⑤]其中由唐君毅对“哲学”与“philosophy”的区分出发，展开究竟应当如何理解“哲学”的讨论。还有在杨国荣教授哲学思想研讨会上的发言：“当代中国系统哲学建构的尝试”，[⑥]直接针对当代中国哲学的建构，表达了我在区分“诠释”与“建构”的基础上，以及在现代中国哲学建构的谱系中，对相关问题的看法。其他像“典范与方法：侯外庐与‘中国哲学史’研究”、[⑦]“‘思想’与‘历史’之间的‘中国思想史’”[⑧]，也多少与对中国哲学方法论的思考有关。至于我最近用英文发表的“Contemporary Chinese Philosophy in the Chinese-Speaking World: An Overview”，[⑨]虽然主要面向英语世界，但其内容则提供了现代中国哲学建立以来在中文世界所呈现的整体脉络与地貌，尤以 20 世纪 50 年代以来为主。而我的“重思‘Metaphysics’——从中国哲学的观点看”一文，[⑩]则在之前提出的“援西入中”的基础上，进而提出了“援中入西”的观念。

“援西入中”是对 20 世纪以来中国哲学诠释与建构基本模式的

---

④ 三文后来一并收入我的《儒家传统与中国哲学——新世纪的回顾与前瞻》(石家庄：河北人民出版社，2009)。

⑤ 最初发表于《中国哲学史》，2007 年第 4 期，页 110—118。

⑥ 收入《具体形上学的思与辩》(北京：北京大学出版社，2013)。

⑦ 《河北学刊》，2010 年第 4 期，页 31—35。

⑧ 《文汇学人》，第 175 期，2015。

⑨ *Frontiers of Philosophy in China*, Vol. 1, 2018, pp. 91 - 119.

⑩ 《中国社会科学》，2015 年第 11 期，页 60—75。

"描述","援中入西"则是一种"主张"。它提倡在世界哲学"共生共成"的整体脉络和动态过程中,将中国哲学的观念资源引入西方哲学,从而重新界定和思考那些人类经验共同面对的根本性的哲学问题。虽然"援中入西"的关注点与"援西入中"有所不同,似乎不再聚焦于中国哲学本身,但"援中入西"之所以可能和行之有效,同样需要对中国哲学传统的观念资源有足够深厚的了解。就此而言,其中所涉问题仍与对"中国哲学"的理解大有关系。而所谓对"中国哲学的理解",显然包括什么是中国哲学以及如何从事中国哲学这两个基本的方面。至于"从事"中国哲学,当然又包含了"诠释"与"建构"这两个相对独立而又难以两截的取径。因此,该文依然可以看作我思考中国哲学方法论的延续和扩展。

近年来,关于如何从事"中国哲学",似乎又重新引起了一些学者的关注。我虽然未必能够尽览相关文字,但也随时留意,以求增益新知、启发新思。有些作品,的确是在既有成果的基础上,力求推进和发展。但学术思想的发展,也并不存在进化论的必然。如果不能虚心平气地认真吸收既有成果,无论"视而不见"的"蓄意忽略",还是"竞胜"与"立异"的"为赋新词强说愁",都非但不能取得"后出转精"的"进化"之效,反而要么"拾人牙慧",要么"强词夺理",同样落入"退化"之途。因此,除了一些确有真知灼见、予人启发的文字,也偶有一些欲进反退的"非常可怪"之论。当然,无论如何,对相关研究善会其意,察其得失,都可以成为进一步思考的助缘。

以下,就让我在回顾自己既有观点的基础上,尝试对相关问题做出进一步的说明、澄清和辨正。

二、回顾与总结

就我对中国哲学方法论的初步思考来说,"合法性、视域与主体性”、“中国哲学研究方法论的再反思”以及“中国哲学研究的三个自觉”这三篇论文可以构成一个单元。其中，如果说有哪些属于我个人的一孔之见而首先提出就正于学界同行的，我想主要可以概括为“一个模式”和“一组观念”。一个模式是“援西入中”，一组观念是“西学素养、文献基础和国际视野”。

“援西入中”这一用语，是我在当初学界纷纷讨论 20 世纪中国哲学作为一个现代学科创制以来的基本模式时提出的。当时的趋势是反思运用西方哲学来诠释和建构中国哲学所产生的问题，最主要的批评就是中国哲学的特质似乎在这一过程中无法得到很好的保存。所谓“汉话胡说”、“反向格义”、“以西解中”等，基本都可以视为这一思路和取向之下对于现代中国哲学基本模式的概括。像“汉话胡说”这样的用语，其价值判断甚至情绪化的流露是很明显的。对“以西解中”来说，“中”也完全成为消极被动的方面，“西”则是完全主动的作用方，如果不是施暴方的话。至于“反向格义”，我在“中国哲学研究方法论的再反思”一文中尤其进行了回应，指出了其中的误区。具体内容不必在此重复，有兴趣的读者可以自行参考。这里我想讨论的是，较之当时诸说，我提出的“援西入中”有哪些意义。

首先，这一用语意在指出，20 世纪以来，所有现代的中国哲学形态，无论诠释还是建构，不同程度上都无可避免地引入了西方哲学的观念资源，不论这些观念资源在西方哲学的传统中属于何种不同的谱系和流派。显然，“以西解中”、“汉话胡说”和“反向格义”等用语，也都反映了这一历史真实。但是，这些用语中都预设和包含了一种价值判断，即认为西方哲学的引入必然导致对于中国哲学传统的损害。与此相较，“援西入中”则是对 20 世纪以来现代中国哲学产生和发展模式的一种客观描述和概括，并不预设和包含任何价值判断。无论后果如何，西方哲学的引入这一基本而普遍的事实，都可以在“援西入中”这一用语中得到说明。在这个意义上，对于现代中国哲学的各种形态，“援西入中”一语的涵盖性和解释力显而易见。

其次，与“以西解中”、“汉话胡说”和“反向格义”的单一指向不同，我在提出“援西入中”时明确指出，如果“援入”只是指出西方哲学成为现代中国哲学内部不容闪避的客观存在，那么，“援入”的结果，在现代中国哲学的各种形态中，却可以各有不同。既可能有“生搬硬套”和“削足适履”，也可能像当初理学大师引入佛教而“未始出吾宗”那样，使得中国哲学在并未丧失自身特性的情况下获得进一步的发展。换言之，对于现代中国哲学来说，无论成败、好坏和深浅，西方哲学的引入都是一个基本的存在。无论诠释还是建构，现代中国哲学所产生的种种负面问题，并不能归咎于“援西入中”这一基本模式本身，只能要么是对引入的西方哲学未能有真正通透的消化和吸收，要么是对中国哲学传统固有的问题意识和理路无法登堂入室，要么两方面兼而有之。

第三，“援西入中”指出了 20 世纪以来中国哲学的基本存在样态，即现代中国哲学自始即处在与西方哲学的关系之中。无论诠释还是建构，都是如此。因此，我在以往的文章中也明确指出，现代学科意义上的中国哲学自始就可以说是一种比较哲学。在我看来，这一观察和判断在逻辑上与“援西入中”是相互蕴含的。事实上，细心的读者会发现，在我提出这一说法之后，中国哲学界的一些论述中不乏“照着讲”者。这显然表明，我对于现代中国哲学与西方哲学无从闪避的关系以及现代中国哲学作为一种比较哲学的判断，无论情愿与否，越来越多的学者已然接受。

第四，基于以上几点，在我看来，除了作为现代中国哲学基本模式的客观概括和描述之外，“援西入中”也未尝没有前瞻的意义。那就是，它不仅是对以往模式的总结，对于如今和将来中国哲学的进一步发展，也是一种不可脱离的存在论前提。用我以前文章中的话来说，即中国哲学主体性的建立，无法也不应当通过与西方哲学绝缘的方式来实现。立足当下，放眼未来，中国哲学真正的进一步发展，仍需不断引入西方哲学（包括其他人文学科）的观念资源并将其消化和吸收。

较之“援西入中”，“西学素养、文献基础和国际视野”这三元一组的观念架构，意义在于指出了从事现代中国哲学的诠释与建构需要具备的方法自觉。具体来说，有以下几个方面。

首先，“西学素养”的提出与强调，是基于西方哲学早已内在于现代中国哲学这一事实，提请从事中国哲学者必须不断加强对于西方哲学的了解，在充分吸收和消化的基础上使之成为现代中国哲学的养分。这一观念首先是经验事实的总结。毫无疑问，无论诠释还是建构，迄今在现代中国哲学取得巨大成就的前辈与时贤，无一不对西方哲学有着深入的了解。同时，这一观念也是回应那种将西方哲学全面清除出中国哲学的主张。那种主张意在建立中国哲学的主体性，但在我看来，现代中国哲学主体性的建立非但不能脱离西方哲学，反而应该通过更加自觉地深入到西方哲学之中才能实现。用我在“合法性、视域与主体性”一文中的原话来说，即“只有在与西方哲学深度互动与交融的过程中，作为一种真正富有特性的观念结构和价值系统而非单纯的话语形式，中国哲学的主体性才能够最终得以建立”。我的看法是，如果生搬硬套西方某种理论作为“范式”（paradigm）来裁剪中国哲学是一种“边见”（antagrāha-dṛṣti），那么，试图从现有的中国哲学中摈弃任何西方哲学要素的倾向和主张，也是同样。

总之，就“西学素养”而言，我的看法可以用“合法性、视域与主体性”中的这样一段话概括：对中国哲学的发展而言，关键不是用不用西方哲学的问题，而是用得好坏与深浅的问题。我们当然不能以西方哲学为标准,但不可不以西方哲学(甚至可以包括印度哲学以及其他文化的哲学传统)为参照。事实上,只有在以"他者"为参照、与"他者"的沟通互动中,才能够获得更为明确的自我意识,并不断扩展深化自身的主体性和身份认同,这是如今世界范围内每一种文化传统、哲学传统都需要面对的问题。

不过,如何才能在引入西方哲学时明确其观念的有效性与适用范围,使之成为诠释与建构现代中国哲学的"助缘"而非"框架"呢?这就涉及"文献基础"这一观念的意义所在了。

"文献基础"首先是指中国的各种古典。只有熟悉这些古典,才能了解中国哲学传统中蕴含的各种问题意识。换言之,现代之前的中国哲学家们都在关心和思考怎样的问题,这是现代中国哲学的从事者首先需要了解的。如何了解它们?舍古典文献之外别无他途。不过,既然从事现代中国哲学,为什么要了解中国哲学传统的问题意识呢?对此,有两点需要说明。

其一,现代中国哲学的工作,相当一部分内容仍然是对中国哲学传统的诠释。换言之,深入和充分了解中国哲学传统中蕴含的观念和价值,本身即是现代中国哲学的题中之义。尽可能了解中国历史上那些哲人们的思想和学说,原本就是现代中国哲学不可或缺的重要组成部分。从诠释和建构这两个既有不同又有关联的方面来说,这一部分基本就是"诠释"工作的所指。

其二,在诠释传统之外,现代中国哲学自然还有建构理论、解释当下的方面。就此而言,"文献基础"是否仍然需要呢?在我看来,这是当然的。这里也有两点需要分梳。第一,无论是建构中国哲学的现代理论形态,还是运用中国哲学的观念资源解决当今人类社会的各种问题,只要与"中国哲学"有关,就无法完全脱离"中国哲学"的传统。试想,如果不对中国哲学的传统有全面和深入的了解,如何建构真正创新的"中国哲学"理论形态呢?既不"温故",

何从“知新”？第二，即便不以全面和深入了解中国哲学传统的观念和价值为目的，而以回应现代人类社会的各种问题为目标，只要采取中国哲学的视角，那么，对中国哲学传统的了解程度，仍然很大程度上制约着那种回应的成败与深浅。试想，对“亚里士多德伦理学对于当今基因伦理的意义”这种课题来说，如果缺乏对亚里士多德伦理学本身的足够了解，又如何期待这一课题的探讨具备足够的深度呢？显然，只要与中国哲学相关，对于当今甚至未来问题的任何探究，都无法不以对中国哲学传统的了解为基础，其深浅得失都不能不受制于对中国哲学传统的了解程度。而对中国哲学传统的了解程度，毫无疑问取决于古典文献的修养。这一点，正是“文献基础”的意义所在。至于“文献基础”中的“文献”应当如何理解，我在后文会专门加以澄清。

“文献基础”这一观念最为重要的意义，在于确保引入西学资源诠释和建构现代中国哲学时能够始终植根于传统，明了中国哲学固有和特有的问题意识，从而使诠释能够恰当和切题，不至于出现那种“误以天边的浮云为地平线上的森林”的笑话。同时，也使建构能够不至脱离中国哲学传统的基点，变成与中国哲学传统不相干的东西。就此而言，“文献基础”可以说是担保“西学素养”在从事现代中国哲学研究的过程中发挥正面和健康作用，而非沦为一种外部侵犯因素的“保险丝”和“安全阀”。

对于“西学素养、文献基础和国际视野”这三元一组的观念来说，“国际视野”应该最容易理解和不发生争议。显然，在如今学术全球一体化的情况下，不要说理、工、农、医以及包括政治学、经济学、法学、社会学、人类学等在内的社会科学（social sciences）早已是全球性的“共业”，包括中国哲学、史学、文学、艺术和宗教学在内的人文学科（humanities），也早已不再是只有中国学者从事的领域。我在之前的文章中曾经举过一些西方和日本学者的例子，这里无需赘述。显然,中国人文学研究的任何一个课题,恐怕都已经在海内外积累了相当的成果,如果我们中文世界的学者不能具备一种全球的眼光,自觉地将中国的人文学(不只是中国哲学)放在世界学术界的整体范围中来加以考察,充分吸收和消化海内外既有的研究成果,那么,真正的推陈出新是不可能的。

国内有些中国哲学的同行喜欢强调"原典",即诸如四书五经、老庄释典一类的基础文献,这当然没有问题。在"文献基础"这一观念中,这完全是题中之义。对于中国哲学来说,作为最基础的文本,这些典籍的掌握原本无需刻意强调。不过,强调这种"原典"的同时,如果有意无意之间忽视海内外同行的既有成果,尤其是海外和中文世界之外的相关成果,就显然是缺乏国际视野的表现了。一句话,海外中文世界从事中国哲学的学者,以及西方非中文世界尤其英语世界从事中国哲学的学者,其学术研究和思想创造,都应该构成我们从事中国哲学的参照。

事实上,欠缺宽广的视野,从事任何学术思想工作都不可能取得一流的成就。道理很简单,我们并不处在人类历史的开端,很多课题早已经过前人的千锤百炼。我经常打的比方是:治学如同建造大厦,是一种"协作"的工程。一旦大厦的某个部位已由同行完成,不管是前代还是同代,即无需在此部位浪费时间,而要在尚未完工之处用力。真正的添砖加瓦首先要找对地方。不然,在已经完工的地方哪怕增添金砖银瓦,对大厦来说,都只能是无用的多余之物。全面了解海内外既有的相关成果,就是从整体上了解大厦的施工情况,以便迅速了解哪里已经完工,哪里还在进行,哪里尚未着手,如此方能知所用力,为大厦的建造真正做出贡献。整全的国际视野,意义正在于此。

总之,"西学素养、文献基础和国际视野"三元一组观念的提出,是要为现代中国哲学学人提供一种工作程序的方法自觉。在具体的工作过程中，如能具备这三个方面的自觉，我相信无论诠释还是建构其结果都会“虽不中亦不远矣”。

三、几个问题的分析与检讨

以上，是对我以往思考的回顾和总结，尤其是对我曾经提出的一些观念的意义所做的补充说明。回顾以往的思考，当然并不是要重申旧说，而是出于思考当下和前瞻未来的要求。这也正是“温故知新”的含义所在。事实上，其中已经无可避免地包含了当下思考的一定内容。或者说，缘于当下的一些相关问题意识，至少构成我重新思考中国哲学方法论的背景因素。不过，这一内容毕竟无法在“回顾”中充分展开。因此，接下来的部分，我将以分析和检讨若干问题的方式，着重讨论我目前关于中国哲学方法论的若干“再思考”。当然，如今这些暂时性的思考（tentative thinking），也只是“因”当下学界思想脉络之“缘”而生。只要中国哲学在全球学术共同体中一直处在“不舍昼夜”的发展过程之中，任何的再思考，恐怕都不免是“未济”的一环。不过，能够成为继起思想观念的基础，无论于人于己，也就都不失其意义和价值了。

（一）作为“比较哲学”的中国哲学

前已指出，我在本世纪初关于中国哲学方法论的讨论中，提出了现代中国哲学自始就是一种比较哲学的说法。与“援西入中”这一描述和概括相一致，这种讲法当时的重点是要指出：西方哲学在现代中国哲学中扮演了不可或缺的角色；现代中国哲学的诠释和建构，都不能回避西方哲学的因素。随后有同行“照着讲”时，也无非是在这个意义上而言。不过，我的这一讲法还包含另一层含义。既然是“比较哲学”，那么，除了西方哲学对于中国哲学的不可或缺，中国哲学对于西方哲学发展的可能贡献，也应是一个不能忽略的方面。当然，由于我的那三篇论文完成并发表于本世纪初讨论中国哲学方法论的语境之中，而当时主张从中国哲学中清除西方哲学的声音一度颇为流行。我在文字表述之中有所针对，语意之间自然侧重于“比较哲学”的第一层含义。第二层含义在三文中虽未必无迹可寻，但要到“重思‘Metaphysics’——从中国哲学的观点看”发表，才有正面与充分的申论。

当今之际，对于作为一种比较哲学的现代中国哲学，我一方面认为其中的两层含义需要兼顾，不能偏废；另一方面，我也要特别提出两点进一步的思考，供学界斟酌。在我看来，这两点思考是将现代中国哲学界定为一种“比较哲学”而自然需要肯定的理论预设(theoretical postulate)。

首先，指出现代中国哲学是一种比较哲学，必须肯定世界上不同哲学传统处在一种“共生共成”的整体脉络之中。世界哲学的“共生共成”这个用语，是我在“重思‘Metaphysics’——从中国哲学的观点看”一文中特别提出的。显而易见，如果说古代世界各种不同的哲学传统还可以相对在“鸡犬之声相闻，老死不相往来”的状态下“各行其是”，那么，现在这种境况早已不复存在。在全球一体化日益密切的趋势之下，对于追求高度普遍性的哲学来说，孕育于世界不同文明之中的各种哲学传统，更是早已走到一起，日益变得“你中有我，我中有你”。任何一个传统的发展，都离不开其他传统的参与。或者说，一个传统越能够从世界上尽可能多的其他传统中汲取资源，其发展与成长的健全程度都将会越高。这一点，正是“共生共成”一语最为重要的意旨所在。

其次，比较哲学既不是为了“趋同”，也不是为了“求异”。不同哲学传统之间比较的目的，当然不是为了最终抹杀各个传统的特性而变得“铁板一块”。那种“书同文、车同轨”的思维模式这里是不能适用的。但也不是为了标新立异、刻意追求彼此之间的差异。

如果说比较的目的最终是为了强调一种传统的与众不同、独一无二,那么,比较本身也就变得多余和无意义了。这种做法既忽视了世界上不同民族作为共同人类所具有的经验的普遍性,也忽视了人类不同文化传统早已处在彼此的交流之中这一历史事实,无形中在强调"特色"的表象下助长了孤立主义的危险。比较的真正价值与意义,应当是在"和而不同"的状态下"共生共成"。

费孝通先生所谓的"各美其美,美人之美,美美与共,天下大同",经常为人津津乐道。我也非常认同这句话。因为在我看来,它和我所说的"在'和而不同'的状态下'共生共成'",应该是同样的意思。不过,必须说明的是,只有"各美其美"不被理解为孤立主义的"老死不相往来","天下大同"不被理解为"无差别的铁板一块",我才能将费孝通先生的这句话引为同道。这一点,是必须要特别说明的。

(二)如何理解"文献基础"中的"文献"

前文提及,对于中国哲学传统文献的掌握,是确保我们在引入西方哲学(还包括其他哲学传统)来诠释和建构中国哲学时不至于丧失自身特性与个性的保证。那么,如何理解这里所说的"文献"呢?

对于"文献基础"中"文献"一词的含义,我在"合法性、视域与主体性"中这样说过:"这里所说的文献材料,不仅包括基本的经典文本,也包括古代历史上对这些经典文本的研究成果。"对于我所理解的"文献",其涵义其实已经交代得很清楚了。如果发生误解,不是中文理解能力有问题的话,就恐怕是刻意的曲解了。不过,误会甚至曲解的缘由为何,我不打算推求,因为那并没有多少学术思想的价值。我宁愿假设当初自己的表述仍嫌简略,而尝试在此对"文献"的涵义予以更加明确的界定。对于中国哲学方法论的进一步思考来说,如此应该更具建设性的意义。

首先，我在提出“文献基础”这一观念时，完全不在“经、史、子、集”这种传统区分的框架之下将“文献”限定于其中任何之一。换言之，对我来说，“文献”既不限于单指“子部”的典籍，也并非仅就“经部”而言。从四部区分的旧框架出发，将“文献”只归于其中任何之一的主张，在我看来都是褊狭的浅陋之见。例如，现代中国哲学的“文献”若只限于“经部”，那么，且不论儒家传统的文献依据将大为减少，佛道两家以及后来传入中国且早已构成中国文化有机组成部分的耶教（Christianity）和伊斯兰教（Islam），其经典文本势必都无法成为现代中国哲学的“文献基础”。如此一来，现代中国哲学还剩下多少内容，就是可想而知的。显然，株守四部的旧框架，将“文献”的涵义限于其中之一，只能是一种原教旨主义的固步自封和画地为牢，完全缺乏现代学术的理据。依我之见，“文献基础”中的“文献”，应该既包括中国传统文化中所有的文本典籍，非但经、史、子、集等各种传世文献，甚至也应包括图像、器物（甲骨、铜器、简帛等）等所有作为思想观念之符号反映的物质载体。事实上，晚近西方学界率先兴起而国内学人闻风而动的那种利用图画、石刻、瓷器等作为诠释依据的研究取径，不过是将“文献基础”从纸本扩展到器物的结果。当初王国维的“二重证据法”，亦可作如是观。

不过，以上还只是“文献基础”的一层含义。除此之外，正如我所谓的“也包括古代历史上对这些经典文本的研究成果”，我理解的“文献基础”还有另外一层含义，即以往学人对那些文本典籍乃至于图像器皿的研究成果。朱熹的《四书集注》、焦竑的《老子翼》、刘宝楠的《论语正义》、郭庆藩的《庄子集释》这一类的著作自不必说，诸如顾炎武考索古典的《日知录》、容庚研究青铜器的《商周彝器通考》、陈梦家研究甲骨的《殷虚卜辞综述》等成果，对于现代的我们来说，也同样应该作为思想诠释和观念建构的文献基础。甚至经过历史考验的西方学人研究中国古典的杰作，如高本汉（Klas Bernhard Johannes Karlgren）的《中国音韵学研究》等，如今也应作为我们相关研究的基础文献。当然，这又和“国际视野”这一观念关联在一起了。事实上，“文献基础”的基座可以拓宽到何种程度，也的确与我们的视野是否足够宽广有关。我经常打一个比方：我们每个人都可以说是一只井底之蛙，所能见到的知识天空，相对于人类古往今来不断积累的知识总体来说，都不过九牛一毛。但是，每只青蛙的井口大小并不一样。而知识人所要追求的，就是不断扩展我们的井口，以便尽可能看到更大的天际。在这个意义上，“西学素养、文献基础和国际视野”都是帮助我们看到更大的“中国”这片天空的方法自觉。

（三）诠释/建构、哲学史/哲学、人物/问题

细心的读者应已发现，前文我不断使用了“诠释”和“建构”的字眼。这当然意在提示二者的不同。在现代学术的语境中，中国哲学的诠释，主要是指运用现代的语言，对中国哲学传统中蕴含的思想观念加以解释；而中国哲学的建构，主要是指运用现代的语言，立足于中国哲学传统而创造新的理论构造或话语系统。前者主要在于理解别人，后者主要在于表达自己。现代中国哲学中，一系列研究中国哲学传统的杰作，如冯友兰的《中国哲学史》（上下）、唐君毅的《中国哲学原论》系列、牟宗三的《佛性与般若》和《才性与玄理》、劳思光的《中国哲学史新编》以及陈来的《朱熹哲学研究》等，堪称“诠释”的楷模。而重在表达自己较成系统的思想观念的著作，如熊十力的《新唯识论》、唐君毅的《生命存在与心灵境界》、牟宗三的《现象与物自身》、李泽厚的《历史本体论》、陈来的《仁学本体论》和杨国荣的《道论》等，则可以说是“建构”的表率。

不过，诠释与建构并非泾渭分明，无法完全互不相干地各自独立进行。我历来认为，在人类经验和思考早已累积数千年之后，不站在前人的肩膀上试图“造论立说”、凭空建构出前人未曾思考过的真有价值的理论系统，是不太可能的。反之，充分吸收前辈时贤的思想成果，就好比练就了“北冥神功”，能将古今中外那些最为优秀的思想理论源源不断汇入自身，作为建构自己思想体系的源头活水和充足养料。如此一来，个体的生命经验与古今中外各种哲思睿智相接通，便成为悠久绵长的思想之流。这与那种不善于“理解”别人而只会自我“想象”的情况相较，前者的深厚与后者的单薄，其差距是不可以道里计的。从事哲学者往往追求“成一家之言”而“有我”。但在我看来，只有先“无我”，即经过一个充分理解他人的过程之后，才会形成真正属于自己的思想而“有我”。如果不能充分理解前辈时贤既有的思想结晶，一开始就试图抒发自我，那么，这个自我究竟能有多少内涵，就是可想而知的。换言之，“讲自己”之前，必须要有一个“照着讲”和“接着讲”的环节。否则的话，稍能有些思考，便自我膨胀，陷溺于一点单薄的想象力，总想标新立异，结果往往只是“为赋新词强说愁”，并不能真正建立自我而成一家之言。这也说明，侧重表达自己的“建构”，必须以侧重理解他人的“诠释”为基础。在理解他人与表达自我、诠释与建构交互为用的过程中，真正的理解能力和建构能力才会不断提高。诠释与建构常常呈现为一种水乳交融的状况。在这个意义上，孔子强调“学”“思”并进，所谓“学而不思则罔，思而不学则殆”，与西方诠释学（hermeneutics）中的“诠释的循环”（hermeneutical circle）是彼此相通的。事实上，对于前文提及的那些现代中国哲学的经典之作，“诠释”与“建构”的两类划分，也只是相对而言。例如，牟宗三的《现象与物自身》固然是其“两层存有论”的建构之作，但其建构的过程，充满了大量对儒、释、道原始文献的诠释。甚至可以说，其建构正是通过诠释而达成的。即使像冯友兰《中国哲学史》这样尤以诠释为目标的著作，冯氏既已建构的观念系统也已隐含其中发挥作用。并且，在诠释的过程中，他也继续建构出了新的观念。总之，“诠释”与“建构”虽确有不同的目标，展现为不同的话语形态，因而各有相对的独立性，但二者的相融互渗，也是意识活动整体过程的事实。

澄清了诠释与建构的关系，“哲学史”与“哲学”以及“人物”与“问题”这两组概念就比较容易理解了。显然，如果说哲学史以诠释为目的，哲学以建构为追求，那么，就现代中国哲学来说，如何看待和处理哲学史与哲学的关系，我的看法也就无需赘言了。事实上，哲学史与哲学的关系，已有学者做出了很好的反省。至于“人物”与“问题”，更多地与中国哲学研究的具体做法相关。在此，我就以中国哲学专业博士论文的写作为例，略加说明。

对现代学术来说，博士论文的写作被认为是从事学术思想工作最重要的准备阶段。通过这一阶段的训练之后，才算具备了独立研究和思考的资质。因此，虽然有的博士论文在相关课题上已经可以推陈出新而居于前沿，甚至成一家之言并树立典范，但大部分的博士论文仍是一种训练的“习作”。就此而言，要求硕士生甚至本科生即提出和表达自己的观点，将认真理解、消化和吸收既有成果视为只是一种综述，实在是不知“学术”(scholarship)为何的不通之论。以此指导学生，鲜不误人子弟。博士论文的成败，选题至关重要。题目选得好，事半功倍；不然，非但事倍功半，甚至会拾人牙慧和重复劳动。对于选题，往往会有研究人物和研究问题两种不同的做法。或许有人认为，以人物为对象的选题侧重哲学史的工作，以问题为对象的选题侧重哲学的工作。这种看法不能算错，但不免似是而非，需要分析和澄清。

以人物为研究对象，文献的边界易于划定。比如研究张三的思想，只要将张三自己的各种文字以及研究张三思想的各种既有成果搜集齐备，即基本具备了进一步研究的文献基础。接下来要做的，就是细读这些文献，选择探讨的视角，通过有理有据的论证将张三的思想条分缕析地呈现出来。不过，即使如此，只要是研究张三其人的“思想”，探讨的对象便仍需是张三所思考的问题，而不是其生平传记，后者是史学专业的工作。就此而言，以人物为对象的选题，至少对哲学的研究者来说，仍需以探讨问题（思想观念）为归宿。至于以问题为研究对象的选题，似乎直接探究思想观念，更符合哲学的专业性质。但这种做法仍要通过对相关人物思想的探讨，才能将所谓的“问题”呈现和澄清。显然，任何哲学史上的问题，都离不开曾经思考过那些问题的人物。因此，所谓人物和问题的不同取径，其区分也只能是相对的。例如，对于中国哲学来说，研究朱熹自然重点是要针对其曾经思考过的一系列问题，即朱熹的思想观念；而研究宋明理学中理气关系或心性论的问题，又如何能不将朱熹等曾在这些问题上深思熟虑的人物包含在内呢？

（四）方法论背后的“哲学”观

任何哲学方法论的反省，都离不开背后的哲学观。换言之，对于什么是“哲学”的理解，会在相当程度上制约着关于哲学方法论的思考。

无论诠释还是建构，“哲学”不同于其他学科的特点是什么，或者说“哲学”应当是怎样一种工作？对此，很多人大概首先会想到逻辑分析的方法。关于逻辑分析对于哲学工作的作用，我想是无需赘词的。当然，这里的逻辑，主要是指反映人类思维基本规律和特征的形式逻辑，即包括矛盾律、同一律和排中律在内的传统逻辑。只要是人类正常的思考活动，这种意义上的逻辑就是不可或缺的。这一点，20 世纪 30 年代牟宗三先生在回应当时所谓的“新逻辑”时，已经做出了很好的说明。自觉运用逻辑分析，进行辨名析理的论证，从而解释、澄清以及证成种种观念，当然是哲学工作的典型特征（defining characteristic）。不过，除此之外，还有两点有必要澄清。

其一，逻辑分析固然可谓哲学工作的通则，但并非只要具有逻辑分析的论证，就足以成为一种哲学的工作。试想，如果逻辑分析的运用，只是论证了原本众所周知或不言自明的常识，为不合情理的观念甚至谬误辩护，或者“苛察缴绕”而成琐碎（triviality）甚至“虚妄分别”（vitatha-vikalpa），而无法提供原创的洞见与智慧（seminal insights or wisdom）或至少一种可靠的（tenable）眼光（vision），那么，就很难说这是一种哲学的工作，至少算不上是好的哲学工作。庄子昔日对于“辩者之囿”的批评，所谓“饰人之心，易人之意，能胜人之口，不能服人之心”，也正是指出了单纯逻辑分析的局限。

其二，除了我们视为人类思考活动必须普遍遵从的逻辑分析方法，是否还有其他可以作为“哲学工作”的论证方式？这一点，也是与对“哲学”的理解有关而需要思考的。比如说，印度思想中的“因明”和禅宗思想中的“诡辞”，都是言说与论证的方式。那么，这些与西方传统逻辑有别的论证方式，是否也可以被理解为一种哲学活动呢？当然，这里涉及西方传统逻辑与因明、诡辞之间的关系问题，无法在此详说。无论三者在深层结构的根源处是否具备“理一”的通性，在话语结构的现象层面，三者之间的“分殊”毕竟不可掩。然而，如果印度哲学和禅宗哲学都不应被摈弃于“哲学”之外，那么，什么是“逻辑”与“分析”？我们的理解也需要尽可能不失之于狭隘。这样的话，才能够充分顾及世界上各种不同的传统，对于什么是“哲学”获得一种涵摄而通透的理解。

事实上，对于如何理解“哲学”，我曾在考察唐君毅先生哲学观的文章中有较为充分的讨论。在我看来，唐先生在充分顾及中、西、印三大哲学传统各自特质的基础上所表达的对于“哲学”的看法，牟宗三先生在《现象与物自身》中提出的“哲学原型”的说法，都有助于建立一种“理一分殊”的哲学观。这种“理一分殊”的哲学观的涵义，我在“唐君毅的哲学观”中已有详论，此处不赘。这里需要指出的是，在“理一分殊”的哲学观之下，对于哲学方法的理解，可以更为自觉地避免“株守一隅”。这样的话，在古往今来世界各种哲学传统的交光互映中，在与其他哲学传统的“共生共成”中，中国哲学才能在“随缘”与“不变”的辩证中，一方面深度参与世界哲学的“共生共成”，为其他哲学传统提供进一步发展的观念资源，另一方面不断充实自我，使自身的主体性在一个动态的过程中日益清晰和丰富，达到“日日新”与“未始出吾宗”的有机统一。

四、结语

以上，我首先回顾了自己本世纪初以来关于中国哲学方法论的一些看法。在此基础上，又针对涉及中国哲学方法论的若干问题，尝试提出了几点个人的再思考。言有尽而意无穷，在收尾的部分，我想再表达几点意见，作为本章的结束。

首先，是语文能力的问题。要想落实现代中国哲学的方法论自觉，需要同时不断强化两种语文能力：一是古代汉语，一是西语（尤其英文）。晚清以来，反传统思潮绵延不断，直到20世纪80年代，再加上汉字改革，如今之际，除非经过中国传统人文学的专业训练，不要说单纯种族意义上的中国人，即便生长在中国的中国人，也并不天然具备解读以古汉语和繁体字书写的古典文献的能力。不具备这种能力，便无法进入中国古典的世界。如此一来，奠定坚实的“文献基础”，就只能是痴人说梦了。另一方面，不具备直接阅读和理解西方文献的能力，只能依赖于中文的翻译，“西学素养”和“国际视野”能够达到何种程度，也是可想而知的。所谓“西文”，当然不限于英文，所能涵盖的语种自然多多益善。但是，一来通晓诸多西文绝非易事，二来英文如今仍是世界范围内几乎所有知识的主要语言和文字载体。就此而言，在难以掌握多种西文的情况下，尽可能通晓英文，无异于厚植“西学素养”和拓宽“国际视野”的捷径。放眼世界，非但中国哲学，整个中国人文学的领域，都有这样一种现象：不少中国古典修养极好的学者，由于西文能力的欠缺，无法直接进入西学的广阔天地，结果学问难以日趋“广大”。另一方面，一些西方哲学训练出身而如今涉足中国哲学的中国学者（这里既包括因无法与西方一流学者在纯粹西方哲学的领域“华山论剑”而转向中国哲学的人士，也包括虽出身西学却因民族认同、乡土情怀而留恋中国传统并转向中国哲学的人物，抑或两种情况兼而有之者），具备了一定的西文能力，可以在国际舞台一定程度地表达自我，但由于缺乏中文古典的解读能力，并不具备深厚的中学素养，只能笼统和皮相地谈论中国的思想与文化。一旦不知自律甚至心存投机取巧之念，纵使一度可以“眩外以惑愚瞽”，终不免落入贻笑方家而不自知的境地。

其次，必须清楚地意识到，方法论的反省固然很有意义，因为“冥行闇修”的“无舵之船”常有触礁沉没的危险。不过，方法的自觉终究代替不了在自觉方法之下产出坚实的成果。这一点，我在以往的文字中曾经提到，这里要重申和强调。只有以论文和著作发表和出版的成果，不论诠释还是建构的作品，才是衡量能否在明晰的方法自觉之下、在世界哲学“共生共成”的整体发展过程中切实推进中国哲学的最终准绳。记得十多年前我在台湾地区的一所高校客座时，执教该校的一位友人曾向我介绍一名被认为是有志学术且被看好的研究生。初次见面午餐时，我问这名学生打算从事什么研究课题。该生回答说想以中国哲学方法论为题。当我毫不隐晦地表达了自己的看法，建议这位同学重新考虑选题时，该同学不自然的反应以及借故提前离开，让我很快意识到了自己的“失言”。显然,我的建议令其自尊心受到了打击。我当然事后反省了自己在“人情世故”方面的一贯幼稚,但我同时也不免替这位同学感到遗憾。如果能够放下矜持、虚心思考一下“逆耳之言”是否有其合理的内容,对自己心智的成长是否会有切实的帮助呢?十多年过去了,那位同学似乎并未在台湾的中国哲学界崭露头角,如今身在何处,已不得而知。这个例子的意涵(implications)固然不仅在于足以为我此处所论提供一个注脚,也的确表明,如果不能将方法的自觉落实为具体和坚实的成果,那么,任何有关方法论的谈说和书写,恐怕都不免焦竑所谓的“以手分擘虚空”,最终流于“捕风捉影”的戏论。

最后我想说的是,就中国哲学方法论的反省而言,虽然本文对我以往的主张有所回顾和总结,但在任何具体的问题上,以往的思考都不能为本文的回顾和总结所化约。正如开头所说,尽管这些年来因应不同的机缘,我对中国哲学方法论一直有所思考,本文之作也正是这样一种结果。但是,我的看法和主张,只有在原有基础上的延伸和扩展,并无根本的改变。因此,对于我先后提出的一些观念,包括“援西入中”、“西学素养、文献基础和国际视野”、“援中入西”、“共生共成”等,有兴趣的读者若想知其究竟,在阅读了本章之后,仍需回顾我在本章开头提到的那些旧作。如此对于本章的若干再思考,也才会更能有“同情”的了解。

第五章　重思“Metaphysics”
——中国哲学的视角

一、引言

关于中国哲学研究的方法论反省，或者说应该如何研究中国哲学，从本世纪初以来，笔者已经发表了三篇专论。① 迄今为止，笔者的看法并没有什么改变。此外，对于20世纪以来中国哲学的系统建构，笔者也曾特别留意并指出了其中的几位代表人物和主要线索。② 如果这两个方面的讨论都可以放在“援西入中”这一典范之下，那么，在这篇文章中，笔者关心的问题则可以说是一个如何“援中入西”的课题。换言之，如果说以往笔者思考如何在当代中国治

① 参见笔者的“合法性、视域与主体性——当前中国哲学研究的反省与前瞻”；“中国哲学研究的三个自觉——以《有无之境》为例”；“中国哲学研究方法论的再反思——‘援西入中’及其两种模式”。本文写作和发表是在2015年，而笔者的“中国哲学方法论的再思考：温故与知新”一文则是2019年发表的，所以，笔者的这一注释当时只提到了之前发表的三篇论文。不过，从整体上对于“中国哲学方法论”问题的反省，除了那三篇论文之外，自然也应当包括后来发表于《哲学动态》2019年第9期“中国哲学方法论的再思考：温故与知新”这篇论文。

② 参见彭国翔：“当代中国系统哲学建构的尝试——杨国荣教授哲学思想研讨会的发言”，《具体形上学的思与辩》(北京：北京大学出版社，2013)，页51—56。

"中国哲学"(Chinese philosophy)这一问题时，主要关注的是西方哲学传统在"研究中国哲学"与"建构中国哲学"这两个虽密切相关但毕竟各有不同的方面所扮演的角色，那么，如今笔者想探讨的，则是在一个世界哲学"彼此互动"、"共生共成"的整体脉络中，中国哲学传统(Chinese philosophical tradition)对于当今西方哲学的发展所可能提供的思想资源，以及如何进一步不囿于西方哲学的传统而去思考一些人类经验普遍面对的根本哲学问题。这一点，可以说是一个关乎"世界哲学"发展的问题。

不久之前，李泽厚提出"该中国哲学登场了"的看法。[③] 纯粹的西方哲学家中，在未必知道李泽厚这一说法的情况下，也有人在英语世界呼吁要吸取中国哲学的思想资源去反省西方哲学自身的问题。[④] 不过，无论是"该中国哲学登场"还是"西方需要中国哲学"的呼吁，要想不流于单纯的"良好愿望"和"口号"，中国哲学究竟应该如何在与西方哲学(包括印度哲学)的互动交融中深度介入世界哲学"共生共成"的整体格局，同时在世界哲学"日生日成"的过程中

---

③ 参见李泽厚的《该中国哲学登场了?》(上海：上海译文出版社，2011)一书。

④ 比如，在西方 Virtue Ethics 领域独树一帜并以分析哲学见长的 Michael Slote，最近就专门写了一篇宣言式的文章，呼吁特重理性主义的西方哲学传统应当从肯定情感、情绪的中国哲学传统中汲取资源，自我调整。参见 Michael Slote，"The Philosophical Reset Button：A Manifesto"，中译版参见《学术月刊》2015 年第 5 期，页 36—42。事实上，早在 21 世纪伊始，认同儒学核心价值的南乐山(Robert C. Neville)在其《波士顿儒学》一书的前言中，就已经指出了以中国哲学尤其儒学为代表的非西方哲学传统对于世界哲学的形成与发展所具有的不可或缺的意义。参见 Robert C. Neville，*Boston Confucianism：Portable Tradition in the Late-Modern World*(SUNY press，2000)。而南乐山在其更早的著作中，已经对西方哲学传统中形而上学的问题进行了反思。参见其 *New Essays in Metaphysics*(Albany：State University of New York Press，1987)。更值得注意的是，南乐山的思路与中国哲学传统中从《周易》到现代儒家哲学种种"形而上学"或"本体论"的重建(详见本章第二部分)，不无相通暗合之处。当然，这一思路主要继承了过程哲学(process thought)和实用主义(pragmatism)的立场。而在西方迄今为止的哲学传统中，这一思路远非主流。

扮演一个积极的建构要素，就是一个必须要认真和深入思考的问题。这一点，据笔者的了解，至少在整个中文世界，恐怕还尚未或者说不能进入到很多学者自觉的意识层面。而笔者所谓的“援中入西”，可以说就是思考该问题不可或缺的一个环节。为了不使对“援中入西”这一课题的讨论流于抽象，本章将以“metaphysics”这一西方哲学传统中的重要方面为例，对此稍加说明。

二、“Metaphysics”VS“形而上学”：对比与分析

上个世纪80年代，台湾地区“当代学术巨擘大系”其中有一本《现代形上学的祭酒：怀德海》。该书是对怀特海（Alfred North Whitehead, 1861－1947，台湾译为“怀德海”）其人及其哲学思想的导论性介绍。[⑤] 在这本书中，编写此书的作者曾指出，20世纪“形上学”在西方已渐成衰落之势。作者所谓的“形上学”即“metaphysics”，大陆流行的译法是“形而上学”，取自《易传》中的“形而上者谓之道”，最早是日本明治时期的学者井上哲次郎（1855—1944）用来翻译“metaphysics”的。而晚近英语世界中关于“metaphysics”的许多研究似乎也进一步表明，虽然不能说“metaphysics”已然乏人问津，甚至还有重新关注这一领域的不断的呼声，[⑥]但总体来说，较之以往这一领域在西方哲学传统中的重要性，说它处在相对衰落的状况，应该是不为过的。

1869年，英国建筑师兼作家James Knowles连同当时著名诗人

⑤ 该书由台北允晨文化实业股份有限公司1982年出版，其编写者朱建民教授虽然在美国取得西方哲学的博士学位，但曾经追随当代新儒学的大师牟宗三，80年代就出版过关于张载的著作，也是中国哲学的专家。

⑥ 例如L. Gregory Jones和Stephen E. Fowl合编的*Rethinking Metaphysics*（Wiley-Blackwell, 1 edition, 1995）。

丁尼生(Alfred Tennyson, 1809 - 1892),在伦敦共同创立了一个社团,其目的是将教会的修士、科学家以及其他一些知识人联合起来,一道探索科学与宗教的关系,并试图解释宇宙的奥秘以及人类在其中扮演的角色。该社团当时被称为"metaphysical society",译成中文即"形而上学学会"。学会的成员都是当时赫赫有名的人物,包括生物学家赫胥黎(Thomas Henry Huxley, 1825 - 1895)、哲学家西季威克(Henry Sidgwick, 1838 - 1900)和马提诺(James Martineau, 1805 - 1900),英国罗马天主教会的红衣大主教曼宁(Henry Edward Manning, 1808 - 1892),艺术批评家拉斯金(John Ruskin, 1819 - 1900),甚至还有英国首相格莱斯顿(W. E. Glastone, 1809 - 1898)。但是,这个学会到1880年即不得不寿终正寝。根据创立人之一诗人同时也是思想家的丁尼生回忆,"经过十年的艰苦努力,甚至连界定'metaphysics'这个词的含义是什么,都没有人能够成功"[⑦]。这个故事似乎表明,即使在西方世界,什么是"metaphysics",大概也一直是莫衷一是,很难有众口一词的理解。

不过,无论"metaphysics"的涵义如何难以获得一致的确定,从古希腊以来,尤其是亚里士多德的那本以"metaphysics"为名的著作问世以来,无可否认,在古典西方哲学的传统中,"metaphysics"一直是"philosophy"这门学问中的一个最为重要的部门,甚至可以说居于"philosophy"的中心。[⑧] 例如,笛卡尔就曾经说,如果人类的所有知识可以比喻成一棵大树的话,那么,"metaphysics"就是这棵大树的树根。因此,他自己便将"metaphysics"称为"第一哲学"

---

⑦ 参见 Tennyson 的儿子 Hallam Tennyson 在 1899 年为其父所撰写的回忆录 *Alfred Lord Tennyson: A Memoir by His Son* (London: Macmillan & Co.)。

⑧ 至少在19世纪以来的西方哲学传统中,哲学的主要内容包括四大部门,除了 metaphysics 之外,其他三个是 logic、epistemology 以及 ethics。这在当今西方大学绝大部分哲学系的课程设置中可以得到反映。

(first philosophy)。他的 *Meditations on First Philosophy*(中译是《第一哲学沉思集》),也就是对于"metaphysics"的思考。并且,在西方专业的哲学界中,迄今为止关于"metaphysics"虽然未必众口一词,但也还没有到"此亦一是非,彼亦一是非"的地步。至于"metaphysics"探讨的问题究竟包括哪些,大致也还是有一个相对明确和稳定的范围。比如说,现象与本质(phenomena and essence)、决定论和自由意志(determinism and free will)、同一性与变化(identity and change)、心与物(mind and matter)、必然性与可能性(necessity and possibility)、时间与空间(time and space)等,都可以说是"metaphysics"所探讨的主要问题。⑨ 进一步而言,如果我们根据西方哲学中较为经典的理解,大致来说,"metaphysics"主要包括"ontology"和"cosmology"这两个部分,前者针对的是"being"的问题,后者针对的则是"becoming"的问题。⑩

"ontology"在中国大陆长期以来译为"本体论",港台通常译为

---

⑨ 晚近关于"metaphysics"较为简明扼要的导论,参见 John W. Carroll 和 Ned Markosian 合撰的 *An Introduction to Metaphysics* (Cambridge: Cambridge University Press, 2010)。该书属于"剑桥哲学导论丛书"(Cambridge Introductions to Philosophy)之一。

⑩ 在西方哲学传统中,至少从 Christian Wolff(1679–1754)开始,"cosmology"就已经被作为"metaphysics"不可或缺的组成部分。当然,除了"ontology"和"cosmology"之外,对 Christian Wolff 来说,"metaphysics"还包括"rational theology"以及"rational psychology"这两个部分。但"ontology"和"cosmology"显然是"metaphysics"的主体。目前西方至少英语世界讨论"metaphysics"的各种研究著作(research works)和手册(handbooks)以及指南(companion)一类的书籍,几乎莫不如此。正因为这一点,个别学者如果仍要在古老的 Aristotelian 意义上讨论"metaphysics",不把"cosmology"包括在内,反而必须首先说明,以免误会了。例如,Michael J. Loux 的 *Metaphysics: A Contemporary Introduction* ("Routledge Contemporary Introductions to Philosophy," Routledge: London and New York, 2002)一书,在前言就首先说明:"I have chosen to follow a very old tradition (one that can be traced back to Aristotle) that interprets metaphysics as the attempt to provide an account of being qua being."

“存有论”，而“cosmology”则译为“宇宙论”。需要说明的是，虽然都是“metaphysics”的主要构成部分，但“ontology”和“cosmology”各有所司，不能连在一起。之所以如此，在于根据西方哲学传统的主流，尤其是巴门尼德、柏拉图以来的理解，由于“being”超越于变动不居且虚幻不实的感官经验世界（empirical world），不在具体的时空之中，因此也不是具体的（concrete）而是抽象的（abstract），不是“多”而是“一”。[11] 在这个意义上，也可以说“being”是静止的。以往根据马克思主义唯物史观将“形而上学”批判为“静止的”、“抽象的”，虽然不免流于一种肤浅和简单的价值判断，但也是其来有自，并非毫无缘由。与“ontology”不同的是，“cosmology”所要处理的则是现实经验世界如何产生、发展和变迁的问题。这正是一个“变动”或者说“生成”的问题。因此，根据这样的理解，“metaphysics”虽然包含“ontology”和“cosmology”，但“ontology”和“cosmology”却是泾渭分明的两个世界。

但是，从中国哲学尤其易学和儒家哲学的立场来看，“being”和“becoming”不必只能分属于两个世界。世间诸相的“本体”虽然不是感性经验世界和现象世界这所谓“世间”的诸相之一，而是诸相的所以然和所当然，但却不是超越于感性经验世界和现象世界之上和之外的、静止的、不在时空之中的、抽象的存在。虽然一方面是“形而上者谓之道，形而下者谓之器”，“道”作为“器”之根本不能被化约为诸“器”之一；但另一方面，却又是“道不离器”、“道在器中”。朱熹（1130—1200）对于理气关系“不离不杂”的理解，也可以说是对道器关系的理解。至于王夫之（1619—1692）等人，则进一步强化了作为“本体”的“道”不能脱离“器”的世界而成为巴门尼德

⑪ 关于柏拉图哲学中“being”的这一特性，参见 Robert S. Brumbaugh, *Plato on the One*（New Haven: Yale University Press, 1961）。

和柏拉图意义上的超绝的“being”。牟宗三(1909—1995)在其《心体与性体》中,反复使用了“本体宇宙论”这个词汇。从上述西方哲学传统形而上学的立场来看,这个词是说不通的,就好比“圆的方”或“方的圆”一样。但牟宗三选择使用这个词汇,正是他基于中国哲学传统的根本立场使然。而他批评朱熹的“理”“只存有不活动”,坚持“理”必须是“即存有即活动”的,在一定意义上,其实也可以视为对这种“道不离器”、“道在器中”的立场的强调。而如果转换成西方哲学的术语,牟宗三的“即存有即活动”,也就是说“超越”之“本体”不是孤悬于变迁流转的大千世界之上和之外,而是“内在”于“大化”之中,作为大化之所以“化”的根据而发生作用。他所谓的“创造性真几”,就是指此而言。“本体”虽非世间诸相之一,却是内在于世间诸相来表现自身的。因此,作为存在根本的“本体”(being)并不能脱离宇宙的大化(becoming)而孤绝地屹立于时空之外,它可以说是“不变随缘”而又“随缘不变”的。这里借用佛教华严宗的说法,大致可以形容中国哲学尤其易学和儒家哲学所理解的本体与现象之间的关系。而牟宗三创造的“本体宇宙论”之所以可以说得通,恰恰也只能是在这个意义上而言的。

当然,中国哲学的这种思路并不是在西方哲学传统中完全无迹可寻。事实上,本章一开始提到的那位被称为“形上学祭酒”的怀特海,在他的“metaphysics”中,“ontology”和“cosmology”大概就可以连在一起讲。他的“metaphysics”就接近牟宗三所谓的“本体宇宙论”。当然,这只是在“being”和“becoming”的关系的意义上来说。至于说对于“being”和“becoming”之共同根本的“creativity”的理解,怀特海与牟宗三的理解是否一致,那就是另一个问题了。这一问题需要专文处理,此处不能枝蔓。这里要说的是,尽管可以在西方哲学传统中找到类似的思路,但这种思路显然并不居于西方哲学传统的主流。怀特海虽然开启了过程哲学(process philosophy)的传统,但发展到过程神学(process theology),[12]由于西方哲学中根深蒂固的柏拉图传统以及基督教的神学立场,作为一个虽在世间大化的变化之流中体现自身的上帝,却仍不受世间变化之流的左右甚至影响,而仍体现出某种超绝的地位,这一点,就仍然与中国哲学尤其易学和儒家哲学的立场难以调和。[13] 并且,怀特海本人也曾经说过,整个西方哲学史可以视为柏拉图哲学的一部注脚。由此可见柏拉图传统在整个西方哲学史中的地位。而如果柏拉图哲学的思路构成西方哲学传统的主流,那么,对于“metaphysics”来说,牟宗三那种“本体宇宙论”所反映的中国哲学的思路,就是完全另类的了。

同样,中国哲学传统中也并非完全没有西方柏拉图哲学传统的那种思路。比如,有一首经常为人引用却并未被深究的诗:“有物先天地,无形本寂寥。能为万象主,不逐四时凋。”[14]其中的“物”,常被作为对于“道”的描绘。“无形”,言其不在空间之中;“不逐四时

⑫ 最重要的代表人物是 Charles Hartshorne。他的主要作品包括:*Man's Vision of God and the Logic of Theism*, Willett, Clark & company, 1941, reprint Hamden: Archon, 1964; *The Divine Relativity: A Social Conception of God*, (Terry Lectures), New Haven: Yale University Press, 1948, reprint ed. 1983; *The Logic of Perfection and other essays in neoclassical metaphysics*, La Salle: Open Court, 1962, reprint ed. 1973; *A Natural Theology for our Time*, La Salle: Open Court, 1967, reprint ed. 1992; *Creative Synthesis and Philosophic Method*, S. C. M. Press, 1970; *Reality as Social Process*, New York: Hafner, 1971; *Insights and Oversights of Great Thinkers: An Evaluation of Western Philosophy*, Albany: State University of New York Press, 1983; *The Darkness and The Light: A Philosopher Reflects upon His Fortunate Career and Those Who Made It Possible*, Albany: State University of New York Press, 1990。

⑬ 怀特海的过程哲学与后来发展出的“过程神学”的不同,以及与中国哲学尤其朱熹哲学的同异,参见 John Berthrong, *Concerning Creativity: A Comparison of Chu Hsi, Whitehead and Neville*, New York: SUNY Press, 1998。对于传统和保守的的基督教来说,Charles Hartshorne 开启的“过程神学”已经离经叛道,怀特海的“过程哲学”就更完全是异端了。

⑭ (宋)普济著,苏渊雷点校:《五灯会元》(上册),北京:中华书局,1984,页 119。

凋”，言其不在时间之中；“寂寥”，言其超越于世间之外与之上，而为“不变”之“一”；“为万象主”，则意味着构成世间万事万物之所以存在与变化的本体甚至主宰。乍看起来，这里所描述的，与巴门尼德、柏拉图的作为本体的“being”颇为相似。其实，这是南朝梁代禅僧傅大士（497—569，名翕，号善慧）所作的一首偈。如果单纯看这四句，的确很容易让人联想到西方哲学传统主流中的“being”。事实上，当朱熹说“且如万一山河大地都陷了，毕竟理却只在这里”（《朱子语类》卷一）时，他所谓的“理”，未尝也没有那种超绝的涵义。牟宗三批评朱熹的“理”为“只存有不活动”，只能在“本体论”上作为所以然的根据而无法进入“宇宙论”而作为世间万物的“创造性真几”，虽然未必是朱熹的所愿，也并不能涵盖朱熹“理”的全部意涵，但这种批评也并非完全无的放矢。不过，这种类似柏拉图传统对于“being”的理解的思路，在中国哲学传统中显然是非主流的。事实上，刚才提到的傅翕的那四句诗，假如仅此而已，让人产生柏拉图哲学的理解和联想，就是自然合理的。但除了那四句之外，傅大士同时还有这样的几句：“夜夜抱佛眠，朝朝还共起。起坐镇相随，语默同居止。纤毫不相离，如身影相似。欲识佛去处，只这语声是。”[15]显然，这几句所述，就完全可以破除柏拉图式的联想和解读了。关联于这八句话来看，前一首偈四句所述的那个貌似超越之“物”，虽然不是世间诸法之一，所谓“不变”，却仍然是在内在于大千世界之中而“随缘”的。中国日常语言中至今仍然使用的“造化”一词，将“创造”（creation）与“演化”（transformation，evolution）合二为一，其实可以说正是这种“ontology”与“cosmology”一体相关的反映。

总之，在“metaphysics”的问题上，对西方哲学来说，作为本体的存在不能够在变动不居的现象世界中觅得，而只能诉诸一个时空

---

⑮ （宋）普济著，苏渊雷点校：《五灯会元》（上册），北京：中华书局，1984，页119。

之外的抽象的绝对和唯一，存在于一个不染人间烟火的"洁净空阔的世界"（借用朱熹语）。而对中国哲学来说，本体必然要内在于大化之流之中，或者说，其存在必须要透过感性经验与现象世界才能体现自身。正如晚明阳明学中关于"现成良知"的讨论一样，良知虽然即是天理，是"非由外铄"、"我固有之"的先天的"灵明"，不同于作为感性经验的日常道德情感而有其先验的根基，但却必须或者说只有在日常的感性经验、心理活动以及情绪与情感的时时变化之中有所"呈露"和"表现"，才能够成为一种真实不虚的存在。[16]上溯至孟子对于"四端之心"的理解，下及牟宗三对于"心体"和"性体"的诠释，这种思路可以说是一以贯之的。张岱年（1909—2004）曾认为中国的"形而上学"其特点有三：一是"不以唯一实在言本根，不以实幻说本根与事物之区别"，二是"认为本根是超形的，必非有形之物"，三是"本根与事物有别而不相离"，[17]也是在西方"metaphysics"对照之下的总结。

对于中国的"形而上学"和西方的"metaphysics"，迄今为止学界已经不乏一定程度的比较研究，或多或少揭示了两者之间的差异。[18] 本章想说的是，对于中西哲学传统主流所反映的这种差异，可以视为"二元对立论"（dualism）和"两极相关论"（polarism）这两种思维方式的不同。在此，让我们对这两个用语稍作解释。"二元对立论"比较容易理解。如果说对于A和B来说，认为A和B各自

---

⑯ 彭国翔："中晚明的现成良知之辩"，最早刊于《国学研究》（北京），第11卷，2003年6月，页15—46。收入彭国翔：《儒家传统的诠释与思辨》，武汉：武汉大学出版社，2012，页221—294。

⑰ 张岱年：《中国哲学大纲》，北京：中国社会科学出版社，1982，页16。

⑱ 尽管本章已经开宗明义，需要再次强调的是，鉴于本章所要处理的课题，对于"metaphysics"基本特征的概括，本章无法也不必穷尽西方哲学史上各家诸说关于"metaphysics"的种种曲折，只以迄今为止西方学界一般认可的代表西方哲学主流的柏拉图主义意义上的"metaphysics"为对象。同样，中国哲学或儒家哲学史上"形而上学"观念的种种，显然也不是本章所要专门探讨的对象。

的存在互相不以对方的存在为前提，就可以说这种看法是一种“dualism”。在传统的西方哲学中，所谓的“dualism”就是这种看法。最典型的代表，就是笛卡尔对于身心关系的理解。事实上，笛卡尔这种身心二元论的看法，大概同样可以追溯到柏拉图。与这种思路不同，所谓“两极相关论”，意思是说A和B两个方面或因素，彼此的存在必须以对方的存在为前提和条件，可以说“一存俱存”、“一亡俱亡”、“无此即无彼”、“无彼亦无此”。并且，A和B之间也并不存在泾渭分明的截然划界。我们不妨用磁铁的两极或电池的正极与负极的比喻，来说明这种“两极相关论”的意涵。显然，对一个磁铁或电池来说，没有正极，也无所谓负极；没有负极，也无所谓正极。正负两极各自的成立和存在，都必须以对方的成立和存在为前提。两极之间，无论从正极到负极，还是从负极到正极，都并不存在一个明显的分界线。这种“两极相关论”的思想，最经典的反映就是易学传统中“阴阳”的观念。我们可以想象一下阴阳鱼的图案，其中阴鱼和阳鱼和谐地组合在一起，并且，阳鱼中有阴鱼的因素，阴鱼中也有阳鱼的因素。这正反映了这里所谓“两极相关论”的思想。而从这样一种思路出发，对于西方柏拉图以降的“metaphysics”来说，那些看起来两两相对、互不相容的领域，包括“超越”与“内在”、“一”与“多”、“普遍”与“具体”、“静”与“动”，就未见得是那样的一分为二，泾渭分明了。

三、“形而上学”对“Metaphysics”的回应：现代“中国哲学”的建构

不过，中国的“形而上学”与西方的“metaphysics”之间的差异以及造成这种差异的原因，还不是本章所要探讨的主要问题。本章的着眼点在于，在了解了中国的“形而上学”和西方的

“metaphysics”之间存在很大的差异之后，对于西方哲学传统中“metaphysics”一直以来所探究的那些核心问题，是否可以引入中国哲学的视角？一方面对那些问题做出不同以往囿于西方哲学传统自身的回应；另一方面，对“metaphysics”所应当处理的问题本身，或许也会提出进一步的思考。换言之，在引入中国哲学的视角之后，哪些问题构成“metaphysics”所应当处理的课题，本身大概也会得到进一步的反思和重构。当然，这是一个非常艰苦的工作，需要中国的哲学工作者在植根于中国哲学传统的同时，能够同时也深入到西方哲学的传统之中，充分了解西方哲学在“metaphysics”这一领域中的各种问题意识，然后再调动中国哲学的观念资源，对那些核心的问题意识予以创造性的回应，甚至对若干问题之所以成其为问题本身，予以深入的理论追究。另一方面，也需要西方世界从事西方哲学的同行们，能够对中国哲学的传统具有内在的了解。

事实上，笔者很早即指出，自现代作为一个学科意义上的“中国哲学”产生以来，以西方哲学为参照甚至标准来重新建构中国哲学，一直是个不断的过程。在这个意义上，可以说“中国哲学”自始既是一种“比较哲学”。[19] 此外，笔者也曾指出，近年来关于如何“研究”中国哲学的反省和讨论较为集中和自觉，而关于中国哲学的现代建构这一线索的关注与思考，则相对较为薄弱。[20] 当然，这也是

---

[19] 笔者21世纪初以来关于这方面的思考，集中反映在“合法性、视域与主体性——当前中国哲学研究的反省与前瞻”、“中国哲学研究的三个自觉——以《有无之境》为例”和“中国哲学研究方法论的再反思——‘援西入中’及其两种模式”这三篇专文之中。三文现已收入本书。如今，对于笔者所谓“现代学科意义上的中国哲学自始即是一种比较哲学”的说法，国内有学者已经采取“拿来主义”的做法“照本宣科”了。

[20] 参见我的“当代中国系统哲学建构的尝试——杨国荣教授哲学思想研讨会的发言”。不过，由于会议主题是围绕杨国荣教授的相关著作，且当时陈来先生的《仁学本体论》一书尚未出版，所以，当时笔者发言尚未涉及陈来先生对于中国哲学的建构。

由于哲学"建构"本身较之哲学"研究"相对较为缺乏所致。不过，这并不意味着现代的中国哲学并不存在一个理论建构的线索和传统。笔者还指出，如果从哲学建构的角度来看，20 世纪 20 到 40 年代的熊十力(1885—1968)、冯友兰(1895—1990)，30 至 70 年代的唐君毅(1909—1978)、牟宗三(1909—1995)，40 年代至 80 年代的冯契(1915—1995)，80 年代迄今的李泽厚，以及 80 年代迄今的陈来、杨国荣等人，都在哲学史的研究之外，或多或少参与了中国哲学理论建构的现代历程。在这一过程中，牟宗三的"道德的形上学"、唐君毅的"心灵境界哲学"、李泽厚的"历史本体论"、陈来的"仁学本体论"以及杨国荣的"具体形上学"等，[21]在客观上以及不同程度上，都可以说将中国哲学的视角和因素引入了对于"metaphysics"的重新思考。在这个意义上，现代"中国哲学的建构"这一线索，未尝不可以视为中西方两大哲学传统相遇与互动以来，中国的哲学家们从自身"形而上学"的角度对于如何重新思考西方哲学传统中"metaphysics"这一课题的回应。[22]

在 20 世纪中国哲学建构的这一线索中，牟宗三的"道德的形上学"、陈来的"仁学本体论"和杨国荣的"具体形上学"，或许是与重新思考西方"metaphysics"这一课题最为直接相关的理论建构。在此，

---

[21] 牟宗三的"道德的形上学"主要以其《智的直觉与中国哲学》(台北：台湾商务印书馆，1971)和《现象与物自身》(台北：学生书局，1975)尤其后者为代表。唐君毅的"心灵境界哲学"主要反映在其《生命存在与心灵境界》(台北：学生书局，1977)一书之中。李泽厚的"历史本体论"参见其《人类学历史本体论》(天津：天津社会科学院出版社，2010)。陈来先生的"仁学本体论"建构，参见其《仁学本体论》(北京：生活·读书·新知三联书店，2014)。杨国荣的"具体形上学"主要体现在他的《道论》、《成己与成物：意义世界的生成》和《伦理与存在：道德哲学研究》三部著作之中。三书均由北京大学出版社于 2011 年出版。

[22] 限于本章所要处理的问题及其论域，现代中国哲学中其他一些涉及"形而上学"的研究和探索，不在本章的论列。事实上，就本章所处理的课题而言，当代中国哲学中真正较成系统而切题的最有代表性的"形而上学"，基本不出本章这一部分所论的几位学者。

本章就以这三位本体论的哲学建构为例，对此略加说明。当然，必须首先指出的是，从致思取向上来说，牟宗三、陈来与杨国荣仍有不同。

牟宗三建构其“道德的形上学”，更多地还不是要自觉针对西方哲学传统中“metaphysics”的问题而“援中入西”，他的目的仍然是为了解决中国哲学传统自身的问题。只不过他的方式是“援西入中”，引入了以康德哲学作为主要参照资源的西方哲学，来重建中国的哲学传统。但正是在“援西入中”的过程中，他所建构的“道德的形上学”，自然而然地触及了西方“metaphysics”的核心问题。只是对于他的“道德的形上学”来说，“本体论”和“宇宙论”、“超越”和“内在”、“道德界”（价值）与“自然界”（事实），都不是彼此隔绝而是内在贯通合一的。这一点，牟宗三表达得很明确：“此道德的而又是宇宙的性体心体通过‘寂感真几’一概念即转而为本体宇宙论的生化之理，实现之理。这生化之理是由实践的体证而呈现，它自必‘显诸仁，藏诸用，鼓万物而不与圣人同忧，盛德大业至矣哉’！它自然非直贯下来不可。依是，它虽是超越的，而却不是隔绝的。它与自然系统之‘实然、自然’相接合不是一个待去构思以解决的问题，而是它的创造性之呈现之结果，是它的繁兴大用之自然如此。这样，‘是什么’、或‘发生什么’、或‘应当发生什么’底那‘超越的必然性’全部透澈朗现，而不是一个隔绝的预定、无法为我们的理性所了解者。这样，实然自然者通过‘定然而不可移’，便与那超越的动态的‘所以然而不容已’直下贯通于一起而不容割裂。儒家惟因通过道德性的性体心体之本体宇宙论的意义，把这性体心体转而为寂感真几之‘生化之理’，而寂感真几这生化之理又通过道德性的性体心体之支持而贞定住其道德性的真正创造之意义，它始打通了道德界与自然界之隔绝。这是儒家‘道德的形上学’之澈底完成。”[23]显然，如果其论“言之

[23] 牟宗三：《心体与性体》，台北：正中书局，1996，第一册，页180—181。

成理，持之有故"，那么，"ontology"和"cosmology"这两大部门是否还应当像以往西方哲学传统中的经典理解那样彼此各有所司、各自面对并处理不同的问题，就完全可以或者说不得不受到重新的审视了。如此一来，自然会带来对于"metaphysics"的重新思考。就此而言，我们可以说，对于从中国哲学的角度去反省"metaphysics"的问题，尽管牟宗三的"道德的形上学"对他自己来说应当说是一个"非预期的后果"（unintended consequence）。但其中蕴含的丰富资源，却可以让我们在自觉从中国哲学的角度去重新思考西方哲学传统中的"metaphysics"时有所借鉴和汲取。

陈来在建构其"仁学本体论"时，常常自觉援引并针对西方哲学传统中相关的观念进行讨论。但是，他同样也不是试图去解决西方哲学传统内部的课题，更不是要针对西方哲学传统中"metaphysics"的问题而"援中入西"。和牟宗三一样，他的意图仍然可以说是要顺着中国哲学传统自身的发展，而进一步进行某种"现代中国哲学"的建构。用他自己的话来说，其目的"可谓将古往今来之儒家的仁说发展为一新仁学的哲学体系"㉔。在这个意义上，陈来在建构其仁学本体论的过程中对于各种西方哲学思想资源的援用，也仍然服务于其发展一种新的现代中国哲学体系这一宗旨，而不是要面对西方哲学传统内部的问题做出一种中国哲学的回应。不过，值得注意的是，在其仁学本体论的论述中，陈来在对现代西方哲学中拒斥"metaphysics"这一主流有清醒意识的同时，仍然指出："对世界整体的把握，或对世界做整体的把握，即是所谓形而上学思考的需要；当代中国哲学越来越重视价值观问题研究，而价值观的确立也需要形而上学的基础。所以重要的不是抽象地反形而上学，而是把形而上学与人的价值、人的实践、具体

㉔ 陈来：《仁学本体论》，页1。

的生活世界联系起来对其存在和意义做整体上的说明。”[25]事实上，陈来建构的“仁学本体论”，正可以说也是一种“儒家的形而上学”。并且，他在书中开宗明义指出，“本书之宗旨，是欲将儒家的仁论演为一仁学的本体论，或仁学的宇宙论”[26]。当他这样表达时，显然也并没有在本体论和宇宙论之间做出严格的区分。这和牟宗三将本体论和宇宙论合而为一的“本体宇宙论”之说，似乎未尝没有异曲同工之处，尽管陈来在书中仅以熊十力作为现代儒家“新心学”的代表，而并未讨论牟宗三所建构的哲学系统。就此而言，或许比较牟宗三的“道德的形上学”和陈来的“仁学本体论”，可以成为一个有趣的研究课题。不过，这是一个需要专门讨论的议题，应当另文处理，不能在此枝蔓。总之，无论如何，在自觉建构儒家形而上学这个意义上，陈来“仁学本体论”之中的睿识和洞见，同样可以为我们反思西方哲学传统中的若干基本问题，包括“metaphysics”的问题，提供不少观念资源。

相对于牟宗三和陈来而言，杨国荣的“具体形上学”似乎不再只是针对中国哲学的重建，而是试图充分调动中西哲学传统中的各种观念资源，包括马克思主义的传统，直接针对“metaphysics”以及“形而上学”这一领域的核心课题，予以一种系统性的理论回应和建构。在这个意义上，可以说杨国荣是在自觉地引入中国哲学的视角与观念资源，建构一种不再囿于西方哲学传统的“metaphysics”以及不再囿于中国哲学传统的“形而上学”。这与本章着重考虑的问题，即援引中国哲学的观念资源去思考西方哲学传统内部的问题，所谓“援中入西”，虽然有所不同而涵盖的方面更为广泛，在一定意义上却可以说仍具有一定的共同关注（overlapp-

[25] 陈来：《仁学本体论》，页4。
[26] 陈来：《仁学本体论》，页1。

ing concerns)。不过,无论是对于传统西方“metaphysics”相关问题的回应,还是对于“metaphysics”本身应当包含哪些问题,杨国荣的“具体的形上学”似乎都在引入中国哲学的基础上为“metaphysics”注入了新的内容。因此,如果我们从世界哲学互动共生的整体脉络和场景来看,杨国荣所力图建构的“具体形上学”,无论如何可以说是一种难能可贵的尝试。对于其“具体形上学”的特点,杨国荣曾经在批评“抽象形上学”时将其总结为五个方面:“首先,‘具体形上学’并不预设或者构造某种思辨的、超验的存在,而是在人的知和行的历史过程中去理解世界,换言之,它非离人而言道。第二,形而上学的具体形态以多样性的统一拒斥抽象同一,这种统一具体表现为理与事、体与用、本与末等之间的交融,用中国哲学的概念表述,其特点在于和而不同:‘和’在中国哲学中既有统一之意,又包含多样性的规定,从而区别于抽象的同一……第三,具体形态的形而上学确认存在的时间性和过程性,亦即把存在的统一理解为过程中展开的统一,而不是自我封闭。第四,‘具体的形上学’将世界理解为道和器的统一,从而既不是离道而言器,也非离器而言道。道和器的这种统一从另一个角度来看,具体表现为形上和形下之间的沟通。就哲学层面而言,对经验世界的关注,是避免各种抽象思辨的重要途径:如果完全无视经验世界,便很容易陷入思辨的幻觉……第五,作为存在理论,形而上学在理论形态上同时表现为形式和实质的统一,它不仅仅限于语言之域的论辩,也非仅仅停留于形式层面的逻辑分析,而是要求由语言走向世界,通过逻辑的分析理解与把握现实的存在,并肯定事实性与规范性之间的统一。”[27]显然,这种“具体形上学”对于“抽象形上学”的批评,很大程

---

[27] 杨国荣:《哲学的视域》(北京:生活·读书·新知三联书店,2014),页75—76。前面提及,杨国荣对“具体形而上学”的详细阐发主要见于其《道论》、《成己与成物:意义世界的生成》和《伦理与存在:道德哲学研究》三部著作。三(转下页)

度上仍然 可以视为中国传统"形而上学"和西方柏拉图主义所代表的"metaphysics"之间根本差异的反映。当然,由于中国哲学传统对于绝大部分专业的西方哲学家仍然是一个非常陌生的领域,杨国荣的"具体的形上学"究竟能够得到多少西方"metaphysics"领域中同行的"同情的理解"和"共鸣",恐怕仍然需要假以时日才能知晓。

需要指出的是,鉴于本章的论述角度以及所要处理的问题,尤其是限于这一部分特定的视角,即从作为回应西方"metaphysics"的中国"形而上学"这一角度来看现代中国哲学的建构,熊十力的哲学建构由于缺乏与西方哲学传统的关涉,因而在此没有专门的讨论。不过,熊十力哲学最为核心并且他本人一再强调的"体用不二",恰恰是一种最能体现中国哲学"超越"与"内在"合一的本体宇宙论和思维方式。对于熊十力"体用不二"的根本特征,陈来曾经很好地总结为三点:"实体不是超越万有之上(如上帝);实体不是与现象并存、而在现象之外的另一世界(如柏拉图的理念界);实体不是潜隐于现象背后的独立实在。"㉘显然,牟宗三的"道德的形上学",可以说正是在与西方哲学传统尤其康德哲学的深度互动交融之中,进一步发扬了这种"体用不二"的本体宇宙论。而陈来在其"仁学本体论"中之所以对熊十力哲学表示了格外的赞赏,所谓"熊十力的本体论是20世纪最值得重视的本体论体系",㉙最主要的原因大概也是出于对这种"体用不二"的本体宇宙论的肯定。甚至杨

(接上页)书出版之后,学界曾经专门举办过学术研讨会。而杨国荣对于与会学者的回应,整理成为"形而上学及其他"一文,可以视为他对其"具体形上学"最为扼要的说明。该文现即收入《哲学的视域》一书。这里关于"具体形而上学"五个特点的总结,即出自该文。

㉘ 陈来:《仁学本体论》,页50。

㉙ 陈来:《仁学本体论》,页40。

国荣强调其建构的形而上学不同于西方哲学史上“metaphysics”一贯的“抽象”特征而是“具体的”，也可以说是受到了中国哲学传统“体用不二”、“内在超越”这一根本特性的影响使然。

事实上，正如本章第一部分强调指出的，在本体论和宇宙论的双重意义上同时肯定超越与内在之间构成一种“体用不二”的关系，正是中国哲学或者说中国的“形而上学”较之西方传统的“metaphysics”最为突出的一个特点。熊十力虽然未能与西方哲学传统发生直接与深度的交涉，但其在现代的哲学建构，无形中却正是对于这一根本特质的阐发。而所有真正深浸于(immersed in)中国哲学传统的哲学家，在这一点上恐怕都是概莫能外的。并且，这种“体用不二”的“形而上学”，也可以说正是前文指出的那种“两极相关论”的反映。

以上现代中国哲学建构的三例，虽然都并不是在“援中入西”这一问题意识或自觉之下对于西方“metaphysics”的回应，但是，它们无疑都在自觉消化和吸收西方哲学以建构现代的中国哲学这一过程中，自然而然地触及了西方哲学传统自身的一些问题，使得那些原本看起来在西方哲学传统中“天经地义”的“前提”，可以被重新思考而构成需要反省与检讨的“问题”。而我们如果能够进一步具备这样一种自觉，在“援西入中”的同时也“援中入西”，自觉地从中国哲学的角度去探讨西方哲学传统的一些根本问题甚至基本预设，对于西方哲学传统来说，固然是一种刺激和挑战，更是一种丰富、推动和发展，意味着一种新的血液和基因的注入。不过，本章所谓的“援中入西”，其意还并不就是单纯地要运用中国哲学传统的资源去帮助西方哲学传统解决其内部的问题。那么，至少对于笔者本人来说，“援中入西”究竟是什么意思，为什么要“援中入西”，还有进一步说明的必要。下面，本章就对这两个一而二、二而一的问题稍加进一步的解释，作为本章的结束。对于为什么要从中国传统“形而上学”的角度去重新思考西方哲学传统中

“metaphysic”的问题,或者说本章之作的意义,这也是必须说明的题中之义。如果再关联20世纪迄今“中国哲学”无论是“研究”还是“建构”都呈现出的笔者所谓的“援西入中”的基本模式来看,那么,对于究竟什么是“援中入西”或者说为什么要“援中入西”这一问题的回答,就更会呈现出进一步的意涵。

四、世界哲学的共生共成:中西哲学发展的前提与前景

21世纪初,在反省中国哲学方法论的几篇论文中,笔者曾提出过“援西入中”这一用语,来概括20世纪初以来中国哲学研究与建构的最基本的模式。[30] 这里要稍加补充的是,作为对一种实际历史发展过程的观察,“援西入中”基本上是一个事实的描述,尽管笔者认为对于中国哲学的发展来说,西方人文学(整个的“humanities”而不限于“philosophy”)的“援入”,同时也是一个自觉的“应然”。与此相较,“援中入西”,则更多的还不是一个事实的描述,而毋宁说是一种呼吁。当然,这是针对中文世界从事“中国哲学”的学者来说的。

那么,究竟什么是“援中入西”或者说为什么要“援中入西”呢?从中国哲学传统尤其儒家哲学“形而上学”的角度去观察西方哲学传统中的“metaphysics”问题,前文进行了初步的探讨。这是本章的主体。由此来看,“援中入西”首先意味着自觉调动和运用中国哲学传统的观念资源去回应和处理西方哲学传统中的若干基本问题。而中国哲学视角的“援入”,对于那些问题是否构成问题以及那些问题得以成为问题的前提,也的确可以进行“别开生面”的反省和检讨。而如果不限于“哲学”和“philosophy”的话,“援中入西”

---

[30] 参见彭国翔:“中国哲学研究方法论的再反思——‘援西入中’及其两种模式”,最初发表于《南京大学学报》,2007年第4期,页77—87。现收入本书为第三章。

可以适用于整个人文学的领域，即包括除哲学之外的文学、史学、宗教和艺术等。也就是说，“援中入西”可以理解为一种“人文学”的一般方法论原则，即调动和运用中国人文学传统的观念资源去回应西方人文学传统中的一些基本问题。这一点，应该是不难理解的。不过，这种运用中国哲学或人文学传统的资源去解决西方哲学或人文学传统内部的问题，还只是“援中入西”的一层涵义，并非全部。从一个主要从事“中国哲学”研究和建构的学者的角度来说，这甚至不是最为重要的涵义。

前文已经提到，从中国“形而上学”的角度去观察西方“metaphysics”的问题，其最终或者说全部的目的，并不是仅仅要去回应和处理西方哲学传统内部特有的那些问题，即使在人文学一般方法论原则的层面而言，也是同样。换言之，无论就人文学的哪一个具体学科而言，文学、历史、哲学、宗教、艺术等等，“援中入西”并不仅仅是为了“援外”。正如以为西方世界的诸多问题要靠中国的传统文化尤其儒学去救治不过是异想天开的痴人说梦一样，我们也千万不要以为西方哲学传统中的症结只有依赖中国哲学的药方才能根治。必须清楚的是，中国哲学传统的观念资源的确有助于西方哲学传统的自我反省，这也是西方历代哲人中都不乏有识之士要求吸收包括中国哲学传统在内的非西方文化以求自我改善的原因。但问题的真正解决，最终还是一种自我的更新和完善。中国哲学传统的发展，同样如此。笔者在以往关于“援西入中”的讨论中指出：一方面，西方哲学对于现代中国哲学的发展固然不可或缺；但另一方面，西方哲学的观念资源毕竟只是“助缘”。现代和未来中国哲学的发展，最终仍必须首先从其传统固有的问题意识出发，其主体性才不会丧失。比如，即便是像“哲学”与“宗教”这样的概念，虽然是“philosophy”和“religion”的汉译，但在中文的语境中，其所指与涵义却自有所在，不必就是“philosophy”和“religion”

的直接与简单对应。[31] 如果一提到“哲学”与“宗教”，脑子里就不自觉地总想到“philosophy”和“religion”，于是认为中国哲学不能称为“哲学”，儒、释、道不能称为“宗教”，这貌似强调中国传统的特性，其实反倒落入西方中心论的窠臼而不自知。其实，任何一种传统的发展都需要不断吸收外部资源；同时，其发展的最终落实又都体现为一种自我的更新。如果我们对这个道理能有充分的自觉，那么，对于何为“援中入西”或为何“援中入西”，就“哲学”而言，除了“调动和运用中国哲学传统的观念资源去回应西方哲学传统中的一些基本问题”这一层含义之外，我们的理解就还应当有所推进。

如果我们承认人类经验不论古今中外都有某种普遍性，那么，对于哲学这种专门致力于反思人类经验的学问来说，普遍性的问题尤为突出。如前所述，尽管现代汉语目前使用的“哲学”一词不必直接和完全对应“philosophy”，无论中文世界的“哲学”还是西文世界的“philosophy”，也都不是铁板一块而是五光十色的，但同时，我们也必须意识到，毕竟中西哲学传统中有着一些“共同”、“共通”或至少是具备“家族相似性”的问题意识。正是这些问题意识，使得“哲学”成为一个有别于其他人文学科的科目。也正是在这个意义上，“世界哲学”也才既不意味着世界上各种不同的哲学传统可以取消各自的特性而趋于同一，也不意味着这些不同的哲学传统彼此完全“另类”（alien）、毫无共同语言因而可以“鸡犬之声相闻，老死不相往来”。正是面对那些普遍的人类经验和问题意识，各种具有不同历史文化背景的哲学传统提供各自的回应，而这些回应又共鸣激荡、融会贯通，反过来深化和拓展对于那些普遍的人类经

[31] 这一层意思，笔者在讨论唐君毅的哲学观时已经指出。并且，依笔者之见，唐君毅的哲学观正隐含着这样一种对于无论是“哲学”还是“philosophy”的多元的理解和世界性的眼光。参见笔者的“唐君毅的哲学观——以《哲学概论》为中心”一文。该文最初刊于《中国哲学史》2007 年第 4 期，现收入本书。

验和问题意识的觉解，构成“世界哲学”这一“和而不同”、“多元一体”的人类思想与精神的“大都会”(cosmopolitan community)。就此而言，无论中国哲学还是西方哲学，以及世界上其他各种哲学传统，都是“世界哲学”的有机组成部分。并且，正是这些各有特性的哲学传统的彼此互动与融汇，使得“世界哲学”所呈现的不是一个静态的结构，而是一个“日生日成”、“日新月异”的动态过程。

前文关于“形而上学”和“metaphysics”的讨论，正显示了中西哲学传统对于宇宙、人生和存在的终极思考，虽有“异趣”，却不乏“同调”，毕竟不可能完全彼此毫不相关。因此，运用中国哲学的观念资源去重新思考西方哲学传统中的一些基本问题，除了有助于帮助西方哲学传统的自我反思之外，更进一步的是要触及和探究那些中西传统彼此“共同”、“共通”或至少是“家族相似”的普遍的人类经验，提炼出对这些经验更为深邃的检讨，为人类整体智慧的提升做出贡献。事实上，无论是“援西入中”还是“援中入西”，中西之间的“相互观照”与“双向互诠”，都可以让中西传统中那些各自原以为天经地义的问题以及对这些问题独一无二的回答，受到全新甚至颠覆性的审视，从而在自身经验得到空前扩展的基础上，修正那些问题及其解答，然后再通过彼此更新与扩展了的经验的充分交汇，使得人类普遍经验的深度与广度，得到前所未有的拓展。[32]这一点，应该是“援中入西”更为根本或者说最终所要追求的目标。

---

[32] 中文语境里面“哲学”这个观念对于重新思考西文至少英语世界中“philosophy”一词所应有的内涵与外延所发生的作用，正是这样的一个例子。本书第六章在考察唐君毅的哲学观时，讨论了这个问题，指出了唐先生的“哲学观”已经是基于中、西、印三大哲学传统之上的“综合创新”，是一个更具普遍意义的概念，目的是尽可能涵盖人类经验的全幅领域。此外，牟宗三在其《现象与物自身》最后部分提出的“哲学原型”这一概念，也正是在涵盖和融通中、西、印(这里的“印”是“佛教”，与唐君毅处的“印”指“印度教”不同)的基础上对于何为“哲学”的一个重构，所谓“哲学者依各圣哲之智慧方向疏通而为一，以成就两层之存有论，并通而为一整一系统也”(《现象与物自身》，台北：学生书局，1975，页456)。

笔者所理解的何为“援中入西”或为何“援中入西”，其第二层或者说最终的涵义，正是在这个意义上来说的。

最后，基于本章所理解的“援中入西”，回到本章开头提到的问题，笔者再说明两点意思，以为本章的结束。

首先，20世纪以来，对于西方的哲学传统而言，似乎是一个“metaphysics”不断衰落的时代。这一观察自然有其现实的依据。尼采(1844—1900)和维特根斯坦(1889—1951)甚至曾经试图取消“metaphysics”。不过，这并不意味着“metaphysics”不再是一个值得探索的哲学领域。康德(1724—1804)曾经在其《未来形而上学导论》中说“metaphysics”像空气那样不可或缺，甚至每个人都会有形而上学。[33] 依笔者之见，无论是“metaphysics”还是“形而上学”，如果说它的问题意识来自人类希望了解自身和宇宙的根本属性的那种按捺不住的追求，或者用孟子的话来说，来自于人们对于“深造之以道，欲其自得之也”的“求道”追求，那么，这一领域作为人类哲学思考的一个重要方面，恐怕是始终难以消解的。至于从什么样的角度进入这一领域，对该领域所涉及的问题又进行怎样的解答，不免会受制于思考者的文化与知识传统。也正是在这个意义上，不同传统之间的融会贯通，对于思考任何人类都会面对的普遍性的问题，就会提供超越于单一传统的丰富资源。中西方的哲学传统如果可以携手合作，一道探究“metaphysics”和“形而上学”，相信无论对于“metaphysics”还是“形而上学”，都会极具创造性的前景。前面提到的那些自觉从事这一方面的中国哲学家们，事实上已经

---

[33] 康德的原话是：“我们不可期望人类底精神终将完全放弃形上学的探讨，正如我们不可期望我们为了不要老是吸入不纯净的空气，而宁愿终将完全停止呼吸。因此，世界上永远都会有形上学，而且不仅如此，每个人(特别是爱好思考的人)都会有形上学，而在欠缺一种公共的准绳时，每个人都会以他自己的方式为自己裁制形上学。”这里采用的是李明辉的中译。参见其《未来形上学之序论》(台北：联经出版公司，2008)，页156。

在开辟着这一前景。希望广大的中国哲学工作者，能够继续沿着这一道路前进。而西方哲学界长期以来忽视对于中国哲学的了解和吸收，无益于其自身的发展。目前，已经有越来越多的西方学者开始意识到这一点。就此而言，随着中国哲学的因素不断引进，在"metaphysics"这一领域，相信也会不断有崭新的成果出现。

其次，晚近中西一流的哲学家不约而同呼吁中国哲学应该在世界哲学舞台上进一步扮演一个积极的角色，发挥更大的作用，并非偶然。当今之世，人类经验的普遍性以及日益强化这种普遍性的交互，可以说达到了空前的高度。事实上，无论"援西入中"还是"援中入西"，都有一个基本的预设，即中西传统在现代世界日益一体化过程中的彼此互动与共生共成。这一点，绝不只是一种理论的预设，而完全是一种历史的现实。罗素（1872—1970）以前西方绝大部分《西方哲学史》的作者们，几乎都是一律未加反省、理所当然的将其著作冠名为"*History of Philosophy*"。这倒未必是西方学者的自大，而是他们对于西方"philosophical tradition"之外的其他传统，并无所知；或者其他文化传统中近似的部分，比如"中国哲学"、"印度哲学"，等等，在他们看来并不能划入他们的"philosophy"这一类。直到2001年德里达（1930—2004）访华时所谓"中国没有哲学"的说法，基本还是属于这种情况。但是，这种情况在罗素自觉将其"哲学史"命名为"*History of Western Philosophy*"以来，随着西方学者日益在使用"哲学"或者"思想"时标以复数形式，即"philosophies"和"thoughts"，尤其是"Chinese philosophy"已经在英文中成为一个确定的名词，无疑表明西方学者的全球意识空前增强，其"哲学观"也发生了很大的变化。如此一来，在中西方的经验早已且益发"你中有我，我中有你"的情况下，中西哲学各自的发展显然都离不开对方。可以说，世界上各种哲学甚至整个文化传统早已进入了一个彼此互动与共生共成的时代

(英文表述笔者愿称之为“an age of symbiosis”)。非但中西学术思想的世界无法自外于这个时代,甚至普通人的生活,即便在地球上任何一个偏远的角落,也或多或少总不免会打上这个时代的烙印。

当然,可以设想,无论在中国“从事哲学”,还是在西方“doing philosophy”,都仍然可以在不与对方发生关系的情况下进行,这种做法也并非没有合法性与实际的可操作性。但关键在于,无论对于中国的“哲学”还是西方的“philosophy”,如果不能了解对方,且不论深入对方,在这样一个共生共成的时代与世界,无论对哪一方来说都将不可避免地是一种损失。在这个意义上,西方的有识之士呼吁将中国哲学引入西方哲学问题的思考,固然不是为了要与国际接轨,因为轨道就是他们铺设的(这自然只是“势”之所至,而无“理”所当然),而像李泽厚所谓“该中国哲学登场了”,以及如上文所述的包括牟宗三、陈来、杨国荣等人参较西方哲学而进行的现代中国哲学的建构,相信也不是刻意为了要与国际接轨,为了证明中国哲学与西方哲学有关,而是他们都深刻地认识到了人类已然空前地进入到了一个“共生共成的时代”(尽管他们并未使用这一用语)。

另一方面,笔者同样相信,即使在这样一个“共生共成的时代”,不同文化传统之间的个性,仍然无法消除。既有“异中之同”,也有“同中之异”。并且,无论西方哲学对于中国哲学的援入,还是相反,其目的恐怕首先都还是要让哲学智慧在各自的生活世界中发挥作用,尽管中西各自的生活世界早已因日益密切的互动交融而难以泾渭分明了。不过,即便如此,以中国哲学为例,要想让中国哲学的智慧在中国人的生活世界中发挥作用,这种“中国哲学”只有尽可能充分立足于这个“共生共成的时代”的整体经验,尽可能以“道通为一”(庄子)和“大其心能体天下之物”(张载)的胸襟汲取人类诸多哲学传统的全部智慧,而不是在中、西、印这些永远不会丧失其相对独立性的传统之间自我设限，不在“我族”与“他人”之间刻意厚此薄彼，才会真正在一个不断“因革损益”的过程中“不变随缘”而又“随缘不变”。反过来说，离开西方传统当然还可以从事中国哲学，这种中国哲学也能够在中国人的精神生活中继续发挥作用。但离开了西方哲学，中国哲学必定丧失一个丰富自身的宝贵资源。较之一种可以更为丰富和深厚的形态，这种中国哲学在中国人的精神生活中是否还能发挥更大的作用？换言之，从事中国哲学自然不是为了要与西方哲学发生关系，要与国际接轨并在国际登场，但与西方哲学“无关”、与国际“脱轨”且在国际上“不在场”的中国哲学，是否还能够在一个“共生共成的时代”、在一个“世界之中的中国”为提升中国人的精神生活更为有效和出色地发挥作用，这一点，才是值得深思的。对于西方哲学，问题也是同样。正是在这个意义上，本章愿意在最后指出，中西哲学传统的深度互动与共生共成，应该是彼此各自发展的共同前提与前景。本章从中国的“形而上学”的角度检讨西方的“metaphysics”，除了以具体的例子来说明何为以及为何要“援中入西”这一点之外，也是要强调这一不容闪避的实际。

第六章　唐君毅的哲学观
——以《哲学概论》为中心

一、引言

迄今为止，在有关现代新儒学的研究中，较之对牟宗三先生的研究，尽管对唐君毅先生的研究似乎相对有所不足，但仍然可以说已经具有了相当丰硕的成果。① 不过，细检目前所有关于唐君毅先生的研究，几乎都没有对其《哲学概论》一书予以足够的重视。② 虽

① 比较有代表性的专门研究有：1. 李杜：《唐君毅先生的哲学》(台北：学生书局，1982)；2. 霍韬晦主编：《唐君毅思想国际会议论文集(Ⅳ)：传统与现代》(香港：法住出版社，1991)；3. 霍韬晦主编：《唐君毅思想国际会议论文集(Ⅲ)：哲学与文化》(香港：法住出版社，1991)；4. 霍韬晦主编：《唐君毅思想国际会议论文集(Ⅰ)·思想体系与思考方式》(香港：法住出版社，1992)；5. 张祥浩：《新儒学唐君毅思想研究》(天津：天津人民出版社，1994)；6. 单波：《心通九境——唐君毅哲学的精神空间》(北京：人民出版社，2001)。单波在其《心通九境——唐君毅哲学的精神空间》一书附录三部分列有关于唐君毅研究的文献索引，可参看。

② 据笔者见闻所及，仅有刘国强曾以《哲学概论》为据讨论过唐君毅先生的哲学方法，参见其"唐君毅的哲学方法"，《鹅湖月刊》，第 20 卷第 1 期，总第 229 期，台北：鹅湖月刊杂志社，1994 年 7 月，页 35—39。不过，该文也并未涉及唐君毅的哲学观。

然唐君毅先生自己谦称此书"乃一通俗性的哲学教科书",[③]然而事实上,该书不仅体大思精,将当时包括中国、印度和西方差不多所有的重要哲学流派都囊括殆尽,更为重要的是,正是在对比、包罗、融通世界上不同哲学传统的基础上,唐君毅先生在《哲学概论》中表达了他对于"哲学"这一观念的理解。

本章之作,即是以《哲学概论》为中心来探讨唐君毅先生的哲学观。如此,既可以让我们"温故知新",对于21世纪初一度出现的所谓"中国哲学合法性"问题的似是而非,能有进一步的认识。因为在唐君毅先生的《哲学概论》中,或者进一步说,在其《哲学概论》所蕴涵的哲学观中,其实已经对于中国哲学作为一种"哲学"的合理性做出了论证。同时,本章的研究详人所略,更是唐君毅研究的题中应有之义,希望可以初步弥补迄今为止唐君毅研究的一项缺失。

《哲学概论》一书1961年3月由香港孟氏教育基金会初版,分为上下两册。1965年3月香港孟氏基金会再版时,附加了三篇文章。1974年该书改由台湾学生书局与香港友联出版社分别在台湾和香港地区出了第三版,唐君毅先生当时还特意撰写了"第三版序"。此后,该书到1978年间一共发行了五版。1989年,台湾学生书局出版了《唐君毅全集》共30卷1000万言,其中第21、22卷即《哲学概论》(上、下),是由全集编辑委员会以第三版为底本校订而成的,可以说是目前为止最可靠和权威的版本。2005年,在唐君毅先生的弟子同时也是《唐君毅全集》编辑委员会主编的霍韬晦先生的支持下,中国社会科学出版社出版了《哲学概论》简体字版,[④]为广大大陆的读者提供了极大的方便。不过,本章所据,仍以

---

③ "哲学概论第三版序",《哲学概论》(上),《唐君毅全集》,卷二十一(台北:学生书局,1989),页3。下引《哲学概论》皆《全集》版,不另注。

④ 该书是"唐君毅著作选"之一,其他包括《人生三书》、《文化意识与道德理性》、《中国哲学原论·导论篇》、《中国哲学原论·原性篇》、《中国哲学原(转下页)

《全集》版的《哲学概论》为准。[⑤]

二、对中文“哲学”与西文“Philosophy”的自觉区分

无论是从1916年谢无量出版《中国哲学史》(中华书局)开始，还是从1919年2月胡适出版《中国哲学史》(商务印书馆)抑或冯友兰20世纪30年代初先后出版的《中国哲学史》(神州国光社和商务印书馆)算起，自从1914年北京大学成立“哲学门”以来，至少在中国大陆大学哲学系的建制内，“中国哲学”都一直是基本的二级学科和重要专业之一。可是，历史进入21世纪以来，“中国哲学”的“合法性”这一伪问题竟然一度喧腾人口。笔者曾经在相关的讨论中指出，提出该问题所援以为“法”的西方“philosophy”观，其实不免局限于西方近代以来以理性主义为主体的哲学传统，未能充分顾及整个西方哲学传统内部“哲学”观念的多样性和歧义性。同时，笔者也还强调，必须在两个命题之间加以区分：一个是所谓“中国哲学的合法性问题”；另一个则是“当前及将来应当如何研究和建构中国哲学的问题”。对于这两点，笔者已经有专门的讨论。[⑥] 需要说明的

(接上页)论·原道篇》(上、下)、《中国哲学原论·原教篇》和《生命存在与心灵境界》。需要说明的是，这一套“唐君毅著作选”8部10册，都是以《全集》校订本为底本，以简体字重排出版的。

⑤ 这是由于笔者本文正式撰写和完稿时正在台湾东吴大学哲学系客座，图书馆并无中国社会科学出版社的简体字版。不过，本章原本是为参加2006年12月1—3日中国社会科学院哲学所和香港法住文化书院在北京共同主办的“唐君毅思想与当今世界研讨会——暨唐君毅著作选出版纪念会”所作。当时限于时间，笔者仅提交论文大纲，但其实《哲学概论》的相关材料已经摘录下来。而阅读《哲学概论》所据的版本，即中国社会科学出版社惠赐的简体字版。因此，在正式成文时，由于改以学生书局的全集版为据，笔者还必需将原先摘录资料的页码由简体字版转换为全集版。这是要特别说明的。

⑥ 参见笔者的“合法性、视域与主体性——当前中国哲学研究的反省与前瞻”和“中国哲学研究的三个自觉——以《有无之境》为例”两文，现已收入本书。

是，在以前的文章中，笔者已经提到唐君毅先生曾经在《哲学概论》中对中文“哲学”以及西文“philosophy”加以区分，而这一点，实颇有意义。正是这一区分，构成唐君毅哲学观的重要基础和有机组成部分。

首先，唐君毅先生从解释中文里面“哲”与“学”的涵义入手，对中文中“哲学”一词的涵义进行了分析。他说：

> 我们要了解什么是哲学，当先知中国文字中哲字与学字之传统的意义。
>
> 哲字据《尔雅·释言》，训为“智也”。学字，据伏生所传，《尚书大传》曰，“学效也”；据班固所编《白虎通》，“学之为言觉也，以觉悟所不知也”。《说文》斆，亦训觉悟也。
>
> 如果依此学字之传统意义来看，则人之一切由未觉到觉，未效到效之事，都是学。大约“觉”是偏从自己内心的觉悟方面说，即偏在知的方面说。“效”是偏从仿效外在的他人行为，社会的风习方面说，即偏在行的方面说。而在所谓“效法古人”，“效法天地万象”之语中，则人之所效者，亦包括历史世界，自然世界中之人与事物。凡人有所效而行时，内心方面亦必多少有一点觉悟。人所效之范围，可无所不及，人之所觉之范围，亦可无所不及。故依此中国传统之学之意，可以概括人在宇宙间之一切效法于外，而自觉于内，未效求效，未觉求觉之全部活动。于是全部人生之事之范围，亦即人所当学之范围。⑦

从这里唐君毅对“哲”和“学”的解释来看，“哲学”的范围显然是极

⑦ 《哲学概论》(上)，页 15—16。

其广泛的，正如他在《哲学概论》出版的"自序"中所说，"本书对哲学定义之规定，以贯通知行之学为言，此乃直承中国先哲之说。而西哲之言哲学者之或重其与科学之关系，或重其与宗教之关系，或重其与历史及文学艺术之关系者，皆涵摄于下"[⑧]。

既然唐先生明确指出他对"哲学"的理解是秉承中国先哲之说，并且可以将西方哲学的内容涵摄在内，那么，正如上引文所显示的，他所谓的"哲学"这一概念的涵义，就应当比西方的"philosophy"这一概念更为广泛，同时也可以将"philosophy"包涵在内。当然，这也自然说明中文的"哲学"并不等同于西文的"philosophy"。

唐君毅先生区分"哲学"与"philosophy"，是从考察中文中"哲"与"智"这两个字的涵义入手的。他说：

> 中国之所谓哲字之涵义与智字之涵义，又有进于西方之Philosophy一字，及一般所谓智识或知识之涵义者。我们可以说，中国传统所谓智，并不只是西方所谓知识。知识是人求知所得之一成果。而中国传统所谓智，则均不只指人之求知之成果，而是指人之一种德性，一种能力。中国所谓智者，恒不是指一具有许多知识的人。而至少亦当是能临事辨别是非善恶的人，或是临事能加以观察，想方法应付的人，或是善于活用已成之知识的人。此种智与西方所谓Wisdom或Intellegence（国翔按：原文拼错，当为"Intelligence"）之义略同。至中国所谓智之更深义，则是如孔子之所谓能具知仁而行仁之德者。在西方似尚无全切合于此"智"之一名。从此说，则如中国之哲字训为智，其涵义又可比西方Philosophy一字之原义为深。人

⑧ 《哲学概论》（上），页8。

> 要成为哲人，不只是要爱知识爱真理，以归于得知识得真理；而且要有智慧。不仅要有智慧，而且要使此能爱知识真理智慧，能得知识真理智慧之人之人格本身，化为具“智德”，以至兼具其他德的人。⑨

由于唐君毅先生认为，中文中被训为“智”的“哲”字涵义比“philosophy”既宽又深，既兼涵知识、真理和智慧，又兼涵对知识、真理和智慧的“知”与“行”两个方面。因此，在唐先生看来，将中国传统的所谓理学、道学、道术等统称之为“哲学”，并无不妥。也正是在这个意义上，他在《哲学概论》初版“序”的第一句话就说：“哲学与哲学概论之名，乃中国昔所未有。然中国所谓道术、玄学、理学、道学、义理之学即哲学。”⑩

如今有些人之所以反对用“哲学”来称呼中国传统的智慧，其实不过是因为一说到“哲学”，这些人自己心目中自觉不自觉地总想到“philosophy”而已，加上对整个西方传统中“philosophy”这一概念的复杂性不甚了解，因而产生了不必要的混乱和顾忌。说到底，其实是对中国传统中“哲”与“学”字的涵义以及西方传统中“philosophy”的涵义都缺乏全面深入的了解所致。唐君毅先生既对中国传统中“哲”字的本来涵义有深入的把握，又对西方传统中“philosophy”的复杂性有充分的自觉，譬如，他曾经说过：“我们首先当注意一个字的字源的意义，不必与后人用此字之意义相同。如西方之 Philosophy 一字之意义，即历代有变迁，以至可能每一哲学家用此字之意义，皆不相同。”⑪正是由于这一点，才足以使他不会产生那种混乱和顾忌。也正是基于这一点，唐君毅先生才认为，

⑨ 《哲学概论》(上)，页 17—18。
⑩ 《哲学概论》(上)，页 5。
⑪ 《哲学概论》(上)，页 19。

即便“哲学”一词最初是由日本人翻译而来，中文中本无“哲”与“学”连用这样一个整词，但回到中文原本的语境，“哲学”自可以有其自身的涵义。我们完全可以将中国古代的理学、道学、道术等统称之为“哲学”。他明确指出：

> 将“哲”与“学”，连为一名，乃一新名词。盖初由日本人译西方之Philosophy一字而成之一名，后为现代中国人所习用者。在中国过去，只有《庄子·天下篇》所谓道术，魏晋所谓玄学，宋元明清所谓理学、道学、义理之学与西方Philosophy之名略相当。故亦有人直译Philosophy为理学者。数十年前章太炎先生亦说日译哲学之名不训雅，他主张本荀子之言译为“见”。其意是：所谓某人之哲学，即不外某人对宇宙人生之原理之所见而已。但理学之名，依中国传统，不能概括玄学等。“见”之名，其意更晦。而哲学一名，既为世所习用，我们亦即无妨以之概指中国古所谓理学，道学，道术等名之义，及西方所谓Philosophy一名之所指。⑫

既然“哲学”是“概指中国古所谓理学、道学、道术等名之义，及西方所谓Philosophy一名之所指”，由此可见，在唐先生看来，“哲学”其实是一个比“Philosophy”更为宽泛的概念。换言之，西方的“Philosophy”不过是“哲学”的一种形态而已。

进一步而言，对唐君毅先生来说，除了中国传统的道术、玄学、理学、道学等之外，“哲学”还不仅仅兼指西方的“Philosophy”，同时也还可以将印度的“哲学”包括在内。他说：

⑫ 《哲学概论》(上)，页16。

> 而我们则要以“哲学”之一中国字，兼指西方人所谓Philosophy，与及西方以外如中国印度之一切同类之学术思想。[13]

这里“一切同类”四个字很能说明问题。由唐君毅先生对这四个字的使用可见，“哲学”这一概念其实是超越了具体不同民族文化传统的一个具有普遍意义的概念，无论是西方哲学、中国哲学还是印度哲学，都可以说只不过是“哲学”的一种，任何一种“哲学”都并不足以代表或独占“哲学”这一概念本身。因此，如果我们借用“月印万川”这个源出于佛教的典故来说的话，对唐先生而言，无论西方、中国还是印度的哲学，都只能说是具体江河湖海中的月亮，不是天上的那个月亮本身。当然，每一个江河湖海中的月亮又的确都是天上月亮的真实反映。

三、“哲学”的范围与内容：涵摄性哲学观的建立

从以上的讨论可见，唐君毅先生所谓的哲学，是一个非常广泛的概念。可是，既然“哲学”这个中文词汇可以将中、西、印“一切同类之学术思想”都涵盖在内，那么，“哲学”这个字眼所反映的那个“同类”的东西又是什么呢？唐先生在上引文中自己紧接着也设问说：“然则我们当如何规定此中国字之哲学一名之涵义与范围，以确定哪些是哲学，或哪些不是呢？”

尽管唐先生对于“哲学”这一概念的分析是从中文中“哲”与“学”的字源分析入手的，但他也很明确地指出，现代语境中所使用的“哲学”这个概念，甚至与中文原来“哲”与“学”的涵义也不完全

---

⑬ 《哲学概论》（上），页19—20。

吻合。因此，对于上述问题的解答，他首先指出：

> 要解答此问题，我们不能诉诸中国传统所谓哲字学字之原意。如诉诸此原意，则我们只能说，哲学是智之学，或如何完成智德，如何为哲人之学。但以此原意，与数十年来哲学一名流行于中国社会后，大家所想之意义相较，便已见其不能处处相合。⑭

这里所谓“数十年来”，是指20世纪“哲学”作为一门现代学科建立之后的几十年。而再进一步来看，20世纪现代学术建立之后的几十年间，所谓“大家所想”的“哲学”这一概念的意义，也不是“百虑一致”的。也正是因为这一点，更有必要说明“哲学”的涵义与范围。

唐君毅对“哲学”范围与内容的说明，基于他对于整个人类学问的分类。前已指出，对于整个人类的学问或者说什么是“学”，唐君毅的看法是：“一切人之未知求知，未行求行，一切欲有所效所觉之人生活动皆是学。”即“学”首先不仅是“知”，也同时必须包括“行”。具体来说，唐先生则将整个人类的学问分为两类六种。他说：

> 在人类之学问范围中，我们可以方便分为二大类。一大类是主要关联于我们之行为的，一大类是主要关联于言语文字之意义之知的。我们可以说，前一类之学，是以“效”或“行”为主，后一类之学，是以“觉”或“知”为主。⑮

⑭ 《哲学概论》(上)，页20。
⑮ 《哲学概论》(上)，页21。

在第一类以“行”为主的学问中之中，唐先生认为又可以分为三种：

> 第一种我们称之为实用的生活技能及生活习惯之养成之学。此是一种人自幼至老，无时或离之学。由小孩生下地之学发音、说话、学爬、学坐、学走路、学穿衣吃饭，与学裁衣煮饭，练习日常的礼仪，到学种植、畜牧、工艺之生活技能，皆是。大约人在此类之学之开始，恒是不自觉的对他人所为，有一自然的仿效；而且常不自觉的受他人之经验教训，与一般社会风习之指导、约束、规定者、而此类之学之起源，亦恒不外人在自然与社会中的实际需要。[16]
>
> 第二种，我们称为艺术及身体之游戏一类之学。此如我们之学写字、绘画、唱歌、舞蹈等。此类之学，不好说全依于我们之实际需要而生，其目标亦不在求个人生活与自然或社会相适应；而常是原于个人先有一某种自动自发的兴趣。[17]
>
> 第三种之学，是自己自觉的规定其自己之如何行为，以达一为人之目标之学。此可谓一道德的实践之学。此所谓道德的实践之学，其最浅之意，乃指人在日常生活中，对其自己身体之行为，自知其不妥当，并知何者为妥当时，即自觉的对其自己之身体行为，加以改变，重新安排之学……而此学亦恒与人在自然与社会中，所从事之实用的生活技能之学相连。但其目标，不在求与自然及社会相适应，而在使自己之行为，与自己作人之标准及理想相适合。[18]

至于第二类以“知”为主的学问，唐君毅先生则认为包括历史、文

---

⑯ 《哲学概论》(上)，页21—22。

⑰ 《哲学概论》(上)，页22。

⑱ 《哲学概论》(上)，页22—23。

学、科学三种。在他看来，这三种学问“是主要关联于语言文字之意义之‘知’的”。而第二类学问之所以与第一类学问不同，唐君毅先生认为，其关键在于第二类学问始终离不开语言文字，而第一类语言文字有时是可以离开语言文字的。所谓：“在前一类学问之中，我们虽亦时须用到语言文字，但我们之用语言文字，恒只是用以达行为之目标。如我们在日常生活之用语言文字，恒所以表示感情，传达命令，希望，要求。而在人了解此感情命令希望以后，我们亦即可不想此语言文字。在人之从事道德实践之行为与修养时，我们用语言文字，以自己命令自己后，亦复可超越舍弃此语言文字。但在历史、文学、科学中，则我们自始至终，都不能离开语言文字。”⑲

唐先生关于学问两类六种的划分，不论其合理性如何，重点恰如其自己所谓，是在“使人由了解学问范围之广大，而使我们能对于哲学之地位与意义，可渐有逐步之了解”⑳。那么，在他看来，在与上述两类六种学问的关系中，如何划定“哲学”的范围，或者说给“哲学”一个定位呢？对此，唐先生指出：

> 照我们的意思，是哲学与一切人类之学问，都可以有相类似之点，亦都有关系。因哲学之所以为哲学，就是要了解各种学问之相互关系，及其与人生之关系……在上述各种学问（国翔按：指两类六种）之外，人必须有一种学问，去了解此各种学问间可能有的关系；把各种学问，以种种方式之思维，加以关联起来，贯通起来，统整起来；或将其间可能有之冲突矛盾，加以消解。这种学问，可以说在各种学问之间，亦可说在各种学

⑲ 《哲学概论》（上），页24。
⑳ 《哲学概论》（上），页26。

问之上，或各种学问之下。总之，这是人不能少的。这种学问，我们即名之为哲学。[21]

显然，唐君毅对于哲学范围的划定以及哲学与各种学问之间关系的定位，其实也是他的哲学观的一种反映。在他看来，可以将分为两类六种的人类一切学问“以种种方式之思维，加以关联起来，贯通起来，统整起来”，或者将这些学问之间可能有的矛盾加以消解的学问，就是“哲学”。他所谓“哲学”是在上述两类六种学问“之间”、“之上”或“之下”，也正是在这个意义上来说的。

在对整个人类学问进行分类的基础上，唐君毅先生确定了“哲学”的范围。而在确定了“哲学”的范围尤其是与其他学问之间关系的基础上，他又具体提出了对于究竟什么是“哲学”的看法。他将“哲学”的涵义总结为如下五种：

（一）哲学是一种求关联贯通人之各种学问或销除其间可能有之冲突矛盾之一种学问。

（二）哲学是一种人感到各种分门别类之学问之分别独立，或互相分裂；与人所直觉之心灵之整个性，所愿望之人生之统一和谐，有一意义下之相违反，而求回复其整个性，以实现人生之统一和谐之一种自觉的努力。

（三）哲学是一种求将各种学科加以关联，并进而与文学历史相关联，再进而与人之生活行为相关联之一种学问。

（四）哲学是一种去思维知识界、与存在界、及人之行为界、与其价值理想之关系之学。

（五）哲学是一种以对于知识界与存在界之思维，以成就

[21] 《哲学概论》(上)，页26—27。

人在存在界中之行为，而使人成为一通贯其知与行的存在之学。[22]

既然哲学的涵义是在与其他学问之间的关系中得以确立的，那么，根据唐君毅以上对于哲学的理解，讲哲学就不能仅仅将哲学关联于科学，而应该将哲学关联于各种学问。事实上，我们知道，将哲学作为对科学的诠释，正是20世纪中期西方哲学尤其处于强势的分析哲学的特点。蒯因(W. V. Quine, 1908－2000)对于哲学与科学之间关系的说明，所谓"哲学就是科学的注脚"，正是如此。不过，唐先生对"哲学"的理解显然要比蒯因广得多。在他看来，"哲学"之所以为"哲学"，绝不仅仅是在与"科学"的关系中才能获得自身的界定，而必须在与几乎所有人类学问的关系中来建立自我。概括来说，就是"哲学"必须兼顾"知"与"行"，必须关联于各种学问来讲。

何以如此？唐君毅先生举出了四点理由：首先，他认为如此理解哲学符合中国"哲"与"学"这两个字的传统意义。这一点再次说明，唐君毅心目中的"哲学"，并非"philosophy"的简单对应。其次，他认为如此理解哲学符合中国历史上哲人所讲学问的主要内容。第三，他认为这样理解的哲学也符合印度哲人对于哲学的理解。第四，他认为也符合西方传统中对于哲学的主要理解。[23]

正是由于这种哲学观，唐君毅先生将"哲学"所包涵的内容概括为"名理论"、"天道论"、"人道论"和"人文论"四大部分。在他看来，"名理论"包括西方哲学中的逻辑、辩证法、知识论以及印度哲学中的因明。"天道论"包括西方哲学中的形上学、存有论或本体

㉒ 《哲学概论》(上)，页32。

㉓ 这四点理由是笔者的概括，原文表述参见《哲学概论》(上)，页34。

论、宇宙论以及印度哲学中的法相论、法界论。“人道论”包括西方哲学中的伦理学、人生哲学、美学、价值哲学以及印度哲学中的梵行论、瑜珈行论。“人文论”则包括西方的文化哲学、历史哲学、宗教哲学、艺术哲学、教育哲学等。而这四大部分中除了西方和印度哲学的内容之外，自然也包括中国哲学的内容，如“名理论”中“知识论”的部分，唐先生就专节讨论“中国哲学中之知识问题”。在“天道论”的“形上学”部分，唐先生也有两节分别讨论“中国先秦之形上思想”和“秦汉以后中国形上思想之发展”。在“人道论”的部分，唐先生也分别从“先秦”和“秦以后至今”两个阶段来讨论“中国之人生哲学之发展”。

从唐君毅对于哲学基本内容四大部分的描述来看，几乎将整个西方哲学、中国哲学以及印度哲学的所有内容囊括在内。在当时的时代，可以说唐君毅已经完全处在世界哲学的前沿。在西方世界中能否找到像他那样对其他民族文化中的哲学传统有如此深入了解者，笔者认为是很难的。也正是基于对世界中、西、印这三大最重要的哲学传统的深入了解，唐君毅的对于哲学的理解才能够不为某一民族文化的哲学传统的特殊性所限定，从而成为一种涵摄性的哲学观。而这种哲学观的意义，如今更值得我们探讨。

四、分析与评价

对于上述唐君毅先生那种涵摄性“哲学”观的意义，笔者认为至少有三个方面值得分析和讨论。

第一，是一元中心的破除。唐君毅 1959 年 2 月 7 日在香港为《哲学概论》所作的“自序”第一句话就说：“哲学与哲学概论之名，乃中国昔所未有。”在以往西方学者的各种《哲学概论》中，的确并无“中国哲学”的位置。罗素首次将其哲学史命名为《西方哲学史》

(*History of Western Philosophy*),说明他意识到所讨论的只是西方的哲学传统,而在西方传统之外,世界上其他文明也当有其自身的"哲学"传统。但在罗素之前,西方学者在单纯讨论西方的哲学史时,几乎无一例外都自然而然以《哲学史》(*History of Philosophy*)为名。显然,这是以西方哲学为唯一"哲学"或"哲学"本身这种哲学观的反映。而唐君毅先生的《哲学概论》同时将当时世界上包括中、西、印在内主要的哲学传统都包容在内,并对其哲学观有充分的自觉和交代,一个最为直接的效果,就是首先破除了以西方哲学为中心的哲学观。在唐君毅的《哲学概论》之前,中文世界鲜有同类的著作。即便偶有类似的著作,[24]也完全仅以西方哲学为限。唐著之后,一时同类的著作才将少量中国哲学的内容采纳在内,[25]但基本的框架,仍多以西方哲学为准。因此,在笔者看来,迄今为止,无论就"致广大"还是"尽精微"而言,就《哲学概论》这类的著作来说,恐尚无出唐君毅该书之右者。唐君毅《哲学概论》对于西方中心论的破除这一点,还算是比较容易为人所见的。但除此之外,笔者希望特别强调而不免为人所忽略的则是:唐君毅先生的哲学观,同时也还超越了狭隘的民族主义。换言之,唐君毅的哲学观固然打破了西方中心论,但其哲学观也不是保守的东方甚至中国中心论。从上述唐君毅对中文"哲学"涵义的界定以及他对于"哲学"是什么或"哲学"的范围与内容所作的解说,我们都可以清楚地看到这一点。

第二,是多元统摄的视野。所谓"多元统摄",是指既能顾及到

---

[24] 如范锜的《哲学概论》(上海:商务印书馆,1933年9月初版。笔者按:该书是当时的"大学丛书"之一)、陈哲敏的《哲学导论》(北平:上智编译馆,1950年12月初版,1972年辅仁大学哲学系重印)等。

[25] 如黄公伟的《哲学概论》(台北:帕米尔出版社,1965年初版)、赵雅博的《哲学概论》(台北:中华书局,1965)、罗光的《哲学概论》(台北:辅仁大学出版社,1986年8月初版)等。

世界上不同哲学传统各自的特性，又能把握到这些不同哲学传统之间的共性。前者是“多元”的一面，后者是“统摄”的一面。唐君毅先生曾说：“吾人真欲了解历史上之大哲学家或圣哲，必待于吾人自身对哲学本身之造诣，又必赖吾人先对彼大哲圣之哲学，有一崇敬之心；乃能自提升其精神，使自己之思想向上一着，以与所欲客观了解之哲学思想相契接。而吾人对此思想自身之体证，实践或欣赏，与对有此思想之为人之人格，能加以崇敬或欣赏，皆同所以使吾人对所欲了解之哲学，增加亲切感；而使吾人之了解，更能相应而深入，以成就吾人之高度之客观了解者。”㉖并且，对于唐君毅先生来说，这一态度并不限于对“中国哲学”的了解，而是同样适用于对包括西方哲学、印度哲学甚至其他一切人类的哲学传统。在《哲学概论》中，我们正可以看到，无论对于中国哲学还是西方哲学、印度哲学，唐君毅先生都是心存“温情与敬意”而尽可能予以“同情的了解”。而在深入了解各个不同的哲学传统之后，还需要一种超越诸家的反省方法，对于这种“超越的反省法”，唐君毅说：“所谓超越的反省法，即对于我们之所言说，所有之认识，所知之存在，所知之价值，皆不加以执着，而超越之；以期翻至其后面、上面、前面，或下面，看其所必可有之最相切近之另一面之言说、认识、存在、或价值之一种反省。”㉗因此，唐君毅的哲学观之所以既能够打破西方中心论同时又不流于中国中心论，关键正在于其哲学观是在平等深入中、西、印三大哲学传统之后综合提炼而成，不是对其中某一种哲学传统的概括。不少人认为，牟宗三先生似乎比唐君

㉖ 唐君毅：《中华人文与当今世界补编》(上)，《唐君毅全集》，卷九(台北：学生书局，1989)，页385。

㉗ 《哲学概论》(上)，页205。笔者按：超越的反省法是唐先生在《哲学概论》第十章“哲学之方法与态度”(下)中特别着墨讨论的一种方法，从中可见，这也是唐先生最为重视的一种哲学方法。

毅先生更多具有判教的倾向，但是，就他提出的“哲学原型”这一重要观念而言，[28]和唐君毅先生的哲学观一样，其实也是对世界上中、西、印这三大哲学传统多元统摄的结果。在如今文明对话的时代，世界上不同哲学传统之间的对话与交流，尤其需要这种多元统摄或者“理一分殊”的视野，如此方能在“和而不同”的原则下彼此取益、互相丰富，同时对于人类共同面对的哲学课题予以回应。

第三，是儒学价值的归宗。尽管唐君毅先生在《哲学概论》中能够既不以西方哲学为中心，也不以中国哲学为中心，而是能够以一种多元统摄的视野去尽量平情观照中、西、印这三大不同的哲学传统，不过，很多人都认为，至少在价值观上，唐君毅仍然归宗中国哲学传统尤其是儒学，或者说以儒家哲学的境界为最高。这一点，笔者以为是正确的观察。对此，不但唐君毅在其晚年最后的著作《生命存在与心灵境界》一书中将人生最高的境界归为儒家的“天德流行境”足以为证，[29]就在《哲学概论》中，唐君毅亦有明确的说明。在《哲学概论》初版的“自序”中，对于“写作此书之时，特所用心之处”，[30]唐君毅曾有九点交代。其第二点云：“本书各部门之份量，除第一部纯属导论以外，固以知识论之份量略多，形上学次之，价值论又次之。然实则本书论形上学，即重在论价值论在宇宙中之地位；知识论，亦重论知识论之真理价值，及其与存在者之关系。

---

[28] 参见牟宗三：《现象与物自身》，《牟宗三先生全集》，卷 21（台北：联合报系与联经出版公司，2003）。

[29] 《生命存在与心灵境界》一书除台湾学生书局的《唐君毅全集》第二十三、二十四卷之外，还有两种简体字版，一是 2005 年中国社会科学出版社的“唐君毅著作选”之一，另一种则是 1996 年河北教育出版社初版的“中国现代学术经典”丛书的《唐君毅卷》，可便于广大大陆读者阅读。按：本章最初发表于 2007 年，北京九州出版社 2016 年出版了《唐君毅全集》简体字版，《生灵存在与心灵境界》自然收入其中（第二十五、二十六卷）。这样一来，迄今为止可以说有三种简体字版的《生灵存在与心灵境界》。

[30] 《哲学概论》（上），页 8。

故本书之精神，实重价值过于存在，重存在过于知识……而价值论之思想，则中国书籍中所夙富。即余平昔所作，亦以关于此一方面者为多。”[31]而在第九点中，对于儒学价值的认同和归宗，唐君毅说得更为直接和明确，所谓“本书价值论之部，表面以价值论之数问题为中心，而加以分别讨论。其分别讨论问题之方式，亦为西方式的。然贯于此部之一精神，即每讨论一问题，最后所归向之结论，则为中国通天地、和阴阳以立人道、树人极之儒家思想”[32]。既然如此，那么，又如何理解“一元中心的破除”、“多元统摄的视野”与“儒学价值的归宗”这两者之间的关系呢，或者说，这两者之间是否存在着矛盾呢？笔者以为，就唐君毅先生来说，在其价值观立场上的特殊性与其基本哲学观上的普遍性之间，其实并无矛盾。所谓“哲学观”，至少就本文而言，是指对什么是“哲学”或者说“哲学”研究的范围和内容的看法，它与价值论属于不同的层次。而一个哲学家或哲学研究者，其哲学观与其自身的价值立场之间，并不具有必然的对应关系。哲学观相同之人，其价值立场未必相同。而哲学观不同之人，其价值立场可能完全一致。事实上，价值论只是“哲学”的一个部分或向度。每一个哲学家都势必无法避免其特定的价值立场，但在基本的哲学观上，却无碍其采取一种普遍主义的态度。因此，唐君毅先生儒家的价值立场，决定了他在《哲学概论》中“实重价值过于存在，重存在过于知识”。但是，这一立场显然并没有使其“哲学观”局限于儒家。

如今，这一点对于“儒家哲学”或整个“中国哲学”的发展尤具深远的意义。无论我们采取怎样的价值立场、具有怎样的价值认同，并不妨碍我们广泛、深入地了解“中国哲学”之外的各种哲学传

---

[31] 《哲学概论》(上)，页 9。

[32] 《哲学概论》(上)，页 11。

统。那样不仅不会消解“中国哲学”,反而是“中国哲学”丰富和发展自身的必要条件。王国维早在1903年发表的《哲学辨惑》一文中即指出:“余非谓西洋哲学之必胜于中国,然吾国古书大率繁散而无纪,残缺而不完,虽有真理,不易寻绎,以视西洋哲学之系统灿然,步伐严整者,其形式上孰优孰劣,固不可掩也……且欲通中国哲学,又非西洋之哲学不易明也……通西洋之哲学以治吾中国之哲学,则其所得当不止于此。异日昌大吾国故有之哲学者,必在深通西洋哲学之人,无疑也。”[33]20世纪以来,在全球各种不同的哲学传统中,西方哲学一直处于强势。但长期以来形成的“the west and the rest”的心态所导致的妄自尊大和对于中国哲学、印度哲学的无视,其实对西方哲学的发展很不利。因为它无法以西方以外其他的哲学传统为借镜,无法以之作为丰富并发展自身的资源。对比17、18世纪启蒙运动时期和20世纪西方哲学界对于中国哲学的不同态度,正好可以说明这一点。17、18世纪西方哲学之所以会涌现一大批灿烂的群星,在相当程度上正是以包括中国哲学在内的东方思想为参照和借鉴的结果。[34] 从文化双向交流和相互学习、彼此取益的角度来看,“吃亏”的并不是现代的“中国哲学”,而恰恰是“西方哲学”。西方的有识之士如今已经逐渐开始意识到这一问题,晚近中国思想尤其儒学开始为更多一流的西方学者所取益,正是这一意识的反映。中国哲学目前相对仍然处于弱势,但这种弱势也未必就是坏事。正是对西方哲学的不断吸收和汲取,中国哲学在现代以来取得了重大的发展。唐君毅哲学和牟宗三哲学一样,都是融会中西而成的大的哲学系统。因此,发展中国哲学并不

---

[33] 佛雏辑:《王国维哲学美学论文辑佚》(上海:华东师范大学出版社,1993),页5—6。亦见《王国维文集》,第3卷(北京:中国文史出版社,1997),页5。

[34] 参见朱谦之:《中国哲学对欧洲的影响》,石家庄:河北人民出版社,1996;上海:上海人民出版社,2006。

能希望在和西方哲学绝缘的前提下进行。我们当然不能以西方哲学为标准来裁剪中国哲学，但是却不能不以西方哲学包括印度哲学为参照。否则的话，中国哲学的将来的发展势必是断港绝潢，其流不远。对于这一问题，由于笔者已经有不少专文论及，在此就不再赘述了。[35] 唐、牟其实都是以西方哲学、印度哲学为参照而非标准。有一种流行的说法，所谓牟宗三是用康德解中国哲学、唐君毅是用黑格尔解中国哲学，不过是一知半解、道听途说和人云亦云，其实是对唐、牟的著作没有用过功的结果。因此，将来要想进一步发展中国哲学，至少在融会中西这一点上，从冯友兰到唐君毅、牟宗三，那种"援西入中"而非"以西解中"的方法和取径，恐怕是必由之路，尽管在具体的诠释和建构上可以各有不同。这一点，笔者认为或许是唐君毅先生的哲学观给我们的最大启示。

㉟ 参见本书第一、二、三、四章。

第七章　唐君毅与印度哲学
——以《哲学概论》为中心

一、引言

现代中国哲学一个最为人熟知的特点，就是充分吸收了西方哲学作为诠释和重建的观念资源。也正是在这个意义上，笔者曾经指出，作为现代学科意义上的现代中国哲学，自始就可以说是一种比较哲学。[①] 对于西方哲学的吸收和消化，在20世纪以来的现代中国哲学传统中，又以现代新儒学最为突出。不论评价如何，就其作为现象而言，这一点也是学界广为人知的。不过，中国哲学传统在现代发展的参照系除了西方哲学之外，还应当有一个不容忽视的传统，那就是印度哲学。20世纪上半叶，尽管印度哲学在现代中国哲学诠释与重建的过程中所产生的影响远不如西方哲学那样深广，总体来说，哲学界绝大部分人是为西方哲学所吸引，真正欣赏印度哲学者还是寥若晨星。但是，中国知识人中已有关注印度哲

① 彭国翔："中国哲学研究方法论的再反思——'援西入中'及其两种模式"，最初发表于《南京大学学报》，2007年第4期，页77—87。现收入本书为第三章。

学者，以往相对较为人所知的有梁漱溟、汤用彤等人。事实上，在这一少部分重视印度哲学的学者之中，唐君毅先生（1909—1978）也是非常重要的一位。细检唐君毅先生的哲学著作，我们可以发现，他不仅对西方哲学传统有着精深和广泛的了解，对于印度哲学了解的广度和深度，在当时的中国学界也是堪称一流的。可惜的是，在以往的研究中，一直没有关于唐君毅与印度哲学的探讨。本章讨论唐君毅与印度哲学，首先就是要填补唐君毅研究中的这一空白。另一方面，本文也是希望藉此指出：只有通过与世界上各种哲学传统的深度交流与充分对话，所谓"揽彼造化力，持为我神通"，[②]中国哲学才能"苟日新、日日新、又日新"。中国哲学发展的新方向，正在于此。这一点，不仅是唐君毅先生在其哲学著述中所体现的精神，也是笔者有关中国哲学研究方法论的一贯看法。

唐君毅有关印度哲学的讨论，集中在其《哲学概论》一书中。该书虽名为"概论"，其实将当时中、西、印这世界上三大哲学传统由古迄今几乎所有的问题和流派都囊括在内。有论者说："这不是一本为初学者入门的哲学概论，反而是读尽一切哲学之后才明白的哲学通释。"[③]可谓知言。本章关于唐君毅与印度哲学的研究，即主要以《哲学概论》中的相关内容为据，[④]同时也尽可能结合《唐君

---

② 此句为李白《赠僧崖公》诗第三句。原诗前几句为："昔在朗陵东，学禅白眉空。大地了镜彻，回旋寄轮风。揽彼造化力，持为我神通。晚谒太山君，亲见日没云。中夜卧山月，拂衣逃人群。授余金仙道，旷劫未始闻。"

③ 这是霍韬晦先生为《哲学概论》简体字版所作的"导读"中的话。参见《哲学概论》（北京：中国社会科学出版社，2005），页3。

④ 本章所用《哲学概论》（上、下）为《唐君毅全集》（台湾学生书局1990年校订版）卷21和卷22（下称《全集》版《哲学概论》），在引用其中文献时，同时也注明中国社会科学出版社2005年简体字版《哲学概论》（上、下册）的页码。因大陆《唐君毅全集》不易得见（例如，笔者之前所在的清华大学，图书馆即无完整的一套《唐君毅全集》），如此以便大陆读者查阅。

毅全集》中其他所有相关的文献材料。[5] 本文的讨论主要包括如下几个问题：首先，唐君毅是透过哪些文献了解印度哲学的；其次，唐君毅讨论了印度哲学的哪些内容；第三，唐君毅是如何分析和说明印度哲学的；最后，对于"唐君毅与印度哲学"这一议题，特别是他探讨印度哲学的方式所具有的意义，本章将结合晚近学界有关中国哲学研究方法论的讨论，略陈己见。中文世界有关印度哲学的研究著作至今仍然十分有限，[6]唐君毅之前和同时更是如此。不过，对于唐君毅与印度哲学这几个方面的考察，在相关的部分，本

---

⑤ 除《哲学概论》中的相关内容之外，《唐君毅全集》（下称《全集》）中几乎所有与印度哲学有关的文献，笔者都搜求殆尽而在本章中加以利用。下面会在适当的地方随文引用并注明。

⑥ 20 世纪 70 年代迄今，中文世界出版的印度哲学著作主要有：黄公伟：《印度哲学史话》（台北：幼狮文化事业公司，1975）；吴仁武：《印度哲学诠释》（台北：幼狮文化事业公司，1971）；李世杰：《印度哲学史讲义》（台北：新文丰出版公司，1979）；赵雅博：《印度哲学思想史》（台北："国立"编译馆，1986）；黄心川：《印度哲学史》和《印度近现代哲学》（北京：商务印书馆，1989）；姚卫群：《印度哲学》（北京：北京大学出版社，1992）；陈俊辉编著：《印度哲学思想的古今》（台北：水牛出版社，1992）；杨惠南：《印度哲学史》（台北：东大图书公司，1995）；宫静：《拉达克里希南》（台北：东大图书公司，1996）；江亦丽：《商羯罗》（台北：东大图书公司，1997）；李志夫：《印度哲学及其基本精神》（台北：洪叶文化事业有限公司，1999）；巫白慧：《印度哲学——吠陀经探义和奥义书解析》（北京：东方出版社，2000）；龙达瑞：《大梵与自我》（北京：宗教文化出版社，2000）；孙晶：《印度吠檀多不二论哲学》（北京：东方出版社，2002）；姚卫群：《印度宗教哲学概论》（北京：北京大学出版社，2006）；吴学国：《存在·自我·神性——印度哲学与宗教思想研究》（北京：中国社会科学出版社，2006）。孙晶曾撰文"中国的印度哲学研究"（《哲学动态》1996 年第 6 期，页 39—42）和"现代中国哲学研究概况"（《2007 中国哲学年鉴》，北京：哲学研究出版社，2007，页 124—131），两篇文章都主要介绍了 20 世纪 80 年代以来中国大陆学者的印度哲学研究，但对于 70 年代以前中文世界的印度哲学研究基本未作说明，在前一文中仅有这样一句话："学者吕澂、高观如、黄忏华、汤用彤等，纷纷出版了有关印度哲学和佛学的著作。梁漱溟的《印度哲学概论》和汤用彤的《印度哲学史略》更是我国大学的教科书和学者们的必读书。"（页 40）。对于台港地区中国学者的印度哲学研究也未有涉及。按：后一文中虽然也提到台北东大图书公司 1996 年出版的《拉达克里希南》以及 1997 年出版的《商羯罗》两书，但两书作者宫静和江亦丽都是大陆的学者。

章同时也会着重与20世纪70年代之前有关印度哲学的几部有代表性的著作进行对比。

二、唐君毅透过哪些文献了解印度哲学

唐君毅并非印度哲学的专家，他对印度哲学的了解，自然不是通过直接研究印度哲学第一手文献的结果。但是，唐君毅阅读了当时英文世界中大量最重要的关于印度哲学的研究著作，至于中文世界当时有关印度哲学的论著，包括汉译日本学者研究印度哲学的著作，唐君毅也予以了充分的消化和吸收。

《哲学概论》一书中对于哲学内容的考察，主要包括名理论（逻辑和知识论）、天道论（形上学）、人道论和价值论。而在这些不同部分中，都有关于印度哲学的内容。尤其是在讨论"哲学内容"的各章之后，唐君毅都罗列了相关的参考书目。从中，我们可以清楚地获知唐君毅对于印度哲学的了解是透过哪些文献而来的。

对印度逻辑的了解，唐君毅主要根据两部中文著作和两部英文著作，分别是熊十力的《因明大疏删注》和吕澂的《因明纲要》，以及印度学者 S. C. Vidyabhusana 的《印度逻辑史》（*History of Indian Logic*, Culcutta University, 1921）以及英国学者 A. B. Keith 的《印度逻辑与原子论》（*India Logic and Atomism*）。[⑦] 对于两部英文著作，唐君毅读后的评论是"前书论印度论理学颇繁，后书只及于尼耶也派及胜论之论理学"[⑧]。对印度知识论的了解，唐君毅是根据三部英文著作以及一部英文著作的汉译本。这四部英文著作分别是达斯古普塔（Surendranath N. Dasgupta）的《印度哲学史》五

---

⑦ 该书现有中译本《印度逻辑与原子论——对正理派和胜论的一种解说》（宋立道译，北京：中国社会科学出版社，2006）。

⑧ 《全集》版《哲学概论》（上），页76；简体版《哲学概论》上册，页41。

卷本（*A History of Indian Philosophy*，5 Vols，London：Cambridge University Press，1952），[⑨]M. Hiriyana 的《印度哲学要义》（*Essentials of Indian Philosophy*，London：George Allen & Unwin，1932），H. L. Atreya 的《印度论理学纲要》（杨国宾译，商务印书馆出版，1936 年初版），以及曾任印度总理的著名印度哲学家拉达克里希南（Sarvepalli Radhakrishnan）编的《东西方哲学史》卷一（*History of Philosophy Eastern and Western*，Vol. 1，London：George Allen & Unwin，1952）。H. L. Atreya 的《印度论理学纲要》虽然以介绍印度逻辑为题，但其中也包含印度知识论的内容，所以唐君毅也以之为参考。对于达斯古普塔《印度哲学史》中的知识论部分，唐君毅特别与拉达克里希南的《印度哲学》（*Indian Philosophy*）比较，认为前者不仅"详备清楚"，而且尤其注重印度哲学内部问题的分析以及各派差异的讨论，而后者更多的在于"为印度哲学在世界哲学中争地位"[⑩]。对印度形上学的了解，除了曾引用的各种有关印度哲学史一类的书籍之外，唐君毅主要依据三部英文著作，一是拉达克里希南和摩尔（C. A. Moore）合编的《印度哲学资料书》（*A Source Book in Indian Philosophy*，Princeton：Princeton University Press，1957）。[⑪] 该书是印度哲学原著的选辑，包括从古代一直到当时的拉达克里希南本人等在内。且该书后面附有一个西文印度哲学的详细书目，可以为进一步广泛阅读西文中印度哲学研究的各种成果提供按图索骥之便。第二部是拉达克里希南与 J. H. Muirhead 合编的《当代印度哲学》（*Contemporary*

⑨ 按：该书现有中译本《印度哲学史》（林煌洲译，台北："国立"编译馆，1998）。

⑩ 《全集》版《哲学概论》（上），页 94；简体版《哲学概论》上册，页 52。

⑪ 该书与陈荣捷先生编撰的《中国哲学资料书》（*A Source Book in Chinese Philosophy*，Princeton University Press，1962）属于同一丛书，迄今为止仍然是西方无法直接阅读印度文字和中文原典的读者了解东方思想的必备数据书。

Indian Philosophy, London: George Allen and Unwin, Ltd., 1936),其实是由两人各撰一部分构成。第三部是 P. A. Schilpp 编撰的《拉达克里希南的哲学》(*The philosophy of Sarvepalli Radhakrishnan*, Library of Living Philosophers Series, 1952)。该书是当时西方哲学家讨论拉达克里希南的哲学以及后者的回应。从中可见当时印度哲学家与西方哲学家彼此之间的交涉。对于其中所论及的宗教问题,唐君毅认为应当特别注意。除了这三部主要的参考文献之外,在讨论印度形上学时,唐君毅在正文注释中还提到了日本学者高楠顺次郎和木村泰贤合撰的《印度哲学宗教史》(程观庐译本,上海商务印书馆 1935 年出版)、Max Muller 的《印度六派哲学》以及梁漱溟(1893—1988)的《印度哲学概论》。[⑫] 对印度伦理学(唐书称为人道论、价值论)的了解,唐君毅列举的参考书目包括 Hiriyana[⑬] 的《印度哲学要义》以及达斯古普塔的《印度哲学史》,甚至还有林语堂(1895—1976)的《印度的智慧》(*The Wisdom of India*, London: Michael Joseph, 1944)。其中最主要的依据应当是 Hiriyana 的《印度哲学要义》。因为唐君毅自己在列举参考书目时明确说明,这一部分对于印度伦理学的讨论,基本就是抽译该书的部分并间或参考达斯古普塔的《印度哲学史》以及拉达克里希南的《印度哲学》而成。

以上所举文献,都在《哲学概论》上卷。而在《哲学概论》下卷对于相关哲学内容的具体讨论中,在论及印度哲学时,唐君毅也随时引用有关的文献。譬如,在下卷第三部“天道论——形而上学”的第三章“唯一实有论”中,当论及印度思想中的所谓“生主”

---

⑫ 《全集》版《哲学概论》(上),页 112—113;简体版《哲学概论》上册,页 65—70。

⑬ 《全集》版《哲学概论》(上),页 159;简体版《哲学概论》上册,页 95。但此处将著者名写作“L. E. Hiriyana”,令人以为与 M. Hiriyana 为不同的两人,则是印刷错误或笔误。

(Paraja Pati)或“有”(Sat)时,唐君毅就引高楠顺次郎和木村泰贤的《印度哲学宗教史》为据,指出“生主”这一观念,是在从《梨俱吠陀》过渡到《奥义书》的过程中,特别重视大梵与我的一个观念。[14] 在“天道论——形而上学”部分的第十章“泛神论”中,唐君毅以徐梵澄翻译的《薄伽梵歌》(*Bhagavad Gita*)和《由谁奥义书》(*Kena Upanishad*)为据,认为“以印度之宗教思想与犹太阿拉伯之宗教思想相较,吾人亦可说印度之宗教思想,为较近泛神论者。盖其更重梵我合一及梵天遍在万物之一义也”[15]。在讨论佛教唯识宗的哲学时,唐君毅参考的文献则有《成唯识论》、窥基的《二十唯识论述记》、慈航法师的《成唯识论讲话》、欧阳竟无(1871—1943)的《唯识抉择谈》和《唯识述义》、熊十力(1885—1968)的《佛家名相通释》、梁漱溟的《唯识述义》和《东西文化及其哲学》、印顺法师(1906—2005)的《唯识探源》以及李世杰的《中国佛教哲学概论》。而当援引《梨俱吠陀》中古印度人描绘创造的诗歌 Nasadasiya 来讨论所谓“无之形上学”时,鉴于对当时现有的中文翻译不满意,[16]唐君毅甚至根据拉达克里希南和摩尔合编的《印度哲学资料书》中 McDonell 的英译,自己直接将其重译为七首五言古诗,并名之为《无有歌》。[17]

---

⑭ 《全集》版《哲学概论》(下),页 37;简体版《哲学概论》下册,页 468。

⑮ 《全集》版《哲学概论》(下),页 171;简体版《哲学概论》下册,页 557。按:唐君毅此处不但援引徐梵澄译本为据,同时对其译笔之佳颇为推重,所谓“徐译信达且雅,严复而后,中国之操译事者,盖罕有能及者也”。徐梵澄曾寄所译《薄伽梵歌》给唐君毅,而唐君毅在 1957 年给徐梵澄的答谢回信中,亦称赞徐译“平章华梵之言,一去古今封蔀之执”。参见《全集》卷 26《书简》,页 320。

⑯ 唐君毅称“程观庐所译日人高楠顺次郎、木村泰贤名著《印度宗教哲学史》及糜文开《印度三大圣典》,各有一译文,但皆散文,并未能表其情调与意趣,故今加以重译”。《全集》版《哲学概论》(下),页 48;简体版《哲学概论》下册,页 476。

⑰ 唐氏五言诗译笔典雅。现录于此。“(一)惟时何所有,无无亦无有。廖润无元气,隐约无苍穹。伊谁藏在里?伊谁作护持?渊渊深不尽,探测果何为?(二)惟时无死亡,亦复无永生。黑夜与白昼,未兆更何分。太一自呼吸,天风不可寻。彼自超然在,彼外复何存。(三)玄冥隐何处?隐处亦玄冥。洪波无涯畔,(转下页)

在唐君毅之前的20世纪上半叶，已有一些学者开始关注并向中国学界介绍印度哲学。最早在北京大学讲授印度哲学的大概是许丹（字季上，以字行，1891—1953），继任者即梁漱溟。照梁漱溟1922年为其《印度哲学概论》第三版撰写的“自序”中所说，许的讲义是“取材于日本人书三四种、西洋人书两三种而成”，⑱而梁漱溟的《印度哲学概论》则是在许季上原先讲义的基础上另外参照了一些日文有关印度哲学的书而成，⑲所以梁书文献的根据，至少在西文方面应不出许季上所用的“两三种”。但梁书并未列出参考文献，无法获知其所据文献究竟是哪些。梁书之后，较为全面介绍印度哲学的是黄忏华（1890—1977）的《印度哲学史纲》，可惜书中也没有列出参考文献。由黄忏华日本求学的经历，或可推知黄书取材当主要以日本学者的印度哲学研究为据。黄书1936年由上海商务印书馆出版，其实1935年上海商务印书馆已经出版了高观庐

（接上页）是名为沧溟。万物化欲作，还被虚空覆。煦煦一阳生，太一从兹出。（四）太一在太初，倏忽生尘欲。尘欲为始种，思虑由之育。圣者发睿智，自探其衷曲。昭然有所见，‘有无原相索’。（五）光辉自流行，还渡彼玄冥。太一在何所？上下试追寻。有势能生生，有力能润生。潜能藏在下，‘生意满天庭’。（六）此义孰能信？此义孰能宣？太一由何生？造化由何成？既有此造化，乃有诸神明。吁嗟此太一，孰知其自生？（七）造化何自起？知者更无人。太一果生物？抑或无所生？伊彼妙观察，高居在苍旻。惟彼能真知，或共‘不知行’。”《全集》版《哲学概论》（下），页49；简体版《哲学概论》下册，页476。巫白慧先生后来的翻译四字一句，对仗工整，也很简明扼要。参见其《印度哲学——吠陀经探义和奥义书解析》，页153—154。

⑱ 梁漱溟：《印度哲学概论》，“第三版自序”（上海商务印书馆，1924年第4版），页1。梁书初版于1919年，当时是北京大学丛书之五。

⑲ 据梁漱溟自己回忆：“许季上先生在佛学上的素养远胜于我，又且长于西文。他讲印度哲学，一面取材西籍，一面兼及佛典。我接替他，又得吴检斋先生（承仕）借给我许多日文的印度哲学书籍作参考。其后，我出版的《印度哲学概论》就是这样凑成的。”参见梁漱溟：《忆往谈旧录》（北京：中国文史出版社，1987），页82。但梁漱溟当时在第三版自序中却说“愚以民国六年来大学，继许季上先生任印度哲学一课。许君旧有讲义一种，盖参酌取材于日本人书三四种、西洋人书两三种而成。愚但事增订，未及改作。七年乃根本更张之，以为此书。”

翻译的日本学者高楠顺次郎和木村泰贤所著《印度哲学宗教史》。由此可见，当时国人对印度哲学的了解，相当一部分是由日本而来。事实上，当时诸多海外新思想包括纯粹西学的输入，大都由日本转手而来。印度哲学的情况不过是这一风潮的一个反映。梁书和黄书之后，汤用彤（1893—1964）于 1945 年出版了《印度哲学史略》。该书倒是主要倚重了西方学者和印度学者研究印度哲学的成果。书后列举西文（主要是英文）有关印度哲学的参考书数十种，[20]可以说较为广泛地吸收了当时西方学界关于印度哲学的研究

---

⑳ 汤书参考西文文献如下：印度哲学宗教通史部分包括达斯古普塔的《印度哲学史》（*A History of Indian Philosophy*）、Sir Charles Eliot 的三卷本《印度教与佛教》（*Hinduism and Buddhism*）、拉达克里希南的两卷本《印度哲学》（*Indian Philosophy*）、Hiriyanna 的《印度哲学纲要》（*Outlines of Indian Philosophy*）、Hopkins 的《印度宗教种种》（*Religions of India*）、Farquhar 的《印度宗教文献大纲》（*An Outline of the Religious Literature of India*）。论吠陀宗教部分包括 Macdonell and Keith 的《吠陀引得》（*Vedic Index*）、Keith 的两卷本《吠陀的宗教与哲学》（*Religion and Philosophy of the Veda*）、Kaegi 的《吠陀的宗教》（*The Religion of the Veda*）。论梵书与奥义书部分包括 Eggeling 的《百道梵书》（*Satapatha-Brahamana*，按：汤书误作“*Catapatha*”）英译本、Robert Ernest Hume 的《十三奥义书》（*The Thirteen Principal Upanishads*）英译本、Deussen 的《奥义书的哲学》（*The Philosophy of the Upanishads*）英译本。沙门外道部分包括 Barua 的《佛陀之前的印度哲学》（*Pre-Buddhistic Indian Philosophy*）、Law 的《历史拾遗》（*Historical Gleanings*）、Rhys Davida 的《佛教印度》（*Buddhist India*）。论耆那教与邪命外道包括 Hermann G. Jacobi 的两卷本《耆那经》（*The Gaina-Sutras*, 2Vols. S. B. E.）、Stevenson 的《耆那教的核心》（*The Heart of Jainism*）、Jaini 的《耆那教大纲》（*Outline of Jainism*）、Hermann G. Jacobi 的《耆那教》（*Jainism*）、Hoernle 的《邪命外道》（*Ajivakas*）。佛教部分包括 Warren 的《翻译中的佛教》（*Buddhism in Translation*）、Rhys Davids 的《佛教》（*Buddhism*）、Kern 的《印度佛教手册》（*Manual of Indian Buddhism*）、Poussin 的《通向涅槃之道》（*The way to Nirvana*）、Keith 的《佛教哲学》（*Buddhist Philosophy*）、舍尔巴茨基（Stcherbatsky）的《佛教的核心观念》（*The Central Conception of Buddhism*）及其《佛教涅槃的观念》（*The Conception of Buddhist Nirvana*）、Rockhill 的《佛陀的一生》（*Life of Buddha*）、Anesaki 的《佛教》（*Docetism*）、McGovern 的《佛教哲学手册》（*A Manual of Buddhist Philosophy*）。论纪事诗哲学部分包括 Hopkins 的《印度的史诗》（*The Great Epic of* （转下页）

成果。[21] 但唐君毅的《哲学概论》在讨论印度哲学时并未提及汤书，或许是因为汤书出版于抗日战争结束时期，加之由不以出版学术

(接上页)*India*)、Vaidya的《史诗时期的印度》(*Epic India*)、Telang的《薄伽梵歌》(*Bhagavad Gita*)、Buhler的《曼奴法典》(*The Laws of Manu*)、Garbe的《数论哲学》(*Samkhya Philosophie*)、Garbe的《数论与瑜伽》(*Samkhya und Yoga*)、Keith的《数论系统》(*Samkhya-System*)。论瑜伽论包括Woods的《巴丹亚梨的瑜伽体系》(*Yoga System of Patanjali*)、Dasgupta的《作为哲学与宗教的瑜伽》(*Yoga as Philosophy and Religion*)。论胜论包括Faddegon的《胜论体系》(*The Vaisesika System*)、Keith的《印度逻辑与原子论》(*Indian Logic and Atomism*)、Ui的《胜论体系》(*The Vaisesika System*)。论正理论与因明包括舍尔巴茨基的两卷本《印度逻辑》(*Indian Logic*)、Vidyabhsan的《印度逻辑史》(*History of Indian Logic*)、Keith的《印度逻辑与原子论》。论前弥曼差论包括Keith的(*Karma Mimamsa*)、Shastri的《前弥曼差论导论》(*Introduction to Purva-Mimamsa*)。论吠檀多论部分包括Deussen的《吠檀多论的思想体系》(*The System of Vedanta*)英译本、Max Muller的《吠檀多哲学》(*Vedanta Philosophy*)、Jacobi的《印度泛神论》(*Hindu Pantheism*)以及Walleser的《古吠檀多学》(*Der altere Vedanta*)。按：汤书所列参考文献原并无中文译名，此处译名系出自笔者。

[21] 汤用彤不仅熟悉西方和印度学者的印度哲学研究，同时也留意汉文佛经中保存的有关印度哲学的史料。他曾有一部《汉文佛经中的印度哲学史料》的遗稿，可惜一直到1994年才由武维琴整理后在北京商务印书馆出版。关于汤用彤研究印度哲学的贡献，参见黄心川、宫静："汤用彤对印度哲学研究的贡献"，收入汤一介编：《国故新知：中国传统文化的再诠释——汤用彤先生诞辰百周年纪念论文集》(北京大学出版社，1993)，页89—95。但文中以汤用彤1959年12月为《印度哲学史略》重印所撰的"后记"为据来说明汤用彤先生"严谨治学的学风"和"毕生追求真理、谦虚好学的态度"，笔者以为或无必要。因为此两点可证者材料很多，无需专用这篇后记。因为该篇后记中除了对文献材料运用的说明具有学术价值之外，颇多以马克思主义意识形态进行自我批判的语言，基本上属于特殊历史年代下的政治表态文字。譬如："新中国的建立和我们国家的社会主义建设的飞速发展，是马克思列宁主义在我国的伟大胜利。就研究印度哲学史说，我本应在马克思列宁主义思想指导下，特别是毛泽东哲学思想指导下，更充分的占有材料，重新进行研究。不过现在由于老、病，能力精力均不足以实现这种愿望了。但是，在党的社会主义建设总路线的照耀之下，我国文化革命已经到来，我们一定会有以马克思列宁主义观点写成的印度哲学史出版。""总起来说，我这部书在二十多年前缀拾东西方学者的研究成就加些翻译资料和佛经资料编撰而成，是一部资产阶级的印度哲学史，而且这部书是用摹古仿古的文言写的，因为我少年时即追随封建士大夫为古文，作文时并不要人懂，只求其'简炼'，就是将浅显的说得深奥以自高身份，求自己的赏心悦目。(关(转下页)

著作见长的独立出版社出版，[22]大概流通不广所致。

将唐君毅《哲学概论》中有关印度哲学的西文数据与汤用彤的相比，我们可以发现，对一些较早出版的重要文献，两人都曾不约而同地引以为据。比如 S. C. Vidyabhusana 的《印度逻辑史》(*History of Indian Logic*)、A. B. Keith 的《印度逻辑与原子论》(*India Logic and Atomism*)以及达斯古普塔的五卷本《印度哲学史》(*A History of Indian Philosophy*)。当然，这也说明了这几部著作在印度哲学研究领域中的经典性。至于一些在汤用彤《印度哲学史略》之后出版的西方研究印度哲学的重要文献，如 P. A. Schilpp 的《拉达克里希南的哲学》(*The Philosophy of S. Radhakrishnan*)、拉达克里希南编的《东西方哲学史》，拉达克里希南和摩尔合编的《印度哲学资料书》，都是研究印度哲学的重要资料。特别是《印度哲学资料书》，直到今天都是研究印度哲学的必备参考文献。而唐君毅在《哲学概论》中都引以为据，可见其颇能及时吸收当时西方印度哲学研究的最新成果。[23] 事实上，即便是较

(接上页)于作文言文一事，一方面表现出封建文人思古尊古之幽情，忽视群众的观点，另一方面提倡文言文即'以文教治天下的内容'，也是封建阶级的知识分子在历史上垄断文化知识的一种手段，这里且不多说。)解放以后我有时读自己过去写的文章，觉得用普通语言写出，应该明白得多，因而感到非常惭愧，更加认清过去参加'学衡'杂志是走反动的路线。但是我常听见党对我们这样教诲，要向前看，不要向后看，在总路线的鼓舞之下，我们应该揭露批判过去写文言所起的腐朽作用，应坚决贯彻'厚今薄古'的方针。"

[22] 独立出版社 1928 年创立于南京，后又设立于上海，是国民党军方的出版机构，以出版时事政治读物为主，也出版一些社会科学和文艺书刊。曾出版《天地人》半月刊、《民族诗坛》月刊、《独立漫画》月刊，以及《时事综合丛书》、《抗战建国丛书》、《抗战文学丛刊》、《行政院行政效率促进会丛书》、《抗战建国纲领丛书》、《公民知识丛书》、《国民精神总动员会丛书》、《哲学名著译丛》等。抗战胜利后迁返南京、上海，1949 年由上海市军事管制委员会接管。

[23] 当然，也有个别比较重要的英文书籍，汤书参考而唐君毅却没有引以为据。如研究印度逻辑的苏联专家舍尔巴茨基两卷本的《印度逻辑》(*Indian Logic*, 2 Vols)，汤用彤则不仅参考了该书，同时还参考了舍尔巴茨基的《佛教(转下页)

之20世纪下半叶中文世界印度哲学的一些研究成果，至少在西文参考文献的引用方面，唐君毅也毫不逊色。如果考虑到绝大部分中国学者的印度哲学研究目前仍不得不主要依赖西方和日本学者的成果，至少从参考的文献来说，唐君毅在20世纪60年代对于印度哲学的了解已经可以说是相当广泛的了。

在唐君毅《哲学概论》之前，中文世界关于印度哲学的著作，要么根本不列参考文献，包括梁漱溟《印度哲学概论》、黄忏华《印度哲学史纲》。列出参考文献的，仅有汤用彤的《印度哲学史略》。但即使汤书，也只列书名，未及包括出版地、出版社和出版时间等这些出版项。稍晚于《哲学概论》，周祥光（1919—1963）于两年间分别出版了《印度哲学史》第一册（台北：国防研究院印行，实践丛刊之三十六，1962）和第二册（台北：中华文化出版社，1964）。周氏留学印度，直接接触印度哲学诸原典，其《印度哲学史》对于印度哲学的基本内容掌握颇为全面。㉔ 但可惜他也没有在这两册书中列举参考文献。甚至直到20世纪80年代，国内一些研究印度哲学的著作也没有在书后列举参考文献的习惯。如此看来，至少以现代学术规范的标准来衡量，唐君毅《哲学概论》中对于印度哲学参考文献的列举，又是首具现代意义的。

当然，除了有可能印刷产生的误植问题外，《哲学概论》在列举和引用上述参考文献时，偶尔会有一些疏忽。譬如，拉达克里希南编的《东西方哲学史》，英文原名是"*History of Philosophy*: *Eastern and Western*"，而《哲学概论》中误作"*History of Eastern and*

（接上页）的核心概念》（*The Central Conception of Buddhism*）以及《佛教涅槃的观念》（*The Conception of Buddhist Nirvana*）。

㉔ 在出版两册《印度哲学史》之前，周氏还曾翻译出版了印度学者罗迦古波迦黎（Rajagopalachari）的《吠檀多哲学》（香港：印度华侨青年联合会，1958）。

Western Philosophy”。[25] 拉达克里希南和摩尔合编的《印度哲学资料书》，英文原名是“*A Source Book in Indian Philosophy*”，唐书多处提到，均未有误，但在下卷第四章讨论“无之形上学”最后所列的参考书目中，则误作“*Anthology of Indian Philosophy*”，[26]不知者或竟以为是另外一部书。1936 年英国 George Allen and Unwin 出版公司出版的《当代印度哲学》(*Contemporary Indian Philosophy*)，[27]严格讲应该是 Radhakrishnan 与 J. H. Muirhead 两人合编，但唐先生只书后者之名，易生误解。还有杨国宾翻译的 H. L. Atreya 所著《印度论理学纲要》，《哲学概论》中略作《印度论理学》。[28] 不过，诸如此类的小瑕疵无损于唐君毅全面和深入地掌握他所列举的那些有关印度哲学的研究成果。事实上，在列举相关的参考文献之后，唐君毅经常对这些文献的内容与得失作出精当的评价，言简意赅。如果没有认真仔细研读过这些文献，是无法写下那些评语的。

三、唐君毅讨论了印度哲学的哪些内容

和中国哲学一样，不论在形式上还是内容上，印度哲学在近代接触西方哲学以来都有诸多新的发展。不过，传统的印度哲学基本可分为四个时期。一是吠陀时期(the Vedic Period)，大约从公元前 2500 年到公元前 600 年。这一时期印度的哲学思想，主要体现在《吠陀》(*Veda*)以及诠释《吠陀》的《梵书》(*Brahmana*)和《奥义书》(*Upanishad*)之中。[29] 二是史诗时期(the Epic Period)，大约从公

---

[25] 《全集》版《哲学概论》(上)，页 94；简体版《哲学概论》上册，页 52。

[26] 《全集》版《哲学概论》(下)，页 57；简体版《哲学概论》下册，页 481。

[27] 该书曾于 1952 年再版。

[28] 《全集》版《哲学概论》(上)，页 93；简体版《哲学概论》上册，页 52；

[29] 《吠陀》经又包括四种：《梨俱吠陀》(Rig-Veda)、《耶柔吠陀》(Yajur-Veda)、(转下页)

元前550年或 公元前600年到公元200年。这一时期印度的哲学思想，主要体现在《罗摩行传》(*Ramyana*)、《大战书》(*Mahabharat*)特别是其中的《薄伽梵歌》(*Bhagavad Gita*)这三部文献中。三是经典时期(the Sutra Period)，大约从公元200年到公元400年。这一时期也就是印度各宗派哲学正式确立的时期，包括正统印度教的所谓六派哲学，包括尼耶也学派(the Nyaya School)、僧伽学派(the Sankhya School)、胜论学派(the Vaisesika School)、瑜伽学派(the Yoga School)、弥曼差学派(the Mimamsa School)和吠檀多学派(the Vedanta School)，以及三个非正统或革新的学派，包括唯物学派(the Carvaka School)、佛教(the Buddhism)和耆那教(the Jainaism)。这些学派之间的差别不是本章所要讨论的内容，仅就对待作为印度哲学思想源头的《吠陀》来看，所谓正统印度教六派和非正统三派的差别，基本的一点就在于前者承认《吠陀》的价值，[30]都信仰梵天的存在，而后者则否认《吠陀》的存在价值。四是学院时期(the Scholar Period)，大约从公元400年到公元1600年。这一时期是对九派哲学的经典不断注释和诠释以及不同学派之间彼此相互辩难的时代，同时也产生了通过注解和诠释《奥义书》而产生的新吠檀多学派。在这四个时期之中，又以第一和第三个时期最为重要。第一时期是印度哲学的源头，第三时期则是印度哲学真正较为完整建立的时期。总之，《吠陀》、《奥义书》以及经典时期的九派哲学构成近代以往传统印度哲学的主体与核心内

(接上页)《沙磨吠陀》(Sama-Veda)、《阿达婆吠陀》(Atharva-Veda)。

[30] 当然，如果再细分的话，对待《吠陀》的态度六派之中仍有差别。大体来说，虽然六派均肯定《吠陀》的价值，但弥曼差、吠檀多立论以《吠陀》为据，而尼耶也、僧伽、胜论、瑜伽四派立论却不以《吠陀》为据。参见周祥光：《印度哲学史》(一)(台北：国防研究院印行，1962，实践丛刊之三十六)，页5。

容,应当是学界一致接受的判断。[31]

无论是唐君毅的《哲学概论》,还是之前以及同时其他中国学者有关印度哲学著作,所论传统印度哲学,虽详略深浅各有不同,但无不都在吠陀时期和经典时期的范围之内,尤其以经典时期的九派为主。为了说明唐君毅《哲学概论》对于印度哲学内容的涵盖性,我们不妨首先看一看唐书之前及同时中国学者了解和介绍印度哲学的内容,以资对比。

作为中文世界中大概最早介绍印度哲学的正式出版物,[32]梁漱溟的《印度哲学概论》主要讲的是佛学。梁书先论印度各宗概略,然后分"本体论"、"认识论"和"世间论"三部分讨论。在三部分之中,先论"诸宗",再论"佛法",使之两相对照。对于《吠陀》、《奥义书》、六宗以及唯物学派和耆那教,梁书所论实在过于简略。后来黄忏华在1935年9月为所著《印度哲学史纲》撰写的"弁言"中特意指出佛教不足以概印度哲学之全,而印度哲学作为人类一大思想传统,含有丰富的内容,[33]大抵针对梁书而发。至于1962年周祥光出

---

[31] 迄今为止,拉达克里希南和摩尔合编的《印度哲学资料书》仍然是研究印度哲学最为重要的文献汇编和参考书,其中即采如此四期九派之说。中文世界以印度哲学史为题最为晚出的是台湾地区学者杨惠南1995年出版的《印度哲学史》。杨书内容即《吠陀》、《奥义书》与九派哲学。大陆学者姚卫群编著的《印度哲学》(北京大学出版社,1992),所论也是吠陀和奥义书以及九派哲学。杨书对唯物派有足够正视,有专章讨论。此前,大陆学者黄心川1989年出版的《印度哲学史》第五章讨论了顺世派哲学(唯物论),第六章讨论了"生活派(邪命外道)的哲学",对此,杨书称赞说:"无疑地,这是少有的见解"(自序)。其实,汤用彤书1945年出版的《印度哲学史略》已经专章讨论"邪命外道",周祥光1964年出版的《印度哲学史》第二册中也已专章讨论唯物学派。但杨书中于汤书和周书均未言及。

[32] 许丹似乎有《印度哲学概论讲义》的铅印本印行,但笔者未能寻获,至少当时流通极为有限。

[33] 黄忏华说:"然恒人闻印度哲学一名,多以为即系佛教,他无所有,其实佛教可谓印度思想之峰极,而未足以概印度思想全体。印度除佛教而外,固犹有林林总总之哲学说,若吠陀哲学,若净行书哲学,若奥义书哲学,若诸派哲学(转下页)

版《印度哲学史》第一册时明言梁漱溟《印度哲学概论》"实际上是一本佛学概论",[34]虽言之稍过,但也的确指出了梁书以佛教为主的特点。事实上,梁漱溟自己也明确表示其书是"意特侧重佛法"。[35]

梁书之后,较为系统介绍印度哲学的著作,应该是黄忏华 1936 年出版的《印度哲学史纲》。黄书除绪论外共分三篇,第一篇"古代婆罗门哲学",包括三章:第一章"赞诵明论[36]底神话中的宇宙观"、第二章"净行书[37]底祭坛哲学"、第三章"奥义书底自我哲学"。第二篇"诸派哲学",包括七章:第一章"数论派"、第二章"瑜伽派"、第三章"胜论派"、第四章"正理派"、第五章"弥曼差派"、第六章"吠檀多派"、第七章"佛世底哲学诸派"。第三篇"佛教哲学",包括四章:第一章"根本佛教底哲学"(原始佛教)、第二章"部派佛教底哲学"、

(接上页)在。此林林总总之哲学说,各振精思,竞标新谛,颇有为大国者。"见氏著《印度哲学史纲》(上海:商务印书馆,1936),页 1。

[34] 周祥光:《印度哲学史》(一),页 1。

[35] 梁漱溟:《印度哲学概论》,"序",页 1。

[36] 按:《赞诵明论》即《梨俱吠陀》。其余《沙磨吠陀》、《耶柔吠陀》和《阿达婆吠陀》分别也称为《歌咏明论》、《祭祀明论》和《禳灾明论》。《梨俱吠陀》、《沙磨吠陀》、《耶柔吠陀》和《阿达婆吠陀》是音译,《赞诵明论》、《歌咏明论》、《祭祀明论》和《禳灾明论》则是汉语意译,也称《偈颂诗藏》、《歌藏》、《仪轨藏》和《口诀藏》。关于《梨俱吠陀》的研究可参看巫白慧的"《梨俱吠陀》梵文哲学诗选"和"《梨俱吠陀》梵文美学诗选"两文,见其《印度哲学——吠陀经探义和奥义书解析》,页 3—69。

[37] 按:《净行书》是《梵书》的旧译,也称《婆罗门书》。梵书为散文体,其主要内容是对《吠陀》经的解释,并讲解吠陀的祭祀仪式。每部梵书都与四部《吠陀》经中的一部联系起来,并属于特定的吠陀学派。现存《梵书》有 17 部,属于《梨俱吠陀》的有《爱达罗氏梵书》(或译为《他氏梵书》)、《海螺氏梵书》(或译《赏伽衍那梵书》,又名《憍尸多基梵书》)。属于《沙磨吠陀》的有《二十五梵书》、《二十六梵书》、《歌者梵书》、《耶摩尼梵书》(或译《阇弥尼耶梵书》,又名《多罗婆伽罗梵书》)、《耶摩尼奥义梵书》、《世系梵书》、《娑摩术梵书》、《提婆达耶也梵书》以及《阿尔塞耶梵书》。属于《耶柔吠陀》的有《百道梵书》、《迦陀迦梵书》、《羯毗私陀罗迦陀梵书》、《慈氏梵书》和《鹧鸪氏梵书》。属于《阿达婆吠陀》的则有《牛道梵书》。

第三章“开发佛教底哲学(一)——龙树系底中观哲学”、第四章“开发佛教底哲学(二)——无著世亲底哲学”。显然,黄书总计三篇而佛教位居其一,重点其实仍在佛教。但第一篇以《吠陀》和《奥义书》为重,第二篇以六宗为主,基本涵盖了传统印度哲学的主体。不过,对于唯物学派和耆那教,黄书并没有予以足够的介绍。

前已指出,汤用彤1945年出版的《印度哲学》,是唐君毅之前唯一书后列举参考文献的印度哲学专著。汤书共分十二章:第一章“黎俱吠陀与阿达婆吠陀”,第二章“梵书与奥义书”,第三章“释迦同时诸外道”,第四章“耆那教与邪命外道”,第五章“佛教之发展”,第六章“婆罗门教之变迁”,第七章“数论”,第八章“瑜伽论”,第九章“胜论”,第十章“正理论”,第十一章“前弥曼差论”,第十二章“商羯罗之吠檀多论”。从全书结构来看,对印度哲学主体各派思想的介绍,汤书比较均衡,并未偏于佛教,这是汤书有进于黄书之处。唯一的缺失,大概只能说是没有专门将唯物论作为一个独立的流派加以讨论而已。[38]

前文也已提到,周祥光1962出版的《印度哲学史》第一册仅比唐君毅的《哲学概论》晚一年,第二册也在1964年出版。[39]周氏原计划《印度哲学史》写三卷,所谓“本书将印度哲学史分为三个部分来述说,第一部分为印度哲学之泉源,举凡吠陀、奥义书、史诗,以

---

[38] 汤书在第三章“释迦同时诸外道”附录分别提到了“六师学说”和“顺世外道学说”,但均极为简略。前揭黄心川、宫静“汤用彤对印度哲学研究的贡献”文中称该书对“多种多样的唯物主义萌芽”均有介绍,则为不确之语。因为汤用彤在1959年12月撰写的重印后记中明确表示:“印度哲学史中唯物主义有强大的传统。本书(《印度哲学史略》)只对顺世外道提了一下。”在那个特殊的年代,“唯物主义”相对于唯心主义不只是一个哲学流派,更是一种正面的价值。所以此处汤文意在自责,而黄、宫文意在称赞。其实黄、宫撰文时已无需如此。

[39] 周氏于其《印度哲学史》第一册“著者小语”最后部分说“惟有关印度哲学史之著述,此书或许是第一部”,则未知此前已有黄忏华、汤用彤两书。这大概是由于周氏长期身在印度以及当时中印学术交流不畅所致。

及曼奴、考迪莱之学属之;[40]第二部分为印度哲学之派别,凡印度教六派哲学,与夫佛教、耆那教等属之;第三部分为近代印度哲学之发展及宗教复兴运动之情况属之。”[41]周氏长期在印度学习,撰写和出版其书时已在印度的大学任教,对于传统印度哲学以及受到西方哲学影响之后的近代印度哲学都有完整的了解。按照这里所说的计划,其三卷《印度哲学史》若能完成,可以说是对整个印度哲学较为完整的介绍。但殊为可惜的是,周氏不幸于1963年即身故。第二册《印度哲学史》已是遗作,第三卷只能付之天壤了。目前的两册周著《印度哲学史》第一卷“印度哲学之泉源”,除绪论外包括七章,第一章“吠陀前期之哲学思想”,第二章“吠陀之哲学思想”,第三章“奥义书之哲学思想”,第四章“史诗之哲学思想”,第五章“薄伽梵经之哲学思想”,第六章“曼奴与考迪莱之社会哲学思想”,第七章“古史传之哲学思想”。第二卷“印度哲学之派别”,包括五章,第一章“唯物学派之哲学”,第二章“耆那学派之哲学”,第三章“佛陀学派之哲学”,第四章“尼耶也学派之哲学”,第五章“胜论学派之哲学”。由此我们可以看到,事实上周书第二册并未能完成其第二卷的原计划,因为原计划是“凡印度教六派哲学,与夫佛教、耆

---

[40] 曼奴(Manu,现一般译“摩奴”)传说是《曼奴法典》(*Manu-Smrti*)的作者。《曼奴法典》是古印度法律的最高权威。包括2685个颂。据说是曼奴的弟子昆尔鸠(Bhrgu)向各地前来学习询问四阶级法例的人解释曼奴生平所教的典籍。《曼奴法典》目前有两个中译本:一是马香雪从迭朗善法译本转译的《摩奴法典》,商务印书馆1982年初版;一是蒋忠新直接从梵文注本翻译的《摩奴法论》,中国社会科学出版社1986年初版。考迪莱(Kautilya,或译“憍提利耶”,“考底利耶”)传说是《利论》(*Artha-Sastra*,周祥光译为《实用论》)的作者。该书是古印度最重要的一部政制用书,分为32品和64颂,失传多年,1909年始重新发现。传说考迪莱曾任孔雀王朝(Maurya Empire)旃陀罗笈多王(Chandragupta)的首相,被后人称为“印度的马基雅维利”。因此印度学者多认为该书编成当在公元前3世纪左右。关于曼奴与考迪莱的思想,参见周祥光:《印度哲学史》(一),页141—154。

[41] 周祥光:《印度哲学史》(一),绪论,页17。

那教等属之”，但出版的第二册中除佛教和耆那教之外，六派哲学中仅处理了胜论和尼耶也两派，也只能说是一部未竟之稿。

与上述诸书不同，在《哲学概论》中，唐君毅讨论印度哲学的方式不是按照印度哲学自身的脉络和流派，而是将传统印度哲学各派的思想内容分别系属于各个不同的哲学问题之下，并和中国哲学以及西方哲学的相关内容一起加以对比讨论。这一点涉及唐君毅讨论印度哲学的方式，我们下面会进行专门讨论，此处暂且不论。不过，不论讨论的方式如何，对于传统印度哲学的核心内容，即吠陀时期的《吠陀》经和《奥义书》，尤其是经典时期的九派哲学，唐君毅在其自己的叙述脉络之中都有详略不同的讨论，其了解和掌握是相当全面和均衡的。

在讨论逻辑的部分，唐君毅提到了尼耶也派因明中的五支比量、佛教陈那（Dignaga）的三支比量、窥基（632—682）的《因明大疏》，以及吠檀多哲学和佛教般若宗的辩证法。[42] 对于因明，唐君毅指出了其中的两个特点。一是将归纳法与演绎法合一，重在建立一种颠扑不破的结论；二是注重对逻辑论辩过程中各种谬误的分析。[43] 对于吠檀多哲学和佛教般若宗的辩证法，唐君毅指出，其特点在于“重在破而不重立，重‘双非’、‘两不’，而不重连正反以成合。”[44]

在知识论的部分，唐君毅对经典时期的九派哲学都有讨论，还特别对比分析了唯物学派的喀瓦卡（Carvaka）、弥曼差派的普拉巴卡拉（Prabhakara）和库麦利拉（Kumarila）、吠檀多派的商羯罗（Samkara）和罗摩奴耶（Ramanuja）以及佛教唯识学在知识论问题上各自的见解。[45] 对于印度哲学中的知识论，唐君毅主要探讨了四

---

[42] 《全集》版《哲学概论》（上），页 71—73；简体版《哲学概论》上册，页 38—39。
[43] 《全集》版《哲学概论》（上），页 72；简体版《哲学概论》上册，页 38—39。
[44] 《全集》版《哲学概论》（上），页 73；简体版《哲学概论》上册，页 39。
[45] 《全集》版《哲学概论》（上），页 84—89；简体版《哲学概论》上册，页 46—49。

个问题,并以此来显示印度哲学知识论的特色。第一,是对待知识的态度问题。唐君毅指出,印度人历来没有为知识而知识或者将知识与生活、道德分离的习惯。因此,对于印度思想家来说,一切思索的目标,都不是为了成就与实际人生无关的知识理论,而是始终要归于生活上的验证。这一点可以说是各派哲学的共同特征。[46] 第二,是知识的来源问题。在唐君毅看来,印度哲学不注重知识如何成立的问题,其知识论的中心在于知识的来源问题(Pramanas)。而关注这一问题的目标,又不在于为了建立和不断扩充知识,而是通过对既有知识的批判考察,了解知识的限度,表明人们还有超越于知识论意义上的"知"以及内心修养生活上的"事"。[47] 第三,是主体的能知与客体的所知之间的关系问题。唐君毅指出,印度各派哲学几乎都将主体的能知之心而非客体的所知对象作为重点所在,并且大都摄所归能,将所知作为能知的主体的一个方面或性质。[48] 第四,是共相与殊相的关系问题。唐君毅指出,佛教无常理论发展到唯识宗,倾向于否定共相的实在性。而六派哲学均反对佛教的流转无常说,则倾向于肯定共相的实在性。但佛教虽然不以共相为实法,却也并未否认共相的存在。并且,无论对待共相态度如何,所有讨论又都不是单纯的理论问题,而都是与生活实践上的解脱之道有关。[49]

在形上学的部分,唐君毅对于印度哲学着墨尤多。他首先探讨了印度哲学中形上学的基本精神。在他看来,印度各派哲学固然各有不同,但总的来说,有两点共同的特征。一是超越人类历史的精神;二是"业"(Karma)的观念以及由此产生的注重解脱的思

---

[46] 《全集》版《哲学概论》(上),页85;简体版《哲学概论》上册,页47。

[47] 《全集》版《哲学概论》(上),页86;简体版《哲学概论》上册,页47—48。

[48] 《全集》版《哲学概论》(上),页87—88;简体版《哲学概论》上册,页48—49。

[49] 《全集》版《哲学概论》(上),页89;简体版《哲学概论》上册,页49。

想。[50] 就第一点而言,唐君毅认为印度哲学“最富形上学精神”。在总论印度哲学中形上学的精神之后,唐君毅进而分别讨论了耆那教、胜论、数论、弥曼差派、吠檀多派和佛教形上学之间的分野。[51]在唐君毅看来,尼耶也派的主要贡献在知识论,瑜伽派的主要贡献在修持方法。因此,他并未讨论这两派的形上学。至于唯物学派,他并未单独讨论,仅在讨论胜论的部分稍有提及,并与西方古希腊的泰利士(Thales,约公元前 624—前 547)、赫拉克利特(Heracleitus,约公元前 540—约前 480 年)以及阿那克西美尼(Anaximenes,约公元前 585—前 525,唐书中作“安纳克塞门斯”)以及原子论有所比较。对于各派之间的异同,唐君毅常能寥寥数语即指出其间的关键所在。譬如,在论佛学与其他印度各派思想之差别与联系时,唐君毅指出:

> 故佛学在根本上初为一彻底现象主义,因缘论者。佛学之发展,虽在小乘,有重分析诸法之说一切有部等,与说空之一说部及末期经量部等之别;后在大乘佛学中,又有重“观空而空亦空之般若智慧”之龙树学,与重“论一切法不离识,及瑜伽行”之无著、世亲学之分别;然在破外道之自性及重缘生上,则迄未有变化。而佛学之终不行于印度,而只流布于东南亚中国及日本,其理由之一,亦即在其与印度之其他派别思想,在此点上,根本不同。然佛学在重解脱,重超思议之境界上,又为与其他印度思想之目标,未尝有异者。至佛学之所以必破自性,及其他一切法执我执,则在佛学,以凡人在信有自性、神我

[50] 《全集》版《哲学概论》(上),页 110—113;简体版《哲学概论》上册,页 64—66。
[51] 《全集》版《哲学概论》(上),页 113—121;简体版《哲学概论》上册,页 66—71。

等，而有任何之法执我执之处，人皆不能有真实之解脱故耳。[52]

诸如此类言简意赅而能抓住要害的比较分析，不仅在于印度各派哲学之间，更在于印度哲学与中西方哲学之间。这种对比分析的方法，其实是唐君毅整个《哲学概论》的一个根本特征。在下面检讨唐君毅以何种方式讨论印度哲学的部分，我们会专门考察这一特色及其意义。这一点，也是本章的重点所在。

四、唐君毅是如何讨论印度哲学的

由前文考察可见，在自觉广泛征引海内外各种参考文献以及注重印度哲学的核心内容方面，唐君毅与当时中文世界研究印度哲学的一流学者颇有一致之处。在新的研究成果的吸收以及对印度哲学核心内容把握的完整性方面，唐君毅甚至有过之而无不及。也正是因此，唐君毅当时已被如徐梵澄（1909—2000）、糜文开（1908—1983）等专业印度学者视为印度哲学的专家。[53] 但是，就如

---

[52] 《全集》版《哲学概论》（上），页 121；简体版《哲学概论》上册，页 70—71。

[53] 1958 年糜文开曾请唐君毅为其译著《印度三大圣典》一书作一书评，当时唐君毅《哲学概论》尚未出版。此前 1957 年唐君毅在给徐梵澄的回信中，也提到徐梵澄曾寄赠所译《薄伽梵歌》并表示感谢（参见《全集》卷 26《书简》，页 320），由此可见唐君毅对印度哲学的了解是颇为时人所肯定的。但唐君毅在回复糜文开的信中则谦称“于印度之宗教哲学所见太少，近颇拟议稍补此缺”，并表示“印度之宗教与哲学，皆亟需多人介绍”（《全集》卷 26《书简》，页 328）。由此亦可见唐君毅对于印度哲学的重视。1958 年唐君毅回信糜文开时，虽已阅读 Hirayane 和拉达克里希南的印度哲学史，但达斯古普塔等人的有关著作，唐君毅尚未及阅读，所以他在回信婉拒撰写书评时的理由是“拟俟再多读此类书后，对印度之宗教与哲学有一真正之大体认识后再读大著，如有足抒己见者再作书评如何？”（《全集》卷 26《书简》，页 328）。或许，糜文开、徐梵澄也是刺激唐君毅进一步较为全面和深入了解印度哲学的原因之一。按：徐梵澄为印度学专家或许较为人知，故不必介绍。糜文开未必广为人知，或需在此略加说明。糜氏（转下页）

何讨论印度哲学而言，唐君毅所运用的方式则颇为与众不同。

首先，唐君毅并不是像黄忏华、汤用彤和周祥光等人那样，按照“印度哲学史”的方式逐一考察印度哲学从吠陀到九派各家的哲学思想，而是将印度哲学各派的相应思想内容分别系属于“名理论”（包括“逻辑”和“知识论”）、“天道论”、“人道论、价值论”以及“文化哲学”这四个部分之下来讨论的。在唐君毅看来，所谓“哲学”，其内容即由这四个部分构成。对于这种分法以及各部分研究的对象，唐君毅的解说如下：

> 毕竟哲学包涵些什么内容，或哲学可分为若干部门？此颇不易答复。因我们无论对任何事物作分类，都可依不同之分类标准，而有不同之分法。我们今所取者，是姑用中国固有之哲学名词，分哲学为四大部，即名理论、天道论、人道论与人文论。名理论是直接涉及言说界知识界的。我们暂以名理论之一名，兼指西方哲学中所谓逻辑、辩证法、知识论及印度哲学中之因明等。天道论是直接涉及整个之存在界的。我们可暂以之兼指西方哲学中所谓形上学、存有论或本体论、宇宙论等，及印度哲学中法相论、法界论等。人道论是直接涉及人之生活行为界的。我们可暂以之兼指西方哲学中所谓伦理学、人生哲学、一意义之美学、价值哲学，及印度哲学中之梵行论、瑜伽行论等。人文论是直接涉及由人生相续之生活行为，在宇宙

（接上页）是江苏无锡人，早年就读于江苏省立第三师范。抗战期间先后任职于国民政府驻缅甸、印度使馆。曾留印十年，并在印度国际大学哲学研究院从事研究。历任香港新亚书院、台湾大学、师范大学、中国文化大学印度文化研究所教授、中华学术院印度研究所理事兼研究员等职。撰有《印度文化十八篇》、《印度文学简述》、《印度文学欣赏》、《印度历史故事》、《诗哲泰戈尔》等；译有《奈都夫人诗全集》、《古印度两大史诗》、《园丁集》、《印度三大圣典》、《泰戈尔诗集》等。

> 间所创造之文化与历史的。我们可暂以之兼指西方哲学所谓文化哲学、历史哲学，及分门别类之文化哲学。如宗教哲学、艺术哲学、教育哲学等。[54]

或许有人会认为，这种对于哲学内容的看法，不免还是基本上由西方哲学的分类系统而来。这种观察自然不能说全无道理。但是，在哲学观上，唐君毅其实是自觉试图超越西方中心论的。[55] 他之所以选择“名理论”、“天道论”以及“人道论、价值论”而并不直接使用“逻辑、知识论”、“形上学”以及“伦理学和人生哲学”这样的名词，就是意在显示前者与后者的不同。前者可以包容后者作为西方哲学传统的内容，同时还可以容纳中国哲学与印度哲学的相应部分。事实上，在唐君毅的哲学观之下，“名理论”、“天道论”、“人道论、价值论”以及“文化哲学”这四个部分的每一部分中，都同时包涵了西方、中国以及印度这三大哲学传统中相应的思想内容。譬如，在“名理论”部分，不仅讨论了西方的逻辑学和知识论，同时也讨论了中国的《墨辩》、名家和印度的因明、辩证法等。在“天道论”部分，不仅讨论了西方的存有论或本体论（ontology）、宇宙论（cosmology），也讨论了中国先秦以至明清两千余年的形上学传统以及印度耆那教、胜论、数论、弥曼差派、吠檀多派和佛教的形上学。在“人道论、价值论”部分，不仅讨论了西方的伦理学、美学和价值哲学，也讨论了中国先秦以至明清儒释道三家的人生道德哲学、伦理思想、工夫修养理论以及印度哲学各派的解脱思想与修行理论。至于印度哲学各派思想的相关内容在“名理论”、“天道论”以及“人道论”和“价值论”之中具体的分布情况，由于本章第二部

---

[54] 《全集》版《哲学概论》(上)，页61—62；简体版《哲学概论》上册，页31—32。

[55] 参见本书第六章。

分已有较为详细的说明，这里就不再赘述了。

显然，不仅对于印度哲学，也包括中国哲学，这种处理的方式是预设人类面对一些普遍的哲学问题，而探究中、西、印三大哲学传统对于这些共同问题意识的各自解答。当然，这种普遍主义的理论预设是否需要检讨，如此探讨印度哲学（包括中国哲学）的方式是否会由于超越了其自身传统的语境和脉络而产生一系列的问题乃至非预期的后果（unintended consequence），都是值得进一步反省的问题。但无论如何，这种方式必然要求对于印度哲学有较为深入的了解，如此方能将印度哲学的内容消化和解析之后重组到完全不同的一套模式（pattern）与架构（framework）之中。我们可以设想，如果只是顺着印度哲学传统固有的种种说辞来谈论，有时不免流于表面上的“头头是道”，其实难以鞭辟入里，不过“人云亦云”和“鹦鹉学舌”而已。只有能够用不同和崭新的话语形式来表达出其中的思想，才说明真正掌握了原来话语形式之下的意涵。在这个意义上，唐君毅将印度哲学各派思想打散之后放到“名理论”、“天道论”以及“人道论、价值论”这些部分进行讨论，是必须要以深入掌握印度各派哲学思想的内涵为前提的。

此外，唐君毅不但将印度哲学的相关内容分属于“名理论”、“天道论”以及“人道论”和“价值论”这些普遍的哲学问题之下，更在具体每一部分的讨论中，时时处处以中国哲学和西方哲学的相应内容作为对比和参照，在比较分析中揭示印度哲学相关内容的涵义（meaning）和意义（significance）。这是唐君毅在讨论印度哲学的方式上另一个更为重要的独特之处。这一点，依笔者之见，对于时下学界中国哲学研究方法论的广泛讨论，尤有意义和启发。当然，在讨论中国哲学或者西方哲学的有关内容时，唐君毅也必定将其与其他两种哲学传统中对应的内容比较、互观，以见其异同。下面，我们就具体看一看唐君毅是如何在逻辑、知识论、形上学以及人生思想这些不同的部分来运用比较的方法讨论印度哲学的。

对于印度逻辑即因明的特点，唐君毅是这样说的：

> 至于在印度之因明，则其涉及于如何立论以悟他者，皆约同于西方之logic之所论。尼也耶（国翔按：即尼耶也）派之因明之五支比量，后经佛教中陈那之改革为三支比量，其结构即略同西方逻辑中之三段论式。但在因明中，结论称为宗，位在前。前提为因，次之。另又有喻，即同类事例，置于最后。西方逻辑三段论式为："凡人皆有死，孔子是人，孔子有死。"依因明之三支，则为"宗：孔子有死，因：以（孔子）是人故。——若是人，见皆有死。若非有死，见皆非人。——喻：如孟子荀子（之是人者皆有死）"。此立结论于前，便见印度之因明之重在成立一结论为宗旨。西方之三段论式，立前提于先，以推演结论，结论复可为另一推论之前提。于是吾人可说西方之逻辑，重在次第推演，以成重重无尽之推演历程。印度之因明，则重在成立一颠扑不破之结论。又在亚氏之三段论式，只将一普遍原理应用至特殊事例，以成一演绎推论，而无"喻"以举出同类事例。在因明则兼有"喻"，以举出同类事例，遂兼涵"由诸同类事例，以转证一普遍原理"之归纳的推论。故在西方逻辑学中之演绎法与归纳法，视为二种推论法者，在因明则合为一，[56]此皆可谓为因明之特色。[57]
>
> 复次，印度之因明，尚有一重要特色。即重视各种"过"之分析。过即西方逻辑中所谓谬误Fallacies。在西方传统逻辑，

---

[56] 原注："牟宗三《认识心之批判》第二部第一章第一节。"《全集》版《哲学概论》（上），页72；简体版《哲学概论》上册，页38。

[57] 《全集》版《哲学概论》（上），页71—72；简体版《哲学概论》上册，页38。

其所重者在陈述推论之规则法式，谬误篇并不居于主要地位。而印度之因明，则特重“过”之分析，此可说由于因明之用，更见于论辩之中，且重在使人之立论，先居于无过之地。而西方之逻辑之用，则虽初亦见于论辩，但后则主要用以推演新知发展新真理之故。[58]

除因明外，辩证法之运用，在吠檀多之哲学，及佛学中之般若宗中，皆甚重要。印度哲学中之辩证法之运用，重在破而不重立，重“双非”“两不”，而不重连正反以成合，此乃其与西方逻辑之辩证法不同者。[59]

大约以中国先秦逻辑思想与西方印度相较，似其所重者不在演绎与归纳，而在类推，即由一特殊事例之情形，以推同类之其他特殊事例之情形。但对贯于诸特殊事例之抽象普遍之原理或命题之提出，不似西方之逻辑及印度之因明之着重。由此而中国思想长于即事言理，以事喻理，而似略短于离事言理，以穷绎一理一命题之涵义，及划定一理一命题所指之界域。然亦无他方哲学思想之执抽象之理，以推至其极，而归于执一废百，卤莽灭裂之失。[60]

这里，我们可以看到，通过对比印度与中国、西方在逻辑思想方面的异同与特色，唐君毅指出：西方逻辑演绎、归纳两分，印度因明则合演绎与归纳为一，中国逻辑则既不重演绎亦不重归纳，而重在类推；西方辩证法重在“正反以成合”，印度辩证法重在“双非”、“两

---

[58] 《全集》版《哲学概论》(上)，页 72；简体版《哲学概论》上册，页 38—39。原注：“因明中所谓‘过’，不必皆为纯逻辑的推论上之 Fallacy，如‘世间相违过’，乃违共同经验，‘立敌共许过’，乃对彼此共认，不待辩者而辩。”《全集》版《哲学概论》(上)，页 72；简体版《哲学概论》上册，页 39。

[59] 《全集》版《哲学概论》(上)，页 73；简体版《哲学概论》上册，页 39。

[60] 《全集》版《哲学概论》(上)，页 74；简体版《哲学概论》上册，页 39。

不”，中国辩证法则重在“两即”的思维方式，即所谓“观一切相对而互为正反之事物之循环无端，以见正反阴阳之相生，即正即反、即阴即阳之处”[61]。这些都是极为精辟与准确的观察。

在讨论印度哲学中的知识论问题时，唐君毅指出：

至于印度哲学中对知识论之思想，如与西方相较而论，则其主要之不同，则在印度人素无为知识而求知识，而将知识或一切哲学与生活及道德分离之习。故一切思索之目标，皆不只以成就知识理论，而腾为口说，形成教条为事，而必归于生活上之验证。[62] 此乃与中国之情形，大体相同者。故印度哲学之论知识，亦即大皆悬一在一般知识以上之生活境界，而以对此生活境界中之一种知，为最高知。此即于一般之理性之知自觉之知外，更肯定一超理性超自觉之直觉或开悟之知；此只乃同于神之知见者。[63]

这一段主要是将印度哲学与中国哲学合为一体，从整体上对比东方哲学与西方哲学，为的是凸显东西方知识论的不同。不过，就东方哲学内部来看，对于印度哲学与中国哲学在知识论上的差异，唐君毅也没有忽略。他说：

中国思想中自始固无西方基督教中所谓上帝说出之字Word即道之思想，亦无印度思想中之声常论以声之所在即真

---

[61] 《全集》版《哲学概论》(上)，页74；简体版《哲学概论》上册，页40。

[62] 原注：“S. Radhakrishnan, *Indian Philosophy*, Vol. 1, pp. 26 - 27. *General Characteristics of Indian Thought*, Vol. 2, p25. 总论六派哲学之共同观念。”《全集》版《哲学概论》(上)，页85；简体版《哲学概论》上册，页47。

[63] 《全集》版《哲学概论》(上)，页85；简体版《哲学概论》上册，页47。

理所在之论。……然在另一面，中国思想不使知重于行，亦不使言重于行，而立言者皆不重言之多与繁，尤不重以言说讲言说，以成无尽之语言串系，如西哲之所乐为；亦不重以言说破言说，如印哲之所为。中国先哲之以语言表达知识与德行，藉以足达意为止，而重言之简。其所赖以补简言之所不足者，则一在以行为代言，一在以他人之善于“听语”能“心知其意”“知言”，以知言者所欲达之意。而人能由听语以心知其意，则亦可得意而忘言，以达于知识与德行之共喻，而又共契于忘言无言之境。此即中国思想中，无西方现代哲学中所谓语言分析代哲学思维之偏叵之论，亦无印度哲学中之喜高标不可思议不可言说之境界之倾向之又一故也。[64]

这一段讨论的中心虽然不是印度哲学而是中国哲学，但是在中、西、印的三边比照中，也凸显了印度哲学知识论的特点。

对于知识论问题上印度哲学的一些独特所在，唐君毅也会特别指出。譬如，在讨论知识的来源问题时，唐君毅还特别提到了佛教的“圣言量”，并指出了这一观念在中、西哲学中都没有对应的思想。所谓：

然一般人之现量比量所不及者，可为圣者之现量所及。由是而圣者之述其现量所亲证之境界，如诸法之实相，亦为人所当信。由是而圣者之言，亦为人之知识之一来源。此称为圣言量。人之知此圣言量，则初只为一闻知。由是而人之真知识之来源，即为现量之经验、比量之推理，与对圣言量之闻知三者。而人欲由圣言量，以求自己亦亲证其所亲证之诸法实相，则待

[64] 《全集》版《哲学概论》(上)，页92；简体版《哲学概论》上册，页51。

> 于人之修养工夫。由此而依此种佛学之知识论，不仅人之德性之知，待于人之修养工夫，即人之对诸法实相求亲证而有真知，亦待于人之一种道德修养。而道德修养亦即成此种知识之一来源。此乃与中国后儒者之分德性之知与闻见之知之知识为二，及西方之知识起源论，大皆不以道德修养为知识之知之一来源，皆不同者。[65]

在讨论印度形上学时，唐君毅曾分别讨论各派之间的分野。其中，他也多处运用了比较的方法。这里，我们仅举两例。其一，在说明数论的特点时，唐君毅以之与笛卡尔的二元论相比较，指出数论是一种"自性"与"神我"的二元论。这种二元论和笛卡尔的二元论相比有类似之处，但却仍有不同。他说：

> 此说之特点，为自性与神我之二元论，有似笛卡尔之说，而又不同。因笛卡尔之心与物，仍由上帝创造。而数论之上帝，则只为诸神我之一。[66] 神我与自性，皆无始无终，而另无创造之者，此为一种西方哲学中所无之二元论。[67]

其二，在讨论吠檀多派的代表人物之一商羯罗（Samkara）的哲学时，唐君毅一方面指出其思想近似于西方哲学的绝对唯心论和神秘主义，另一方面也将商羯罗的绝对大梵观与绝对唯心论的上帝观相比较，指出如果将前者加以人格化，固然与后者有相似之处，

---

[65] 《全集》版《哲学概论》（上），页370—371；简体版《哲学概论》上册，页239。

[66] 原注："数论分二派，一为有神数论，一为无神数论，梁漱溟《印度哲学概论》谓应以无神数论为正宗。Dasgupta之 *History of Indian Philosophy* 论数论，亦重其为无神数论之义。有神数论发展为瑜伽派。"《全集》版《哲学概论》（上），页116；简体版《哲学概论》上册，页68。

[67] 《全集》版《哲学概论》（上），页116；简体版《哲学概论》上册，页68。

但毕竟与后者终有不同。他说：

肯定吠陀之思想，除弥曼差派外，为吠檀多派。此派之重要人物，一为近绝对唯心论及神秘主义之商羯罗(Samkara)，一为近有神论者或人格唯心论者之罗摩奴耶(Ramanuja)。商羯罗以前之吠檀多哲学家有巴普拉盘卡(Phatnprapance)，以大梵为世界一切差异之统一者，一切差异初乃隐含于统一者之中，后乃由之发展而出。此说颇似数论以自性为万物之源，唯以自觉之大梵，代不自觉之自性而已。依此说，自我由大梵生出后，再得解脱，亦并不全没入大梵，仍保持其个性，不过经一精神之超化而已。而商羯罗则反对此说之以梵与世界同而又异之说，而以此说为自相矛盾者。由是而彼以世界中之一切差异，皆为虚妄相，唯大梵为唯一之永恒真实，此大梵之本身为上梵 Para-Brahman。唯同一之大梵，又一面显现为世界。称下梵 Apara-Brahman。[68] 下梵显现于世界，亦与众多之自我连接，然此等等本身，实皆为依于虚妄 Maya 而显之相。……于此大梵，吾人如加以人格化，人亦可视之为上帝 God。然此上帝乃超离于世界，而黏着于世界，亦非世俗所谓世界之创造者。其自身乃在虚幻之世界之外，而静观此虚幻之世界者。而此即商羯罗之绝对大梵观，异于西方之关联于世界之上帝观者。[69]

在人生思想的部分，当讨论印度的道德哲学和人生哲学时，唐

---

[68] 原注："中国旧译，以就梵之本身言为上梵，至就其显现为世界言则为下梵。梁漱溟《印度哲学概论》71—76。"《全集》版《哲学概论》(上)，页 119；简体版《哲学概论》上册，页 70。

[69] 《全集》版《哲学概论》(上)，页 119—120；简体版《哲学概论》上册，页 70。

君毅同样是通过与西方道德哲学和人生哲学的比较来指示其特点的。他说：

> 我们再回头来看东方之印度及中国之道德哲学与人生哲学发展之大势。我们可以看出其与西方之道德哲学、人生哲学之重点，有一根本上之不同。此不同在：西方哲学中许多人生道德之哲学问题，在印度与中国哲学中，皆不成问题。即成问题，亦不重要。而真正成重要问题的，乃另有所在。[70]
>
> 在印度之各派哲学，重实践之思想中，人之一切纯粹理性之运用，以求知世界之本相之事，如求知上帝与自然及人之关系等，皆为所以使人知真理所在，而默想真理，以助人自苦痛、情欲、罪业出离者。故无所谓纯粹理性与实践理性之对立。又因一般之知与情意，同为待修持工夫，加以超化；而解脱、涅槃或梵我不二之境界，乃兼为人之知情意之所向往，故亦无西方道德哲学中之主知、主情、主意之说之对立。西方之利己主义与利他主义之争，在印度哲学中，亦无大意义。因人之修养工夫，正需超化此“己”。欲超化此“己”，则须有种种对人之慈悲谦敬之梵行。[71]
>
> 此外，西方哲学中，对恶之来源之问题，意志自由问题，灵魂不朽之问题之诸理论，在印度之哲学中，同可目之为戏论。因人所重者，在去除烦恼染污等一切恶，而不在问其来源。如人中箭，重在拔箭，而不在问箭如何来。人之意志欲望，如为有染污者，则本为幻而非真，亦待他而起，其自身自非自由，亦人所当去者。至于道德意志或解脱一般意志欲望之意志之为

---

[70] 《全集》版《哲学概论》(上)，页 143；简体版《哲学概论》上册，页 85。

[71] 《全集》版《哲学概论》(上)，页 147—148；简体版《哲学概论》上册，页 88。

自由，若只如西哲康德之视之为一设定，亦不济事。而要在于修养工夫中，处处证实此设定。至于对自我之灵魂之是否不朽之问题，则在印度哲学中，或主个人有纯我，有独立之我，如胜论数论；或主无我，如原始佛教；或主有梵我，为大我，而个人之小我为幻有，如吠檀多派。是皆不同于西方之所谓灵魂。然我或业识之不灭而轮回不已，则几为各派之所共认。然只此不灭，轮回内不已，并非即可爱乐，而亦可为至堪厌弃之事，须依此我此业识之存在状态为如何而定。遂与世人之以长生或灵魂不灭之本身，若即为一人之所求之目标，截然不同。[72]

至于道德判断之对象，为人之动机或结果，价值之是否依于实际存在，或自为永恒存在或潜在，在印度哲学中，亦非重要问题之所在。因人之只有某动机，与其行为有某结果，皆不表示其人之存在状态之超升。而此实际存在之世界中所具之价值，乃人所不能满足于其中者。至人所求之价值如寂净解脱等，在未实现于人之存在本身时，其自身之永恒存在于理念世界或上帝心中，皆与人之存在本身，为不相干者。于此寄托人之玄思，并无助于人之实际的人生问题之解决；反可构成人之概念上之法执，而以之掩盖人之实际上的苦痛、罪业问题之存在，亦掩盖人由直接观照世界之苦痛罪业，而生起大悲心者。故此类西方之道德哲学人生哲学所重之问题，遂在印度哲学，皆无重要之地位。[73]

除了与西方哲学和中国哲学进行比较之外，在讨论印度各派哲学形上学的差别时，唐君毅也将这种比较的方法运用到了印度哲

[72] 《全集》版《哲学概论》(上)，页148—149；简体版《哲学概论》上册，页88—89。

[73] 《全集》版《哲学概论》(上)，页149；简体版《哲学概论》上册，页89。

学内部的不同流派之间。譬如，他指出了佛教与印度其他各派思想之间的异同关系。他说：

> 故佛学在根本上初为一彻底的现象主义，因缘论者。佛学之发展，虽在小乘，有重分析诸法之说一切有部等，与说空之一切说部及末期经量部等之别；后在大乘佛学中，又有重“观空而空亦空之般若智慧”之龙树学，与重“论一切法不离识，及瑜伽行”之无著、世亲学之分别；然在破外道之自性及重缘生上，则迄未有变化。而佛学之终不行于印度，而只流布于东南亚中国及日本，其理由之一，亦即在其与印度之其他派别思想，在此点上，根本不同。然佛学在重解脱、重超思议之境界上，又为与其他印度思想之目标，未尝有异者。⑭

由上可见，这种比较分析的方法几乎贯穿整部《哲学概论》，不仅仅是讨论印度哲学的方式，同时也是讨论西方哲学和中国哲学的方式。进一步来看，这种方法也不限于《哲学概论》，而是广泛表现在唐君毅几乎所有通论哲学思想的著作中。譬如，早在1955年出版的《人文精神之重建》一书中，唐君毅就曾经运用比较的方法专门探讨过印度与中国古代宗教道德智慧的异同，其中也广泛涉及与西方宗教哲学的对比。⑮ 甚至在唐君毅有关文学、艺术、美学、宗教、政治等方面的文字中，这种对比分析的方法也是俯拾皆是和一以贯之的。在这个意义上，我们完全可以说，兼顾人类不同文明形态各自的视角而加以对比分析的比较方法，构成唐君毅的思想方法或思维方式的一个最为重要和根本的特征。

---

⑭ 《全集》版《哲学概论》(上)，页121；简体版《哲学概论》上册，页70—71。

⑮ 《全集》卷5《人文精神之重建》，页487—505。

五、唐君毅的印度哲学研究及其方法的意义

以上，本章详细考察了唐君毅的印度哲学研究，特别是其讨论印度哲学的方法。那么，至于为什么要考察唐君毅的印度哲学研究及其方法，或者说，唐君毅的印度哲学研究及其方法的意义是什么，笔者希望在此略加分梳，以为本章的结束。

正如本章开头引言部分已经提到的，在迄今为止所有关于唐君毅的研究（主要属于现代新儒学这一研究领域）中，唐君毅与印度哲学这一课题一直没有进入研究者的视野。而在迄今为止的印度哲学研究中，唐君毅的印度哲学研究也历来没有被那些研究印度哲学的学者加以吸收和利用。就此而言，本章以专题研究的方式考察唐君毅的印度哲学研究，目的不仅在于力求填补一项学术研究的空白，更在于希望通过本章的研究，提请相关的研究者能够充分意识到，无论在唐君毅思想研究还是中国的印度哲学研究这两大学术领域中，唐君毅有关印度哲学的论说都是不可或缺的题中之义。当然，在印度哲学研究的领域和脉络中检讨唐君毅的印度哲学研究，应当是专业印度哲学研究者的工作，笔者没有资格越俎代庖。作为中国哲学、思想史的研究者，笔者这里所要讨论的“唐君毅的印度哲学研究及其方法的意义”，乃是特就中国哲学、思想史的诠释与建构而言的。这一点，是必须首先加以说明的。

自 20 世纪 80 年代以来，中国大陆的现代新儒学研究极大地推动了海内外对于唐君毅、牟宗三、徐复观以及更早的熊十力、梁漱溟等“现代新儒家”的研究。不过，虽然成果多多，存在的问题也仍然值得思考。以“博大精深”来形容唐君毅和牟宗三等人的思想毫不为过，但可惜仅就研究的全面性来说，目前对于唐君毅和牟宗三都仍有相当不足。譬如，认为现代新儒家尤其牟宗三、唐君毅只谈

心性，缺乏政治、社会的关怀，本来是对唐、牟两人的著作用功不够、对其思想缺乏了解所致的误解和皮相之见，结果口耳相传，竟成为批评现代新儒学"振振有词"的常见。殊不知诚如余英时先生所言，"内圣外王连续体"本是儒家的整体规划。[76] 宋明时代的儒家如此，现代新儒家亦然。笔者对牟宗三的政治、社会思想的考察，[77] 目的既在于开辟新的学术园地，也在于纠正那些流行的浮泛与不实之论。本章对于唐君毅与印度哲学的研究，首先也是为了揭示唐君毅研究中一个被忽略的方面，以求对其思想和精神世界有更为完整的了解。事实上，唐君毅、牟宗三等人的思想都包括许多方面，不是"中国哲学史"这一个视角所能涵盖的。对此，唐君毅的印度哲学研究固然是一个很好的例子，而在宗教、政治、文学、艺术等方面，唐君毅也都有很多思想内容值得挖掘。[78]

除此之外，还有一点笔者认为尤其值得反省和借鉴，那就是唐君毅所充分运用的比较哲学的方法对于哲学研究和建构的意义，特别是对于如今中国哲学诠释和建构的重要意义。事实上，对于这种方法的重要性和意义，唐君毅本人具有高度的自觉。在《哲学概论》上册专门讨论哲学方法与态度的部分，他曾经专门论证了比较方法的重要。他说：

---

[76] 参见余英时：《朱熹的历史世界——宋代士大夫政治文化的研究》（繁体字版，台北：允晨文化实业股份有限公司，2003；简体字版，北京：生活·读书·新知三联书店，2004），上篇的"绪说"。特别是简体字版下篇"附论三篇"中的第三篇"试说儒家的整体规划"，见该书简体字版页 912—928。

[77] 彭国翔：《智者的现世关怀——牟宗三的政治与社会思想》，台北：联经出版公司，2016。

[78] 笔者曾以 5 万字的篇幅专题考察过唐君毅的宗教思想，见彭国翔："唐君毅论宗教精神"，"当代儒学与精神性"国际学术研讨会会议论文，香港浸会大学哲学与宗教学系主办，2007 年 11 月 14—15 日。后收入笔者《儒家传统——宗教与人文主义之间》（增订版），第十章，北京大学出版社，2019，页 244—315。

用比较法与发生法研究哲学，都是把哲学思想当作一存在的对象来看。其不同，是发生法之所着眼点，在一哲学思想之所由生之后面的历史背景。而比较法之所着眼点，则在一哲学思想本身之内容或系统，与其他哲学思想之内容或系统之异同。[79]

而比较法因系以具体事物为对象，亦使我们最能不抹杀一具体事物与其他具体事物之一切同异之性质者。在人类各种思想中，我们又可说只有哲学家之哲学思想，最是各人自成一系统者。故我们前说哲学著作之各成天地，有如文学。因而我们研究人之其他科学思想，我们尚可只重在前后相承之迹者，而研究人之哲学思想，则必须就其各为具体之个体存在而比较之。如将各哲学家集成各哲学派别看，则当就各哲学派别，作比较研究。[80]

比较是兼较同与较异，然一切思想中恒有异，异中又恒有同。有似异而实同者，亦有似同而实异者。然吾人见同时，又恒易忽其异，见异时又恒易忽其同，因而比较之事，似易而实难。而比较法之价值，则在由比较，而使同异皆显出，同以异为背景，而同益彰其同；异以同为背景，异亦更见其异。由是而使同异皆得凸显，而所比较之对象之具体的个体性，亦皆得凸显。而吾人之比较之思想活动本身，亦因而有更清楚丰富之思想内容。故吾人之从事对哲学思想之比较研究，亦即使吾人之哲学思想本身，升进为能综合所比较之哲学思想，以成一更高之哲学思想者。[81]

---

[79] 《全集》版《哲学概论》(上)，页 201；简体版《哲学概论》上册，页 123。

[80] 《全集》版《哲学概论》(上)，页 201—202；简体版《哲学概论》上册，页 123。

[81] 《全集》版《哲学概论》(上)，页 202；简体版《哲学概论》上册，页 124。

在这三段文字中，第一段说的“发生法”，其实更多是“思想史”研究所运用的方法。[82] 第二段是强调比较的方法对于“哲学”这门学科格外重要。至于第三段，正是唐君毅对于他所理解的比较方法的详细说明。在他看来，只有通过这种方法，所比较的对象的特性才会在不同参照系的对照以及更为广阔的背景和脉络中突显出来。更进一步，这种方法也会使比较研究者自己获得更为丰富和深厚的思想资源，并且在消化、吸收和综合之后，最终提升比较研究者自身的哲学思想。唐君毅在中、西、印三大哲学传统相互比较的脉络中考察印度哲学，正是这种方法论自觉的充分表现，也可以说为这种比较方法的充分运用提供了一个绝好的例证。

时至今日，中文世界一些学者对于印度哲学某一方面或专题的了解和研究或许已经“更上一层楼”，但唐君毅对于印度哲学的许多洞见，恐怕仍然值得一些研究印度哲学的“专家”参考和借鉴。其中一个重要的原因，就在于唐君毅对于印度哲学的了解，来自于其世界哲学的整全视野，[83]尤其来自于其中、西、印三大哲学传统相

---

[82] 不论是史华慈（Benjamin Schwartz）所谓的“思想史”的研究方法，还是侯外庐（1903—1987）学派以及日本学者沟口雄三等人所运用的研究思想史的方法，都与唐君毅这里所说的“发生法”有接近之处。侯外庐学派和沟口雄三的方法与这种“发生法”最为接近。而史华慈的方法观照的方面则更多一些，不仅是历史背景，也包括其他社会与思想的因素与研究对象之间的互动关系。史氏关于“思想史”方法的讨论参见其“The Intellectual History of China: Preliminary Reflections,” in *Chinese Thought and Institutions*, ed. John K. Fairbank, Chicago and London: University of Chicago Press, 1975, pp. 16 - 20.

[83] 对于世界哲学的整全视野，唐君毅具有高度的自觉。他曾经批评以往所有的《哲学概论》以及西方学者撰写的哲学史，所谓“现有一切哲学概论及哲学史书籍之缺点，在皆不能兼以全人类之哲学思想为对象，以兼自东西之哲学典籍中取材”[《全集》版《哲学概论》(下)，页 568；简体字版《哲学概论》下册，页 828]。在《哲学概论》最后“附录”的“阅读、参考文献”的最后部分，唐君毅还有这样一句话：“又除中西哲学外，以世界眼光看哲学，吾人对印度、犹太、阿拉伯、日本之哲学，亦须加以注意。”[《全集》版《哲学概论》(下)，页 594；简体字版《哲学概论》下册，页 841]这句话更是将唐君毅世界哲学的整全视野表露无遗。

互对照的比较哲学的方法。

由前文考察可见，中、西哲学传统的深厚素养，对于唐君毅深入把握印度哲学来说，无疑构成强有力的“支援意识”（subsidiary awareness）。[84] 事实上，对唐君毅而言，在讨论中、西、印这世界三大哲学传统的任何一支时，另外两支都随即自然构成比较分析的“镜子”。这样一来，通过彼此之间的对比分析，世界三大哲学传统各自的特性都得到了进一步的显示。正所谓“由比较，而使同异皆显出，同以异为背景，而同益彰其同；异以同为背景，异亦更见其异。由是而使同异皆得凸显，而所比较之对象之具体的个体性，亦皆得凸显。”这一特征，不仅在《哲学概论》中，在唐君毅其他几乎所有的哲学论述中，俯拾皆是。而在此基础上，正如唐君毅所说，由于能够博采众长而不断“综合创新”，从事比较研究者本人自身的哲学素养和境界也会随之不断提高。

当然，唐君毅首先是一位中国哲学家，而中国哲学的现代诠释与重建更是他毕生戮力的心血所在。他的印度哲学研究，除了其自身独立的价值与意义之外，最终仍然可以说是为了进一步在世界哲学的整体脉络中发展中国哲学。[85] 因为对中国哲学来说，印度

---

[84] 这里借用 Michael Polanyi（1891 - 1975）的观念。有关“焦点意识”（focal awareness）和“支持意识”，参见其 *Personal Knowledge: Toward a Post-Critical Philosophy*（Chicago: University of Chicago Press, 1962）一书中的相关说明。

[85] 在《哲学概论》附录“阅读、参考书目”中，唐君毅曾经有一段文字介绍并评价民国以来对待中西思想之关系的各种不同思想取向。在描述自己的立场与方法时，他明确指出：“至于愚以前所著之《中国文化之精神价值》及《文化意识与道德理性》等书，虽皆不足以言精心结撰之著，然皆对较西方之文化思想以明中国文化思想之价值所在；兼欲以中国先儒之德性为本之义，统摄当世所崇尚之一切分途发展之文化意识，以免道术之为天下裂者。”[《全集》版《哲学概论》（下），页 578；简体版《哲学概论》下册，页 833]这里，唐君毅既说明了他比较哲学的方法，所谓“对较西方之文化思想”，同时也说明他运用这种比较哲学方法的目标在于立足于中国哲学尤其儒学传统，广泛吸收世界上各大传统的思想资源，以重铸一个完整的“道术”。

哲学和西方哲学一样构成一种“参照系”和“他者”。因此，唐君毅所强调的比较哲学的方法，对于当今之世中国哲学的诠释与建构，恐怕更具有特别的意义。笔者曾在不同场合多次指出，“中国哲学”作为一门现代意义上的“学科”，一开始就是在与西方哲学的关系之中来界定和建构自身的。这是历史的实然。在这个意义上，“中国哲学”自始即可以说是一种“比较哲学”。晚近几年来，中国哲学研究的方法论问题成为学界反思的焦点之一。但其中一种试图在与西方哲学绝缘的情况下建立中国哲学主体性的论调，不免因噎废食，非但不能将中国哲学的发展引入新的方向，反而不免落入断港绝潢之虞。依笔者之见，世界上其他任何伟大的思想和精神性传统（intellectual and spiritual traditions）都应当尽可能成为发展中国哲学（也包括历史、文学等整个人文学术）的参照和借镜。深入其中而善于消化吸收的话，这些思想和精神性的传统都将是“资源”而非“负担”。正如宋明儒家深入释老的结果并没有为法华所转，反而使儒家传统不断趋于广大和精微一样，当今中国哲学的研究和建构，也更需要放眼世界，博采众长。对此，笔者以往曾有较为详细的说明，这里就不再赘述了。[86] 需要强调的是，这种在“以中为主”的“中西双向互诠”中建立中国哲学自身主体性的方法论自觉及其所必然要求的比较哲学的方法，事实上早已贯彻在诸如唐君毅、牟宗三、劳思光等老一辈中国哲学家的著作当中了。唐君毅对于印度哲学的研究和关注，正在于为这种世界哲学的视野和

---

[86] 参见笔者的三篇论文：（一）合法性、视域与主体性——当前中国哲学研究的反省与前瞻”，《江汉论坛》（武汉），2003 年第 7 期，页 38—40；《新华文摘》2004 年第 1 期全文转载；（二）“中国哲学研究的三个自觉——以《有无之境》为例”，收入景海峰编：《拾薪集——“中国哲学”建构的当代反思与未来前瞻》，北京大学出版社，2007 年 7 月，页 35—51；（三）“中国哲学研究方法论的再反思——‘援西入中’及其两种模式”，《南京大学学报》，2007 年第 4 期，页 77—87。三文现已收入本书为第一、二、三章。

比较哲学的方法提供了例证，说明了深入“他者”乃是成就和丰富“自我”的不可或缺的途径。简言之，只有比较和对话，才是当今中国哲学在全球的脉络中发展自身的必由之路。当然，无论立足于中、西、印哪一种传统，通过比较哲学的方法来丰富和发展自身都不是一件容易的事，恰如唐君毅所说“见同时，又恒易忽其异，见异时又恒易忽其同，因而比较之事，似易而实难”，需要对比较的双方甚至多方都能够“深造自得”。[87] 只有如此，方能如庖丁解牛一样“批大郤，导大窾，因其固然”（《庄子·养生主》），在两种甚至更多不同的哲学传统中“游刃有余”、“左右逢源”。也只有如此，就中西哲学而言，“比较哲学”也才能真正名副其实地成为一种既“兼通”而又同时不失其“归宗”的成就和造诣，不致沦为于中西双方其实都未能“契入”而“雾里看花”的“比附”之论。

---

[87] 仅以唐君毅、牟宗三两位为例，其西方哲学的造诣，恐怕是中文世界一些专治西方哲学者亦不能望其项背的。

第八章　典范与方法
——侯外庐与“中国哲学史”研究

一、引言

当我们讨论作为一门现代学科意义上的“中国哲学史”时，侯外庐基本上是被忽略的。但是，对侯外庐应当予以关注。因为在20世纪中国现代学科形成和发展的过程中，侯外庐其实一直扮演着一个非常重要的角色。对于作为一门现代学科的“中国哲学史”的研究来说，侯外庐建立的典范和方法，尤其不容忽视。

本章将探讨以下几个问题：首先，在作为一门现代学科的“中国哲学史”研究这样一个脉络之中来考察侯外庐是否合适？换言之，对“中国哲学史”来说，关于侯外庐的讨论是切题的还是不相干的？其次，对于“中国哲学史”的研究来说，侯外庐所建立和提倡的典范和方法是什么？第三，侯外庐所建立的典范和方法是如何流行的？那种典范和方法只不过是马克思主义作为一种国家意识形态建立之后的结果呢，抑或对侯外庐自己来说，这种典范和方法可以视为一种学术发展的结果？第四，对于当今的中国哲学史研究，以及最近关于中国哲学史研究方法的讨论，[①]侯外庐所建立的典范和方法是否还有其相关性和意义？

二、在“中国哲学史”这一现代学科的语脉中讨论侯外庐是否切题？

侯外庐是“中国思想史”研究的领袖人物，对于现代中国思想史的研究者来说，这一点是众所周知的。侯外庐及其学生出版过五卷本的《中国思想史》。该书被认为是从马克思主义的观点来研究整个中国思想遗产的杰作和巨著。[②] 此外，侯外庐个人还于1943年出版《中国古代社会史论》，[③]于1944年出版过《中国古代思想学说史》。[④] 在五卷本的《中国思想史》之前，他自己还于1944年和1945年出版过《中国近世思想学说史》。“文化大革命”之后，他也在1980年和1981年编辑出版过《中国思想史纲》。因此，虽然20世纪90年代之后侯外庐逐渐被人淡忘，但从学术史的角度说起中国思想史研究的历史，首先映入脑海的，恐怕还是侯外庐的

---

① 笔者自己也是有关这一讨论的内在参与者之一，参见笔者已经发表的三篇论文：1.“合法性、视域与主体性——当前中国哲学研究的反省与前瞻”，《江汉论坛》，2003年第7期，第38—40页。该文英译版见 *Contemporary Chinese Thought*, M. E. Sharpe, Vol. 37 No. 1, Fall 2005, pp. 89 - 96；2.“中国哲学研究的三个自觉”见景海峰编：《拾薪集》北京：北京大学出版社，2007，第35—51页；3.“中国哲学研究方法论的再反思——‘援西入中’及其两种模式”，《南京大学学报》，2007年第4期，第77—87页。三文现已收入本书。

② 该五卷本并非一时出齐。第一卷1947年由上海的新知书店出版，第二卷1950年由北京的生活·读书·新知三联书店出版，第三卷1951年也是由生活·读书·新知三联书店出版。第四卷则分为两部分，分别于1959年和1960年由北京的人民出版社出版。第五卷最初名为《中国早期启蒙思想史》，于1963年由北京的人民出版社出版。

③ 该书修订版曾于1955年由人民出版社再版过。

④ 该书1947年曾由上海文峰书店再版。

名字。不过，笔者下面将会论证指出，事实上，在有关“中国哲学史”的研究中，侯外庐同样也是一个核心人物。

在“中国哲学史”而非“中国思想史”的脉络中讨论侯外庐，有两个原因。首先，除了为人熟知的“中国思想史”之外，侯外庐的确出版过几部名为“中国哲学史”而非“中国思想史”的著作。更有意义的是，从20世纪50年代到80年代这差不多四十年中，在关于中国哲学史的研究中，侯外庐建立的典范事实上一直居于主导地位。直到90年代，侯外庐所建立的典范和方法才受到检讨，逐渐被边缘化，如果不是被完全抛弃的话。

侯外庐以“中国哲学史”而非“中国思想史”为题出版的著作可以分为两类。一类是一些出版时被直接冠之以“中国哲学史”之名的著作。例如，他1958年曾经出版过《中国哲学史略》，[5]1963年曾经出版过《中国哲学简史》，[6]1978年曾经出版过《中国近代哲学史》。[7] 除了这些题名为“中国哲学史”而非“中国思想史”的著作之外，他还发表过一些讨论“中国哲学史”而非“中国思想史”的文章，特别是讨论一些中国历史人物的“哲学”的文章。譬如，1955年他曾经发表过一篇名为“从对待哲学遗产的观点、方法和立场批判胡适怎样涂抹和污蔑中国哲学史”的文章，[8]尽管严格来说，该文与其说是学术批评，不如说是政治批判。他还撰文讨论过柳宗元、李贽、吕才等人的所谓“唯物主义”。另外一类文字是他及其追随者编辑的有关一些中国古代思想家的资料书，均冠以“哲学”之名，比

---

⑤ 该书由中国青年出版社出版，实际由当时的四位年轻学者执笔包括张岂之、李学勤、杨超和林英。当时这四位学者，再加上何兆武，一直追随侯外庐，共同撰写了不少著作，包括后来20世纪80年代早期著名的《宋明理学史》。

⑥ 该书也是由中国青年出版社出版的。

⑦ 该书由人民出版社出版。

⑧ 该文发表于《哲学研究》。

如《陈确哲学选集》、[9]《王廷相哲学选集》、[10]《吕坤哲学选集》，[11]以及《柳宗元哲学选集》。[12] 由此可见，侯外庐本人显然没有把自己局限于“思想史”这一领域的研究。他认为他所做的是关于“中国哲学史”的工作。至于侯外庐参与“中国哲学史”研究的更为有力的证据，则是他和他的同事分别于 1984 年和 1987 年出版的两卷本的《宋明理学史》。该书是侯外庐对中国哲学史研究，特别是宋明理学史研究的最为重要的贡献之一。虽然侯外庐在该书中所运用的整体诠释框架已经过时，但是，该书迄今为止仍是一个对于宋明理学有价值的研究成果。[13]

除了上面提到的两点原因之外，在“中国哲学史”研究的语境中讨论侯外庐之所以有特别的意义，还在于无论在“中国思想史”还是“中国哲学史”研究中，他所建立的研究典范以及他所提倡的研究方法。从 20 世纪 50 年代直到 80 年代，几乎所有关于中国哲学史的研究都遵从侯外庐的典范与方法，或者说与之保持一致。接下来，就让我们看一看侯外庐建立了怎样的研究典范以及他所运用和提倡的研究方法是什么。

三、侯外庐建立并提倡的典范和方法是什么

在 1958 年，侯外庐出版过一本名为《韧的追求》的回忆录。其

---

⑨ 该书初版于 1958 年，修订版出版于 1959 年。均由北京科学出版社出版。
⑩ 该书初版于 1959，第二版出版于 1965 年，均由北京科学出版社出版。
⑪ 该书 1962 年由中华书局出版。
⑫ 该书 1964 年也由中华书局出版。
⑬ 对于该书在宋明理学研究这一领域中的价值和意义，笔者曾经撰文检讨。参见彭国翔：“20 世纪宋明理学研究的回顾与前瞻”（上、下），《哲学动态》（北京），2003 年第 4、5 期，页 41—44、页 38—40。收入我的《儒家传统与中国哲学——新世纪的回顾与前瞻》（石家庄：河北人民出版社，2009）。

中，对于他的人生经历及其研究工作，有一个简要的回顾。此外，他也描述了1949年以前主要由苏联输入的马克思主义对于当时中国思想文化氛围所产生的强烈影响以及他个人对于马克思主义的参与。[14] 从他自己的立场来看，他认为自己最为显著的学术贡献就是五卷本的《中国思想通史》。在他的回忆录中，他总结了自己《中国思想通史》的六点贡献。这六点贡献也同样可以适用于他对于“中国哲学史”的研究。

侯外庐所总结的六点，核心之一就是以马克思主义的视角来研究人类世界及其历史。根据马克思主义关于人类社会历史的“五阶段论”，侯外庐也同样将过去的中国历史分为“原始社会”，“奴隶社会”，以及“封建社会”。[15] 这是其研究中国哲学史的第一步。接下来的第二步，就是再区分出“唯心主义”和“唯物主义”这两大阵营。每一位中国古代的哲学家都必须以如此的标准来被检视，从而被划分到“唯心主义”和“唯物主义”这两个对立的阵营之中。每一位哲学家的思想的具体和细微的内涵，都应该在这样一种组织结构中予以分析。[16]

更具体来说，侯外庐的方法和典范的一个显著特征，就是格外强调经济条件和社会结构对于任何历史人物的思想的影响甚至是决定作用。正如他自己所说，马克思主义，尤其是其政治经济学，应该始终是中国思想史研究中的“第一原则”。[17] 虽然侯外庐这里

---

⑭ 对于自己参加中国共产主义运动，侯外庐有生动的描写，包括他与后来成为中共高级领导人的周恩来的个人交往，以及他如何成为那些坚信马克思主义能够彻底解决中国问题、从而使得中国变成一个更好的国家的知识分子之一。

⑮ 不过，看起来侯外庐自已也意识到了中国过去所谓“封建”一词其实并不能完全对应于马克思主义的“feudal”。并且，他甚至批评以中文“封建”来翻译马克思主义的“feudal”是极易产生误解的。

⑯ 不过，那些细微的差别事实上常常是被忽略了。

⑰ 参见《韧的追求》，页327。

所说是针对“中国思想史”，但是，这也同样适用于“中国哲学史”。因为侯外庐并没有明确在“思想史”和“哲学史”之间做出区分。在侯外庐的心目中，这两者似乎是同一个东西。在他1963年编辑和出版的《中国哲学简史》的“前言”中，这一点可以得到证明，所谓“本书内容基本上基于已经出版过的五卷本《中国思想通史》以及正在编辑中的《现代中国思想大纲》中的观点”⑱。也许正是因为他心目中并不在“思想史”和“哲学史”之间加以区分，他在回忆录中只是着重于说明他在“中国思想史”研究中的所作所为，而没有另外提及他在“中国哲学史”研究中所作的工作。⑲

无论如何，强调经济条件和社会结构对于历史人物思想的影响甚至决定作用，正是侯外庐所运用的研究中国哲学史的方法。并且，这一方法也不仅仅是侯外庐的，在20世纪50年代到80年代

⑱ 参见《中国哲学简史》，“前言”，北京：中国青年出版社，1963。

⑲ 在现代西方的学术分类中，虽然密切相关，但“the intellectual history”和“the history of philosophy”属于两个不同的学科。就此而言，侯外庐之所以没有区分二者，似乎不无原因。但是，在侯外庐自己的著作之中，我们找不到相干的文献对此问题作出解答。如何解释这一点？笔者个人的理解是：我们应当充分意识到，当时正是一个中国传统学术被重建并使之适应于西方引入的新的学术分类系统的时代。在笔者看来，在那样一个转型的过渡时期，侯外庐没有在“思想”和“哲学”之间加以区分，是可以理解的。他并没有必要一定要对这两者之间的区别有明确的自觉。事实上，即便在目前西方的话语中，也很难在“思想”和“哲学”之间有明确的区分。冯友兰（1895—1990）在其撰写两卷本的《中国哲学史》时，似乎对“哲学史”作为一门现代西方学科的边界有明确的自觉。但是，即便那时的冯友兰，也仍然意识到，如果将“哲学”严格限定于现代西方哲学的标准，那么，他所处理的传统中国哲学的某些内容，也无法很好地纳入到“哲学史”这一范畴之中。在这一点上，一些现代的中国哲学家，比如张岱年（1909—2004），也有同样的问题意识。当然，那些现代中国哲学家所运用的叙述策略，并非简单地依照基于现代西方哲学的那种对于“哲学”这一观念的狭义理解。事实上，他们几乎都扩展了“哲学”的内涵。譬如，通过引入中国哲学和印度哲学的内容，唐君毅（1909—1978）就曾经明确对于应当如何来理解哲学这一概念进行过论述，并在中文的“哲学”和英文的“philosophy”之间明确做出了区分。参见笔者“唐君毅的哲学观——以《哲学概论》为中心”，现已收入本书。

的中国哲学史研究中，这也是中国大陆几乎所有中国哲学史研究者所运用的方法。侯外庐是自觉运用马克思主义来诠释中国哲学史的领袖人物和先驱，鉴于这一事实，20世纪50年代到80年代期间中国哲学史和思想史的研究者，几乎都可以视为侯外庐这一方法论的追随者。至于所谓"侯外庐学派"，更是当时中国思想史和哲学史研究的主流。因此，这个意义上，我们可以说，正是侯外庐建立了一种研究的典范，不仅是"中国思想史"研究的典范，也是"中国哲学史"研究的典范。这种马克思主义的研究典范和方法，支配了中国大陆的中国哲学史甚至所有人文学科的研究长达约四十年之久。

四、政治的抑或学术的：侯外庐的研究典范与方法是如何得以流行的

我们也许可以提出这样一个问题：既然几乎所有人文学科在那个时代都被作为一种方法论的马克思主义所支配，那么，认为是侯外庐在中国思想史以及哲学史的研究中建立了这种典范，这种说法是否合理呢；或者说，这种典范实际上是将马克思主义奉为一种国家意识形态的中国共产党所建立的，这样说是否更准确呢？如果后一种说法更为真实，那么，侯外庐的研究典范和方法在那个时代的广为流行，作为一种胜利，就只能说是政治而非学术的了。

对于理解侯外庐如何建立了所谓的"侯外庐学派"，以及将那种马克思主义的研究方法和典范加以推广，政治的因素无疑是重要的一环。中华人民共和国的建立，特别是马克思主义作为这一种国家意识形态的建立，对于侯外庐的成功来说，绝对是至关重要

的。事实上，侯外庐自己就是一位资深的中国共产党党员。[20] 他在1941年以后和1949年之前发表的那些关于中国文化史和思想史的著作，表明他人生的重心从政治活动转到学术工作，而这很大一部分原因是周恩来的建议。[21] 这种转换可能是他在新中国成立之后成为中国社会科学院历史研究所所长的一个重要原因。由于他在政治化的学术界中的领导位置，他能够组织并领导当时一些年轻的学者，包括张岂之、李学勤、杨超、林英、何兆武、黄宣民和卢钟锋，不断地撰写一些有关中国思想史和哲学史方面的著作。例如，侯外庐1958年主编并出版的那本《中国哲学史略》，事实上就是由张岂之、李学勤、杨超和林英执笔的。[22] 这几位学者后来大都成为中国学术界的领袖人物。所谓“侯外庐学派”也就这样形成并得到了发展。中国社会科学院历史研究所的中国思想史研究室，长期以来被视为侯外庐学派的基地，一直到最近卢钟锋退休和姜广辉离开，才算解体。[23]

不过，除了政治的因素之外，我们还应当注意到一点，那就是：侯外庐不仅是一位资深的中共党员，同时也还是一位学者。如果侯外庐只是在1949年之后才改变其研究的方法，像1949年之后的冯友兰一样，那么，我们就可以说，侯外庐的马克思主义方法论不过是政治的婢女，侯外庐本人也不过是个变色龙。但是，在其生涯之中，事实上，侯外庐自始就是一位真诚和坚定的马克思主义者。他运用马克思主义来研究中国社会史和思想史的许多著作，

---

[20] 譬如，侯外庐于1928年加入了中国共产党。参见他的回忆录和自传《韧的追求》第18章。其中对他的人生与中共之间的密切关联有生动的描述。

[21] 见《韧的追求》，页114—115。

[22] 参见侯外庐为该书撰写的“前言”。《中国哲学史略》，北京：中国青年出版社，1958。

[23] 姜广辉是中国社会科学院历史研究所中国思想史研究室的前一任主任，几年前离开去了岳麓书院。他或许是属于侯外庐学派这一谱系的最后一位主任。

都是在1949年之前出版的。例如，他甚至分别发表过两篇讨论黄宗羲(1610—1695)和孙中山(1866—1925)的文章。㉔ 除了前面提到的那些著作之外，还有一些著作可以让我们看到，在很年轻的时候，侯外庐就已经接受了马克思主义，并视之为解决中国问题的万灵药了。他在20世纪30年代花了很长期间翻译《资本论》，就是很著名的一则故事。此外，侯外庐还出版过一本很有趣的书，叫作《新哲学教程》，可惜该书长期不被研究者注意，几乎被人遗忘了。㉕ 事实上，该书是一本马克思主义的简明读本，恰恰反映了侯外庐为之奉献一生的他自己所信奉的哲学。正是这个马克思主义的简明读本，不但成为侯外庐自己的研究方法论，也在1949年之后，成为整个中国大陆人文学科与社会科学研究的共同的方法论。显然，和许多后"五四"时期的知识分子一样，侯外庐受到共产主义运动的深刻影响。那个时代，共产主义是一种时尚，不仅在中国，国际上也是如此。事后来看，侯外庐或许不过只是那些成长于强烈反传统思潮氛围中而犯了"左倾幼稚病"的一员而已。

总之，认为侯外庐所提倡的作为一种研究典范的马克思主义方法论仅仅是一种政治影响的结果，这样的判断对侯外庐来说是不公平的。依笔者之见，我们需要在两种不同的视角之间做出区分。从侯外庐自己的学术的角度来看，我们可以说，他对马克思主义的信奉与持守是一贯和连续的。因此，就侯外庐作为一位个体的学

㉔ "黄梨洲的哲学思想与近世思维方法"，《中苏文化》第15卷第6、7期，1944年7月；"中山先生的哲学思想"，《中国学术》，第2号，1946年6月。

㉕ 侯外庐和罗克汀共同撰写的《新哲学教程》完成于20世纪40年代。笔者在清华大学图书馆找到了该书的原版。由于没有明确的出版项，笔者无法断定该书出版的具体年代。不过，由于在为该书撰写的前言中，侯外庐注明是1946年撰写于由汉口赴北京的汽船之上，因此，该书的完成不会晚于1946年。补记：笔者后来在香港中文大学图书馆找到《新哲学教程》的两个不同版本，最早的是1947年上海新知书店出版，另外一个1989年上海书店出版的则是1947年版的再版。由此可知该书出版在1947年，但完成当不晚于1946年。

者而言，提倡马克思主义，将其作为一种研究中国哲学史的诠释架构，是来自于他对马克思主义作为一种最好的世界观与方法论的真实信仰。当然，从另一方面来说，我们也得承认，将侯外庐自己的研究方法化约为20世纪50年代到80年代之间每一位中国思想和哲学史研究者都不得不遵从的典范，本身正是马克思主义作为一种国家意识形态影响所及的结果。我们或许不能这样说，对侯外庐而言，马克思主义的方法论借政治之力成为一种全国性的典范，只是一种意料之外的后果（unintended consequence）。但是，从侯外庐自己来看的学术视角，以及从中国1949所发生的翻天覆地的变化来看的政治视角，这两者之间的区分，对于深化我们对于侯外庐的认识来说，是既有必要也有助益的。

五、“随风而逝”抑或“余韵犹存”：如何评价侯外庐的方法论

20世纪80年代之后，随着马克思主义作为一种普遍方法论的式微，在中国的人文学术界，侯外庐的研究典范与方法迅速被边缘化了。就此而言，本章内容的价值与意义，似乎更多的是历史而非哲学的。换言之，笔者研究侯外庐的原因，主要在于他的典范和方法在很长时间内支配了中国哲学史的研究。就历史研究来说，他的典范和方法构成了一个不可化约的历史环节，虽然如今和将来不必再有实际的效用。

不过，侯外庐的方法目前是否就一无是处、不再有任何的价值和意义了呢？如果我们不仅意识到观念史、思想史、哲学史、社会史、文化史等等之间的差别，同时还自觉意识到“中国思想史”、“中国哲学史”等这些“中文词语”通常在中文的语境中都有其特殊的内涵，并不完全等同于我们一般所对应的那些英文观念，如

"intellectual history","history of philosophy"等,那么,我们就不得不说,在侯外庐的研究方法论中,迄今仍有一些有价值的因素。对此,笔者在此愿指出两点。

首先,我们知道,在西方的学术建制中,"history of philosophy"、"history of ideas"、"intellectual history"、"social history"、"cultural history"或者甚至是目前比较流行的"local history",虽然彼此之间不能全无交涉和重叠,但基本上都是各有所指的不同研究领域,同时也各有自己的研究方法,正如不同的兵器,各有自己的"武艺"。如果我们从那些西方的学术分类来看侯外庐的中国哲学史研究,并充分考虑他自己从未在"思想史"和"哲学史"之间做出明确的区分,正如前文已经提到的,那么,我们就得承认,侯外庐的"哲学史",事实上更接近于"intellectual history",而不是"the history of philosophy"以及"the history of ideas"。因此,我们可以得出这样的结论:尽管侯外庐的方法论在中国哲学史的研究中大势已去,但是,在一个更广的中国研究的脉络和语境中,比如说,在"中国思想史"、"中国社会史"或者"中国文化史"中,这种方法论仍然可以找到其共鸣。侯外庐曾经总结了研究中国思想史的两个最重要的原则,他认为,这是他和他的同事们在其所有研究中都加以贯彻的,尤其是在《中国思想通史》中。第一条原则是这样的,他说:

> 运用马克思主义特别是政治经济学理论,分析社会史以至思想史,说明经济基础与上层建筑、意识形态之间的辩证关系,是我们这部思想史紧紧掌握的原则。把思想家及其思想放在一定的历史范围内进行分析研究,把思想家及其思想看成生根于社会土壤之中的有血有肉的东西,人是社会的人,思想是社会的思想,而不作孤立的抽象的考察。对先秦诸子、两汉经

学、魏晋玄学、隋唐佛学、宋明理学、明末清前期启蒙思想家，无不如是。[26]

当然，这里的第一段话是马克思主义基本立场的经典表达。不过，如果我们不管这句套话，而是聚焦于第二段话，即“把思想家及其思想放在一定的历史范围内进行分析研究，把思想家及其思想看成生根于社会土壤之中的有血有肉的东西，人是社会人，思想是社会的思想，而不作孤立的抽象的考察”，我们就会发现，这一点是许多思想史甚至社会史学者仍然信奉的一种重要的研究取径。事实上，当我们阅读一些以研究中国思想史而著称的学者的著作时，比如日本学者沟口雄三的相关著作，我们就会发现，他们所提倡和运用的研究取径，基本上没有越出上引侯外庐第二段话所强调的意思。如今一些中国学者往往对国外学者亦步亦趋，视那些国外学者的研究方法为“新经”，殊不知就此而言，恰恰是侯外庐及其学派的“故物”。简言之，一旦将马克思主义的教条从侯外庐这里所强调的研究方法中剔除出去，我们就会看到，他所强调的基本的取径，对于思想史研究来说，仍然是有价值和有所助益的。思想史研究可以遗忘侯外庐，但却不可能忽略上引文中侯外庐多年前所强调的研究原则。在这一点上，即便对于近年来在西方学术中大有侵蚀思想史并凌驾于其上的社会史和文化史研究中，我们仍然可以发现与侯外庐这里所强调的原则的共鸣之处。

笔者希望提出的第二点是：即便在中国哲学史的研究中，在侯外庐的方法论中，仍有一些东西值得我们认真对待，尽管在一般的意义上，他的马克思主义方法论已经不再被作为一种典范而为广大研究者所追随了。就在上引他所写的那一段话之后，侯外庐紧

---

[26] 参见《韧的追求》，第327页。

接着又写了这样一段话：

> 实事求是，从材料实际出发，进行分析研究，是《中国思想通史》始终掌握的又一原则。写历史要凭史料，否则就不免流于空泛。《中国思想通史》重视材料的朴实征引，目的就在用材料为说明问题的基础。我们对某一思想家的研究，首先是了解其时代，身世（学术传统），以及其自己的著作，而其自己的著作是最基本的材料。我们在撰著工作中着重直接掌握第一手材料，而不愿转引，也出于同一理由。在撰著《中国思想通史》的过程中，阅读了大量原始材料，做了笔记。在这个基础上，作实事求是的论述。所搜集的材料有些是手抄本或仅存的抄稿，非敢猎奇，意盖在不没前人的业绩，亦恐陷于仅据部分材料轻论前人之误。对待材料，经过考订、审查，辨别真伪，确定时代。校正文字上的伪误衍夺，董理篇章的散乱脱漏，庶不致厚诬古人。已经遗佚的著作，甚至动手辑集。注意版本，尽可能用精校的本子，如用鲁迅校的《嵇康集》。作好资料工作，才谈得上尚论古人。㉗

虽然他这里是在谈论“中国思想史”，此处他所强调的，却是要研究者注重哲学论证所赖以建立的历史材料。侯外庐不但在其《中国思想史》中贯彻了这一原则，而且也在前文提到的他 20 世纪 80 年代主编的两卷本《宋明理学史》中贯彻了这一原则。对于该书，笔者曾经讨论并指出，该书的整体诠释框架和不少论断虽然已经过时，但该书最大的贡献，正在于对那些理学人物的原始文献的研

㉗ 《韧的追求》，第 328 页。

究。这些研究对于中国哲学史的研究者至今仍有参考价值。[28] 正是在这个意义上,笔者敢于指出,只要中国哲学史的研究作为一门现代学科仍然存在,侯外庐这里所特别强调的注重原始文献的这一原则,就是始终颠扑不破而不会过时的。

六、结语

对于作为一门现代学科意义上的"中国哲学史",其合法性以及研究的典范与方法,晚近有一场争论,笔者也一直参与其中。而笔者反复强调的一点就是:如果我们想要恰如其分地来诠释传统的中国哲学,并且成功地将其重建为一门现代学科,使之具有其自身的特色,而不是将中国哲学原始文献作为材料简单地置入到西方的理论框架之中,很重要的一个前提条件就是,我们必须深入历史上那些中国哲学家们的原始文献以及他们自己固有的问题意识。仅就这一点来说,笔者以为上引侯外庐的观点,在中国哲学史的研究当中也是不容置疑的。当然,具有讽刺意味而且吊诡的是,侯外庐将马克思主义提倡为一种能够解释任何人类经验的普遍正确的真理,与上文所引他的第二个观点恰好是自相矛盾的。假如侯外庐彻底贯彻了他自己的主张,即任何哲学论证都必须建立在相关历史文献的严格考辨之上,我想很清楚,他对于古代中国哲学家所得出的那些结论,一定会与其马克思主义"先见"之下的判断非常不同。事实上,他的马克思主义的立场在他开始其所谓的严格的文献考辨之前,已经严重限制了他所能够得出的结论。对于这一矛盾,笔者不知道他自己是否事实上有所自觉。但是,笔者敢于断言的是,在1949年之后,即使他意识到了这一点,在一切都被

---

[28] 参见彭国翔:"20世纪宋明理学研究的回顾与前瞻"。

政治化的体制之下，他也再无法在学术研究上解决这一问题了。

笔者最后想说的是，对于侯外庐的典范和方法，我们的分析与评价应当尽量公平合理。尽管笔者个人并不特别欣赏其典范和方法，本章的研究也很可能只是一个初步和有争议的尝试。但依笔者之见，对于作为现代学科的“中国哲学史”、“中国思想史”、“中国文化史”、“中国社会史”的研究的发展来说，侯外庐的典范和方法，至少就上引文中的那些观点来说，不能说已经是随风而逝而变得毫不相干了。

第九章 “思想”与“历史”之间的“中国思想史”

2012年夏天，我应邀在位于德国哥廷根的Max Planck Institute for the Study of Religious and Ethnic Diversity从事研究工作时，突然有一天收到浙江大学出版社北京启真馆图书出版公司负责人王志毅先生的邮件，表示希望由我出面组织一套“海外中国思想史研究译丛”。如今，这套书就要正式出版了，出版社要我写个总序。在此，就让我谈谈对于“思想史”和“中国思想史”的一些看法，希望可以为思考如何在一个国际学术界的整体中研究“中国思想史”这一问题，提供一些可供进一步思考的助缘。

一、与“文化史”和“社会史”不同的“思想史”

“思想史”(intellectual history)、“哲学史”(history of philosophy)、“观念史”(history of ideas)等等都是现代西方学术分类下的不同专业领域，既然我们现代的学术分类已经基本接受了西方的学术分类体系，那么，讨论“思想史”的相关问题，首先就要明确在西方专业学术分类中“思想史”的所指。尽管我们在中文世界中对“思想史”这一观念的理解可以赋予中国语境中的特殊内涵,但毕竟不能与西方学术分类中"思想史"的意义毫无关涉。比如说,"中国哲学"中的"哲学"虽然并不对应西方近代以来居于主流的理性主义传统尤其分析哲学所理解的"philosophy",但却也并非与西方哲学的任何传统毫无可比性与类似之处,像阿道和纽思浜所理解的作为一种"生活方式"(way of life)、"精神践履"(spiritual exercise)以及"欲望治疗"(therapy of desire)的"philosophy",尤其是"古希腊罗马哲学",就和"中国哲学"包括儒、释、道三家的基本精神方向颇为一致。再比如,儒学作为一种"宗教"固然不是那种基于亚伯拉罕传统(Abrahamic tradition)或者说西亚一神教(monotheism)模式的"宗教"(religion),但各种不同宗教传统,包括西亚的基督教、犹太教和伊斯兰教,南亚的印度教、佛教以及东亚的儒教和道教,尽管组织形式不同,又都面对同样一些人类的基本问题,比如生死、鬼神、修炼等,提供了自己的回答。事实上,不独历史这一学门及其进一步的各种分支,对于"哲学"、"宗教"、"伦理"等学科,这一点同样适用。

那么,在西方的学术分类体系中,"思想史"是怎样一个研究领域呢?"思想史"诚然一度是"一个人文研究中特别模糊不清的领域",但是,就目前来说,"思想史"所要研究的对象相对还是比较清楚的。换言之,对于"思想史"所要处理的特定课题,目前虽不能说众口一词,却也并非毫无共识。正如史华慈(Benjamin I. Schwartz,1916—1999)所言,"思想史"所要处理的课题,是人们对于其处境(situation)的自觉回应(conscious responses)。这里,处境是指一个人身处其中的社会文化脉络(social and cultural context)。这当然是历史决定的,或者说根本就是一种历史境遇(historical situation)。而人们的"自觉回应",就是指人们的"思想"。再进一步来说,"思想史"既不是单纯研究人们所在的外部历史境遇,也不是仅仅着眼于人们的思想本身,而是在兼顾历史境遇和主体自觉的同时,更多地着眼于两者之间的互动关系,即"思想"与"历史"的互动。并且,这里的"人们",也不是泛指群体的大众意识,而往往是那些具备高度自觉和深度思考的思想家们。

其他一些专业领域,比如"社会史"、"文化史",与"思想史"既有紧密的联系,也有相对比较明确的区分。比如,按照目前基本一致的理解,较之"思想史"常常以重要的思想家们对于社会历史的各自反思,"文化史"往往关注较为一般和普遍的社会历史现象,以及作为群体的社会大众而非社会精英在一个长程的社会变动中扮演的角色。从作为"文化史"这一学科奠基人的布克哈特(Jacob Burckhardt, 1818—1897)关于意大利文艺复兴的研究,以及伯克(Peter Burke, 1937—)和普瓦里艾(Philippe Poirrier, 1963—)等人对于"文化史"的直接界定,即可了解"文化史"这一领域的特点。因此,"文化史"不但常常整合"人类学"的方法和成果,就连晚近哈贝马斯(Jürgen Habermas, 1929—)关于"公共领域"(public sphere)的论述和格尔兹(Clifford Geertz, 1926—2006)关于"深度描述"(thick description)的观念,由于同样注重人类社会的整体与共同经验,也成为支持"文化史"的理论援军。至于"社会史",则可以说是史学与社会科学更进一步的结合,甚至不再被视为人文学科(humanities)的一种,而是一种从社会发展的角度去看待历史现象的社会科学(social science)。像经济史、法律史以及对于公民社会其他方面的研究,都可以包括在"社会史"这一范畴之下。最能代表"社会史"研究取径的似乎是法国年鉴学派(French Annales School),不过,在史学史的发展中,社会史可以被视为发生在史学家之中的一个范围更广的运动。无论如何,与"文化史"类似,"社会史"最大的特点也许在于其关注的对象不是精英的思想家,而是社会大众。正是在这个意义上,"社会史"通常也被称为"来自下层的历史"(history from below)或者"草根的历史"(grass-roots history)。

二、"哲学史"、"观念史"与"文化史"、"社会史"之间的"思想史"

其实,在我看来,至少在中文世界的学术研究领域,"思想史"是介于"哲学史"、"观念史"与"文化史"、"社会史"之间的一种学术形态。以往我们的"中国哲学史"研究,基本上是相当于"观念史"的形态。"观念史"的取径重在探究文本中观念之间的逻辑关联,比如一个观念自身在思想内涵上的演变以及这一观念与其他观念之间的逻辑关系等等。站在"哲学史"或"观念史"之外,从"思想史"的立场出发,当然可以说这种取径不免忽视了观念与其所在的社会环境之间的互动;从"文化史"、"社会史"的立场出发,当然可以说这种取径甚至无视其所探讨的观念之外的文化活动的丰富多彩,无视观念所在的社会的复杂与多变。但是,话又说回来,"哲学史"或"观念史"的基本着眼点或者说重点如果转向观念与其环境之间的互动,转向关注于文化的多样与社会的复杂多变,那么,"哲学史"和"观念史"也就失去了自身的"身份"(identity)而不再成为"哲学史"和"观念史"了。

事实上,学术的分门别类、多途并进发展到今天,之所以仍然为"哲学史"或"观念史"、"思想史"、"文化史"以及"社会史"保留了各自的地盘,并未在"物竞天择,适者生存"的法则下造成相互淘汰的局面,就说明这些不同的取径其实各有其存在的价值,彼此之间虽然不是泾渭分明、没有交集,但却确实各有其相对独立的疆域。站在任何一个角度试图取消另一种研究范式(paradigm)的存在,比如说,站在"中国思想史"的角度批评"中国哲学史"存在的合理性,实在恰恰是"思想"不够清楚的结果。"思想史"、"哲学史"、"文化史”、“社会史”等等，其实是研究不同对象所不得不采取的不同方法，彼此之间本来谈不上孰高孰低，孰优孰劣。恰如解决不同问题的不同工具，各有所用，不能相互替代，更不能抽象、一般地说哪一个更好。打个比方，需要用扳手的时候当然螺丝刀没有用武之地，但若由此便质疑后者存在的合理与必要，岂不可笑？因为很简单，扳手并不能“放之四海而皆准”，需要用螺丝刀派用场的时候，扳手一样变得似乎不相干了。这个道理其实很简单，我经常讲，各个学科，包括“思想史”、“哲学史”、“文化史”和“社会史”等等，分别来看都是一个个的手电筒，打开照物的时候，所“见”和所“蔽”不免一根而发。对此，设想一下手电筒光束的光亮在照明一部分空间的同时，也使得该空间之外的广大部分益发黑暗。通过这个比喻，进一步来看，对于这些不同学科之间的关系，我们也应当有比较合理的理解。显然，为了照亮更大范围的空间，我们不能用一个手电筒替换另一个手电筒。无论再大的手电筒，毕竟只有一束光柱。而我们如果能将不同的手电筒汇聚起来，“阴影”和“黑暗”的部分就会大大减少。医院的无影灯，正是这一原理的运用。事实上，不同的学科不过是观察事物的不同视角而已。而我这里这个无影灯比喻的意思很清楚，“思想史”、“哲学史”、“社会史”等等，甚至人文学科和社会科学之间、文理科之间，各个不同学科应当是“相济”而不是“相非”的关系。否则的话，狭隘地仅仅从自己学术训练的背景出发，以己之所能傲人所不能，正应了《庄子》中所谓“以为天下之美尽在己”的话。另一方面，却也恰恰是以己之所仅能而掩饰己之所诸多不能的缺乏自信的反映。

一个学者有时可以一身兼通两种甚至多种不同的学术取径。比如说，可以兼治哲学与史学，同时在两个不同的领域都有很好的建树。不过，哲学与史学的建树集于一身，却并不意味着哲学和史学的彼此分界便会因此而不存在。打个比方，一个人可以十八般武艺样样皆通，但是很显然，这个人只有在练习每一种武艺时严格遵守该武艺的练习方法，才能最后做到“样样皆通”。假如这个人以刀法去练剑法，以枪法去练棍法，最后不仅不能样样皆通，反倒会一样都不通，充其量不过每样浅尝辄止而已。这里的关键在于，一个人十八般武艺样样皆通，决不意味着十八般武艺各自的“练法”因为被一个人所掌握而“泯然无际”，尽管这个人在融会贯通之后很可能对每一种武艺的练法有所发展或创造出第十九种、二十种武艺。落实到具体的学科来说，在没有经过“哲学史”、“观念史”、“思想史”、“社会史”、“文化史”其中任何一种学术方法的严格训练之前，就大谈什么打破学科界限，无异于痴人说梦，在学术上不可能取得大的成就，这是不言而喻的。很多年前就有一个讲法叫“科际整合”，即加强不同学科之间的互动与互渗，这当然是很有意义而值得提倡的。但“科际整合”的前提恰恰是学科之间的多元分化，只有在某一学科里面真正深造有得之后，才有本钱去与别的学科进行整合。

本来，“思想史”并不是一个很容易从事的领域，好的思想史研究是既有“思想”也有“史”，而坏的思想史则是既无“思想”也无“史”。比如说，对于一个具体的思想史研究成果，如果治哲学的学者认为其中很有“思想”，而治历史的学者认为其中很有“史”，那么，这一成果就是一个好的思想史研究。反之，假如哲学学者看了觉得其中思想贫乏，观念不清，而历史学者看了觉得其中史料薄弱，立论无据，那么，很显然这就是一个并不成功的思想史研究。因此，“思想史”这一领域应该成为“哲学”和“历史”这两门学术甚至更多学科交集的风云际会之所，而不是流于那些缺乏专长而又总想“不平则鸣”的“自以为无所不知者”（know-all，其实是“学术无家可归者”）假以托庇其下的收容站。

三、“中国思想史”的特征与前景

徐复观(1903—1982)曾经说“对于中国文化的研究，主要应当归结到思想史的研究”。对于这句话，在明了各种不同研究取径及其彼此关系的基础上，我是很同意的。因为较之“哲学史”，“思想史”在“思想”、“观念”之外，同时可以容纳一个“历史”的向度，换言之，“中国思想史”可以做到既能有“思想”也能有“史”。而这一点，刚好符合传统中国思想无论各家各派的一个共同特点，即一般都不抽象地脱离其发生发展的历史脉络而立言。因此，我很希望越来越多的学者加入到“中国思想史”的团队之中，只要充分意识到我们前面讨论的问题，不把“思想史”视为一个可以无视专业学术训练的托词，而是一个和“哲学史”、“观念史”、“文化史”、“社会史”等既有联系甚至“重叠共识”，同时又是具有自身明确研究对象和领域而“自成一格”的学科视角，那么，广泛吸收各种不同学科训练的长处，宗教的、伦理的、哲学的，都可以成为丰富“思想史”研究的助力和资源。

西方尤其美国关于中国思想史的研究，以狄培理(W. de Bary，1909—2018)、史华慈(1916—1999)、列文森(Joseph R. Levenson，1920—1969)等人为代表，在20世纪70年代一度达到巅峰，但随后风光不再，继之而起的便是前文提到的“文化史”、“社会史”以及“地方史”这一类的取径。这一趋势与动向，中文世界不少学者“闻风而起”。无论是可以直接阅读西文的，还是必须依靠翻译或者借助那些可以直接阅读西文文献的学者的著作的，都在不同程度上受到这一风气的影响。但是，如果我前文所述不错，各种取径不过是“横看成岭侧成峰，远近高低各不同”的不同视角，彼此之间非但毫无高下之别，反而正需相互配合，才能尽可能呈现历史世界与意义世界的整全，那么，“思想史”的研究就永远只会被补充，不会被替代。如果不顾研究对象的性质，一味赶潮流、趋时势，则终不免“邯郸学步”和“东施效颦”，难以做出真正富有原创性的研究成果。事实上，西方从“思想史”的角度研究中国，迄今也不断有新的成果出现。而且，如前所述，“思想史”和“哲学史”、“观念史”、“文化史”、“社会史”之间，也是既互有交涉，又不失其相对的独立性，越来越呈现出五光十色的局面。因此，真正了解西方中国研究（Chinese studies）的来龙去脉及其整体图像，尤其西方学术思想传统自身的发展变化对于西方中国研究所造成的制约甚至支配作用，而不是一知半解的“从人脚跟转”，对于中文世界人文学术研究如何一方面避免“坐井观天”和“夜郎自大”，另一方面在充分国际化（“无门户”）的同时又不失中国人文研究的“主体性”（“有宗主”），就是极为有益的。

中国思想史是我多年来的研究领域之一，而我在研究中所遵从的方法论原则，正是上述的这种自觉和思考。也正是出于这一自觉和思考，我当初才感到义不容辞，接受了启真馆的邀请。我的想法很简单，就是希望这套丛书的出版，能够为推动国内学界对于“中国思想史”的研究提供些许的助力或至少是刺激。这套丛书首批的几本著作，作者大都是目前活跃在西方学界的青壮年辈中的一时之选。从这些著作之中，我们大致可以了解西方中国思想史研究的一些最新的动态。当然，这里所谓的“思想史”，已经是取其最为广泛的涵义，而与“文化史”、“社会史”等不再完全的泾渭分明了。这一点，本身就是西方“中国思想史”最新动态的一个反映。至于其间的种种得失利弊，以及在中文世界的相关研究中如何合理借鉴，就有赖于读者的慧眼了。

附录一　Contemporary Chinese Philosophy in the Chinese-Speaking World: An Overview

Abstract: This article endeavors to provide an overview on contemporary Chinese philosophy. The focus is on contemporary Chinese philosophy in the Chinese-speaking world, particularly after the 1950s, although contemporary Chinese philosophy both in its inception in early 20th century China and in the English-speaking world are also explored. In addition to designating separate genres of contemporary Chinese philosophical interpretation and construction, including some of the major issues under discussion and debate as well as giving attention to several representative scholars, this article also teases out the historical contexts in which those issues emerged and developed, and it highlights the salient feature of contemporary Chinese philosophy in general.

Keywords: Contemporary Chinese philosophy, New Confucianism, New Marxist Chinese philosophy, Chinese philosophy as a world philosophy

The development of Chinese philosophy as a modern discipline incepted in the early 20th century has always maintained a connection with the Western philosophical tradition, and it also has not been outside of the whole picture of world philosophy. A better understanding of contemporary Chinese philosophy is no doubt crucial not only for the further development of Chinese philosophy but also for the emerging construction of world philosophy. So, let me, as a philosopher and historian as well from China, try to depict the picture of contemporary Chinese philosophy and highlight its salient features.

1 Defining "Contemporary Chinese Philosophy"

When we discuss "contemporary Chinese philosophy," two points must first be clarified. One is the definition of "Chinese philosophy," and the other is that of "contemporary." The present discussion of contemporary Chinese philosophy focuses on the Chinese-speaking world although contemporary Chinese philosophy outside the Chinese-speaking world shall also be explored.

1.1 What Does "Chinese Philosophy" Mean?

First of all, it is necessary and useful to make a distinction between "philosophy of China" and "philosophy in China." The former refers to traditional Chinese philosophical discourses primarily including Confucianism, Daoism, and Chinese Buddhism. The latter refers to philosophies imported to China beginning in the 20th century, including various Western philosophical traditions including

Marxism which became the national ideology in China after 1949. "Chinese philosophy" as defined here refers specifically to the former rather than the latter, i. e. , "philosophy of China" rather than "philosophy in China."

"Chinese philosophy" as a modern discipline has from its beginning already been influenced by various traditions of Western philosophical discourse. Nonetheless, almost every type of "contemporary Chinese philosophy" can be regarded as an interpretation or reconstruction of traditional Chinese philosophy that integrates of Western philosophy, more or less, as an interpretive framework or at least as a constructing reference, but the main body of "Chinese philosophy" is still different from those imported Western philosophical discourses, whether it draws from Plato, Aristotle, Augustine, Kant, Hegel, Husserl, Heidegger, Derrida, Quine, John Dewey, William James, and so on. The main substance of contemporary Chinese philosophy is still defined by Confucianism, Daoism, Chinese Buddhism and other Chinese indigenous philosophical resources.

Another point about "Chinese philosophy" as discussed here is that it mostly refers to Chinese philosophy as a modern discipline. In this sense, it is also helpful to distinguish "Chinese philosophy as a modern discipline or discourse," interpreted or constructed by modern scholars since the beginning of the 20th century, from "Chinese philosophy as an ancient tradition or legacy," preserved in those classics together with their exegesis and commentaries. No doubt there is a long tradition of Chinese philosophy represented by great minds including Kongzi 孔子, Laozi 老子, Mengzi 孟子, Zhuangzi 莊

子，Dong Zhongshu 董仲舒，Zhu Xi 朱熹，Wang Yangming 王陽明，and so on. "Chinese philosophy" here, however, refers to a modern discipline that was initially established in the beginning of the 20th century that has been developed in a global context. However, the establishment and development of Chinese philosophy as a modern discipline still can and should be regarded as an interpretation and reconstruction of those great minds in Chinese history, not only by the traditional exegesis and commentary of Chinese classics but, to a large extent, by integrating ideas or frameworks of the Western philosophical tradition as a way of interpretation and reconstruction. This involves the defining characteristic or salient feature of contemporary Chinese philosophy, which would be epitomized in the concluding sections of this paper.

Marxism and various other Western philosophies in China are "philosophy in China" rather than "philosophy of China" or "Chinese philosophy." Thus, Marxism, which has dominated the national ideology in Chinese mainland since 1949, as well as various other Western philosophical discourses, which also have, in different ways and to varying degrees, impacted the intellectual landscape, shall not be discussed here. The focus is on "Chinese philosophy" as a modern discipline as defined above.

1.2 What Does "Contemporary" Mean?

In this article, "contemporary" refers to the development of Chinese philosophy from the 1950s to the present, even though sometimes it is not easy to make a clear distinction between "modern" and "contemporary." However, Chinese philosophy from the 1910s to the 1940s shall be briefly discussed in the following part. This is an indispensable historical stage for the evolution of Chinese philosophy as a modern discipline. It was exactly during this incipient yet fundamental period that Chinese philosophy as a modern discipline was shaped into its current form.

2　Historical Context: Three Stages, Leading Figures, and Major Orientations

The development of contemporary Chinese philosophy in the Chinese-speaking world can be divided into three stages. The period from the 1910s to the 1950s marks the stage of its formation and institutionalization; the period from the 1950s until the 1970s marks the stage of its dormancy or disruption in Chinese mainland and its simultaneous advance and systematic construction in Taiwan and Hong Kong; and the period from the 1980s to the present marks the stage of its full-fledged development and further integration into the global philosophical stage.

If 1949 is the watershed that Chinese philosophy had to be respectively developed in the mainland, Taiwan and Hong Kong, the sea change in Chinese mainland epitomized by the newly established regime, the PRC, also resulted in the transmission of Chinese philosophy abroad, especially in the English-speaking world.

2.1　The 1910s to the 1940s: Formation and Institutionalization

Chinese philosophy as a modern discipline was initiated in the beginning of the 20th century as Western scholarship, especially the Western university system, was introduced to China. When "*zhexue men* 哲學門," the discipline of philosophy,[①] was set up in 1912 at Peking University (the first modern or Westernized university established in 1898), "Chinese philosophy" replaced traditional "classics" and started being taught as a formal course. Against this historical background, books entitled, for example, "The History of Chinese Philosophy," published around this time gave rise to the first developments of contemporary Chinese philosophy. This period, from the 1910s to the 1940s, is thus usually regarded as the early formation of contemporary Chinese philosophy.

The writing and publication of such histories of Chinese philosophy symbolize the beginning of Chinese philosophy as a modern discipline. This is why a few books with the title "History of Chinese Philosophy" appeared without the ideas, methodologies, or interpretive frameworks of Western philosophy, and they were quickly shelved after the publications of "History of Chinese Philosophy" by Xie Wuliang 謝無量 (1884 - 1964) in 1916 and by Hu Shih 胡適 (1891 - 1962) in 1919. Both scholars consciously made use of the methodology of Western philosophy, in particular Hu Shih, who heavily borrowed from the American pragmatism of John Dewey. But the real paradigm of studying Chinese philosophy exemplified by writing a history of Chinese philosophy was not fully established until the publication of the two-volume *History of Chinese Philosophy* by Feng Youlan 馮友蘭 (1895 - 1990), with the first volume appearing in 1931 and the second in 1934. The reason why

---

① "*men* 門" in Chinese has various meanings. One of them refers to a "kind" or "category," for instance, in the idiom "fen men bie lei" 分門別類. That's why I translate "men" in "*zhexue men*" as a "discipline."

Feng's book provided a substantial model for writing the history of Chinese philosophy as a modern discipline lies in the fact that he employed the ideas and methodology of Western philosophy in general, and neo-realism in particular, as an interpretive framework to interpret and reconstruct the history of Chinese philosophy more successfully than all of his predecessors. It was presumably because of Feng's paradigmatic contribution to writing the history of Chinese philosophy in a modern way that Hu Shih eventually gave up his plan to complete his own *History of Chinese Philosophy*, even though his first volume was published before Feng's. Feng's two-volume *History of Chinese Philosophy* has come to dominate the teaching of Chinese philosophy in China's higher education. Even as late as the 1970's, the publication of the four-volume *New History of Chinese Philosophy* in Taiwan by Lao Siguang 勞思光 (Lao Sze-kwang, 1927 - 2012), which has been used as a textbook of Chinese philosophy in Taiwan and Hong Kong, did not succeed in replacing Feng's book. The English translation of Feng's book continues to remain the single originally Chinese-language reference composed by a Chinese scholar of the history of Chinese philosophy in the English-speaking world, although an updated alternative is very much needed.

Even as scholars continued to write their own histories of Chinese philosophy as a way to interpret Chinese philosophy as a modern discipline, there were indeed other scholars during this same period who set to compose their own philosophical constructions that they established as the modern development of traditional Chinese philosophy, especially Confucianism. Besides the two-volume *His-*

tory of Chinese Philosophy mentioned above, Feng Youlan also published six books in the 1940s, i. e. , *Xin Lixue* 新理學, *Xin Shilun* 新事論, *Xin Shixun* 新世訓, *Xin Yuanren* 新原人, *Xin Yuandao* 新原道, and *Xin Zhiyan* 新知言, in the establishment of his own philosophy, which, Feng himself claimed, should be understood as a new neo-Confucianism inherited from Zhu Xi.

Comparatively, a more influential and far-reaching construction of contemporary Chinese philosophy in this period was represented by Xiong Shili 熊十力(1885 – 1968), who published his *Xin Weishilun* 新唯識論(*A New Cittamatra or A New Treatise on Consciousness-Only*) in two versions respectively in 1932 and 1944. The former version was written in classical Chinese while the latter, revised and expanded, was written in modern Chinese. It was Xiong who essentially started contemporary New Confucianism as a philosophical movement. With not only cultural but political and social implications and significances, this New Confucianism later culminated in the achievements of Tang Junyi 唐君毅(1909 – 78) and Mou Zongsan 牟宗三(1909 – 95), who were both students of Xiong's.

There were some contemporaries of Xiong and Feng who also participated in the construction of contemporary Chinese philosophy during this period. For example, Liang Shuming 梁漱溟(1893 – 1988) tried to compare Chinese, Western, and Indian philosophy based upon his understanding of the general feature of these three types (Liang 1921). He Lin 賀麟(1902 – 92) published a series of articles (He 1934; 1941) and a couple of books (He 1947) that illuminated the meaning and significance of the "New Philosophy of the Heart-mind 新心學" that he advocated.

On the other hand, there were also some scholars who were deeply influenced by Marxism as a methodology and worldview, if not a fashion, and who attempted to interpret traditional Chinese texts, philosophical, historical, and literary, in a framework of Marxism. This trend culminated in the period from the 1950s to the 1970s, but rapidly waned after Maoism was replaced by the reform and opening-up policy carried out in the 1980s. Except for a few philosophers such as Feng Qi 馮契(1915 - 95) and Li Zehou 李澤厚(1930 -), who will be discussed later, this approach to the interpretation and construction of Chinese philosophy was basically fruitless.

2.2　The 1950s to the 1970s: Different Destinies of Chinese Philosophy in Chinese Mainland, Taiwan, and Hong Kong

The triumph of Communism in mainland China in 1949 eliminated the promising initial developments of modern Chinese philosophy, which, at this point, resulted in its two different destinies for Chinese philosophy in the mainland and in Taiwan and Hong Kong respectively during the period from the 1950s to the 1970s.

With the establishment of the PRC, Chinese philosophy and traditional Chinese culture in general became the target of critique and was severely damaged in the mainland. The Chinese Communist Party (CCP) had not only inherited the anti-traditionalism that powerfully emerged during the May Fourth Movement in 1919, but also carried it to an extreme. For instance, anything Confucian became a target of attack, or, to use an expression common in the 1960s and 1970s, "a target of proletarian dictatorship," which should be "swept into the dustbin of history." At no level of education could Confucian "classics" be taught or studied at all, and the term "classics" (i. e., canonized works) at that time could only refer to works of the Marx-Leninist and Maoist tradition. Traditional Chinese culture in the mainland as dominated by the CCP was radically uprooted from its own tradition. So, during this period, Chinese philosophy in the mainland accordingly was forced into a stage of dormancy or disruption.

By contrast, along the paths pioneered by forerunners such as Hu Shih, Feng Youlan, and Xiong Shili, Chinese philosophy advanced into a stage of flourishing and systematic development in Taiwan and Hong Kong thanks to the efforts of a few outstanding intellectuals who left the mainland for those destinations. Their self-exile was primarily due to a cultural commitment to the values of the Chinese tradition, not because of a political identity with the collapsed Kuomintang regime. Among these intellectuals, Tang Junyi and Mou Zongsan were two towering figures of Chinese philosophy and the most brilliant representatives of New Confucianism during this period. They both published numerous works on Chinese philosophy that were not simply limited to Confucianism. What they philosophically constructed deserves to be recognized as landmarks of contemporary Chinese philosophy. As a result, besides Xiong, Tang and Mou can be taken as the two most important Chinese philosophers of the 20th century.

In addition, there were a few other scholars active in Taiwan and Hong Kong such as Fang Dongmei 方東美 (Thome Fang, 1899 - 1977), Luo Guang 羅光 (1911 - 2004), and Lao Siguang, who endeavored to interpret and construct Chinese philosophy from other perspectives. Fang was also one of the intellectuals who left the mainland for Taiwan in 1949. He depicted his own philosophy as "organicism" or "comprehensive harmony," which, as he stressed, in contrast to Western dualistic, mechanical, and abstract ways of thinking, was characterized by a comprehensive, creative, and interrelated way of thinking that he thought embodied the spirit of Chinese philosophy (Fang 1981). Luo received systematic training in Catholic theology in Rome in his youth and was a Catholic cardinal and president of Fu Jen Catholic University in New Taipei. Together with other scholars with a Catholic background such as Wu Jingxiong 吳經熊(John C. H. Wu or John Wu Ching-hsiung, 1899 - 1986), what Luo accomplished for Chinese philosophy could be called a Chinese neo-scholastic synthesis, which is heavily based upon the Aristotelian-Thomist tradition. The impact of Scholasticism on his understanding of Chinese texts was too strong, and as a result Luo's interpretation of Chinese philosophy, such as his nine-volume *History of Chinese Philosophy and Thought* (Luo 1975 - 1986), did not receive wide and serious responses in the community of contemporary Chinese philosophy in both Chinese mainland and Taiwan and Hong Kong. Both Fang and Luo were much less influential than Tang and Mou, but a few students of Fang's have played an important role in promoting Chinese philosophy in the English-speaking world. As for Lao, who long taught in Hong Kong before moving to Taiwan in his later years, it can be said that his influence might be just second to Tang and Mou, at least in Taiwan and Hong Kong. *The New History of Chinese Philosophy* that he published in the 1970s and that was used as the university textbook was probably the most influential after Feng Youlan's *History of Chinese Philosophy*.

2.3 The 1980s to the Present: Full-Fledged Development and Further Integration into the World

When the reform and opening-up policy of the CCP were widely carried out after 1978 and, particularly, the works of contemporary New Confucian scholars were introduced to the mainland, contemporary Chinese philosophy in Chinese mainland began to shake off the dominance of Maoist ideology and has been rejuvenated. Chinese philosophy was reinterpreted completely by Marxism during the 1950s to the 1970s. For instance, Feng Youlan himself once tried to rewrite the history of Chinese philosophy in the Marxist perspective in the effort to overturn his previous work that had established his reputation in the 1930s. Once that ideological constraint was removed, however, the momentum of Chinese philosophy that had accumulated since the 1910s and had been blocked during the 1950s to the 1970s, was naturally released and began the process of rejuvenation.

In the early 1980s, Marxist ideology was still haunting the mainland. A major research project supported by the Chinese government that aimed to criticize contemporary New Confucianism was established and headed by Fang Keli 方克立 (1938 - 2020), a senior Marxist in the study of Chinese philosophy. Unexpectedly, however, this project resulted in a renewed attention to contemporary New Confucianism, especially from those exiled Confucian scholars well-known in the mainland, and triggered a strong interest in understanding this most constructive and influential movement, not only philosophically but also culturally. According to the canonical version of this research project, contemporary New Confucianism was defined by three generations. The first generation included Xiong Shili, Liang Shuming, Ma Yifu 馬一浮(1883 - 1967), Qian Mu 錢穆(1895 - 1990), and Fang Dongmei. It was this generation that integrally initiated this modern movement. The second generation included Tang Junyi, Mou Zongsan, and Xu Fuguan 徐復觀(1903 - 1982), and they were the ones who constituted its central representatives. The third generation included Yu Ying-shih 余英時(1930 -), Liu Shuxian 劉述先(1934 - 2016), Cheng Zhongying 成中英(Cheng Chungying, 1935 -), and Du Weiming 杜維明(Tu Weiming, 1940 -), who fully promoted the internationalization of Confucianism and Chinese philosophy as well.

Interestingly and ironically, with the change in the political and social environment in the mainland, a few members of the aforementioned research group gradually become the followers and supporters, or at least sympathizers of the contemporary New Confucians. With public circulation of the works by the New Confucians, which sometimes have to be selected and abridged due to censorship, more and more students of Chinese philosophy have begun to be persuaded and influenced by these New Confucians. What the New Confucians have done and have been doing actually played a very important, if not crucial, role in preserving Chinese philosophy from the 1950s to the 1980s for the mainland. Since Confucianism was no longer a target of critique after the 1980s, and was even praised by the authorities and consequently became more and more popular in Chinese society after 2000, some people from various and virtually unrelated intellectual backgrounds now in Chinese mainland have been trying to identify themselves as "mainland New Confucians." In my view, however, being a "Confucian," especially a "Confucian scholar," simultaneously implies two mutually supporting components: the mastery of Confucian scholarship and the sincere commitment to Confucian values; the lack of one or both simply makes the self-proclaimed "mainland New Confucian" label a counterfeit. On the other hand, the reality that has to be conceded is that the center of Chinese philosophy in general and Confucianism in particular has indeed moved from Taiwan and Hong Kong back to the mainland, although a few students and followers of the exiled New Confucians are still playing an irreducible role in the Chinese-speaking world outside the mainland. This includes, for instance, Li Minghui 李明輝(Lee Minghuei, 1953 -) at Academia Sinica in Taiwan.

Against this background, Chinese philosophy focusing on Confucianism has taken on various faces in the mainland since the 1990s. We can designate roughly three approaches or orientations that deserve to be mentioned here, and I give further depictions of them as three philosophical genres in a later section.

The first is the tradition initiated by Feng Youlan and Zhang Dainian 張岱年(1909 - 2004) active from the 1930s to the 1940s that has been further developed by Chen Lai 陳來(1952 -) and Peng Guoxiang 彭國翔(1969 -) after the 1980s. This tradition of contemporary Chinese philosophy, focusing on but not limited to Confucianism, actually incorporates two different interpretive approaches respectively originating from Peking University (PKU) and Tsinghua University from the 1920s to 1940s. Both Feng and

Zhang taught at Tsinghua University before 1952, but after that time all philosophy departments throughout the mainland, except PKU's, were abolished, and, in 1952, both Feng and Zhang were dispatched to teach there. As a student of Zhang's and an assistant to Feng, Chen Lai received his PhD in 1985 and became the first scholar to earn a PhD in Chinese philosophy after the establishment of the PRC. Chen has integrated two traditions of contemporary Chinese philosophy and developed his own interpretation and construction. He taught at PKU for a long time, moved to Tsinghua University in 2009, where he now directs the Academy of Traditional Learning. In addition to his numerous publications spanning the entire Confucian tradition, he has also tried to develop a Confucian ontology of humaneness (Chen 2014), which will be discussed later. Peng Guoxiang, supervised by Chen Lai, also obtained his PhD at PKU. He consciously inherited the way of doing Chinese philosophy from Feng, Zhang and Chen. But before undertaking his postgraduate study at PKU, he had already been deeply influenced not only by Tang Junyi and Mou Zongsan, but also from some other self-exiled Chinese historians, especially Qian Mu and Yu Ying-shih. So, besides works of historical study or Sinology, Peng's philosophical publications indicate a convergence of the two branches of contemporary New Confucianism respectively initiated by Xiong Shili and Feng Youlan (Peng 2012). Peng used to teach at Tsinghua University and PKU and now is teaching at Zhejiang University. In short, this is new development of contemporary Chinese philosophy that was originated from PKU in the mainland after the 1980s and to the present is also a "new Confucianism".

The second approach to Chinese philosophy during this recent period is represented by the integration of traditional Chinese philosophy and Western philosophy, especially Marxism. This approach is substantially represented by Li Zehou, the most influential philosopher in Chinese mainland in the 1980s, and who remains highly relevant today. Li also graduated from PKU in the 1950s and went on to become a research fellow at the Chinese Academy of Social Sciences (CASS). Marxism strongly influenced him when he was very young, even before the establishment of the PRC; the impact of Marxism on him was not a result imposed from outside. Rather, his interpretation of Chinese philosophy and his own philosophical construction as well come primarily from a standpoint of Marxism, which, after all, has strongly and deeply influenced Chinese culture from the beginning of the 20th century. It is not surprising that Marxism constitutes an indispensable and constructive element for the contemporary Chinese philosophy that Li exemplifies, although sometimes it is not easy to weigh which aspect, traditional Chinese or Marxist thought, is more fundamental to it. Unfortunately, however, a strong successor to Li's approach has not yet emerged.

Similarly, the third approach, pioneered by Feng Qi and emphatically advanced by Yang Guorong 楊國榮(1957 -) and his students, has also tried to interpret and construct a new Chinese philosophy by integrating Western philosophical resources outside and in addition to Marxism. Feng's work can be traced back to Jin Yuelin 金岳霖(1895 - 1984), who had taught at Tsinghua before the establishment of the PRC and was well known for Western logic. But it seemed that Jin did not engage in the interpretation and construction of Chinese philosophy although he tried to develop a philosophy of his own, a kind of epistemology (Jin 1940). By contrast, both Feng and Yang paid much attention to the interpretation of traditional Chinese philosophy and made the most of the resources of the Chinese tradition to construct their own philosophical discourses. Specifically, Yang has been attempting to situate his work in the context of world philosophy. Feng taught at East China Normal University (ECNU) since 1952, and he spent the rest of his life there. Yang started his career at ECNU, where he is still teaching. Currently, most students of Yang's are working at ECNU and a few other universities in Shanghai.

In addition to these three approaches or orientations, there are various studies in Chinese philosophy in contemporary China, not only in the Confucian tradition but also in Daoism, Buddhism and other sub-traditions in Chinese history. Quite a few scholars in these areas, for example, Guo Qiyong 郭齊勇(1947 -) and his fellows at Wuhan University; Chen Shaoming 陳少明(1958 -) and Chen Lisheng 陳立勝(1965 -) at Sun Yat-sen University in Guangzhou, and so on, have been substantially advancing the development of contemporary Chinese philosophy. But as for philosophical reflections and constructions, the above-mentioned three approaches characterize the primarily features of the landscape of Chinese philosophy since the 1980s until today.

2.4 Chinese Philosophy Outside the Chinese-Speaking World

Chinese philosophy was introduced to the West in the 17th century primarily through the translations of Chinese classics by the Jesuit missionaries. Chinese philosophy, however, as defined here was not fully established until the 20th century, particularly after the 1950s. With a flock of Chinese intellectuals moving to the West, especially the United States, Chinese philosophy as a modern discipline has also been developed in the West. Scholars of Chinese philosophy outside the Chinese-speaking world have made great contributions to the whole community of Chinese philosophy. Although Chinese philosophy in the West has been mostly taught in departments of Sinology, History, East Asian Studies, and Religion rather than in departments of Philosophy, it has gradually been legitimatized in the English-speaking world and other Western language communities as a branch of world philosophies. Since my focus here is on contemporary Chinese philosophy in the Chinese-speaking world, this part of contemporary Chinese philosophy outside the Chinese-speaking world needs be brief. Given any categorization of what these scholars have achieved, it might be better to just mention some major scholars as a brief introduction for interested audiences to find and study their works. Of course, the names mentioned here comprise only a small part of a much bigger and increasing community of philosophers.

Simply put, scholars of Chinese philosophy outside the Chinese-speaking world can be divided into two groups. The first comprise scholars of Chinese or East Asian ancestry, especially including Chinese and East Asian immigrants. Among them, Chen Rongjie 陳榮捷(Wing-tsit Chan, 1901 - 1994) stands as one of their most brilliant representatives. Later generations include the late Din Cheuk Lau 劉殿爵, the late Antonio Cua 柯雄文, Yu Ying-shih, the late Fu Weixun 傅偉勳(Charles Wei-Hsun Fu), the late Qin Jiayi 秦家懿(Julia Ching), Liu Shuxian, Cheng Zhongying, Du Weiming, Wu

Guangming 吴光明(Wu Kuangming), Xin Guanglai 信廣來(Shun Kwong-loi), Shen Qingsong 沈清松(Vincent Tsing-song Shen), David Wong 黄百鋭, and Wu Anzu 伍安祖(On-cho Ng), each of whom have further enriched and promoted the study of Chinese philosophy in North America. A few younger generations in other regions, for example, Tan Sor-hoon 陳素芬 in Singapore and Karyn Lai 賴蘊慧 in Australia, are now actively and productively engaged in the international community of Chinese philosophy.

There are also some Chinese scholars who have left Chinese mainland for America since the 1980s to pursue their postgraduate study in Western philosophy. These includes scholars such as Huang Yong 黄勇, Jiang Xinyan 姜新艳, Li Chenyang 李晨陽, Liu Jilu (Jeeloo, Liu)劉紀璐, Ni Peimin 倪培民, Shang Geling 商戈令, Xiao Yang 蕭陽, and the late Yu Jiyuan 余紀元, many of whom have turned to comparative philosophy. These representatives are scattered across various regions including America, Hong Kong of China, and Singapore. They have gradually become fresh voices in the English-language discourses of Chinese philosophy.

The other group includes those who are not ethnically Chinese or East Asian but have devoted themselves to the teaching and research of Chinese philosophy and who have played an important role in the development of Chinese philosophy outside the Chinese-speaking world. This is a long list, for which I will only name a few. They are the late Angus C. Graham at London University, the late David Nivison at Stanford, John Makeham at Australian National University, Donald J. Munro at Michigan University, Heiner Roetz at Ruhr-Universitaet Bochum, François Jullien in Paris, Philip. J.

Ivanhoe at City University of Hong Kong, Brook A. Ziporyn at University of Chicago, Bryan Van Norden at Vassar College, Franklin Perkins at University of Hawaii, Robert Neville and John Berthrong at Boston University, Roger T. Ames at University of Hawaii (retired and now at Peking University), Stephen Angle at Wesleyan University, etc. If those who teach at departments of History and East Asian Studies but have close relation with Chinese philosophy are considered, such as the late Benjamin I. Schwartz at Harvard, the late W. T. de Bary at Columbia University, Peter K. Bol and Michael Puett at Harvard, the list would be much longer.

Although both of these two groups are primarily working on Chinese philosophy in the English-speaking world,② their interaction with scholars in the Chinese-speaking world now is becoming more frequent. This mutual exchange is reshaping the landscape of Chinese philosophy in the global context.

3 Philosophical Reflections and Construction: Three Primary

We can make a distinction between the "study of Chinese

② Yu Ying-shih is an exception. Most of his works are written and published in Chinese even though he has taught at Michigan, Harvard, Yale, and Princeton. He is not only the winner of the Kluge Prize in 2006 but also the first winner of Tang Prize in Sinology in 2014. He is no doubt one of the most prestigious scholars and influential public intellectuals in the Chinese-speaking world. The unrivaled esteem he has received is not only because of his marvelous scholarship but also his venerated character. Also, some of the Chinese-American scholars such as Cheng Zhongying and Du Weiming started to be greatly engaged in the community of Chinese philosophy in Chinese mainland after the 1990s. Du even relocated back to China after he retired from Harvard in 2008.

philosophy" and "philosophical reflections on and constructions of Chinese philosophy," even though these two sides are, no doubt, closely related and mutually reinforcing. Concerning the latter, there are primarily three genres of contemporary Chinese philosophy in the Chinese-speaking world.

3.1 New Confucianism

The first is "New Confucianism." As mentioned previously, New Confucianism as a philosophical movement in modern China has two branches or lineages respectively originated from Xiong Shili and Feng Youlan and developed in Taiwan, Hong Kong and the mainland.

The line of thought initiated by Xiong that fully developed in Taiwan and Hong Kong during the 1950s to the 1980s was very well represented by Tang Junyi and Mou Zongsan, whose philosophical constructions could be regarded as two of the most sophisticated and comprehensive types of contemporary Chinese philosophy.

Tang was not only well versed in traditional Chinese philosophy, but also seasoned in Western and Indian philosophical traditions (Peng 2012). He was the one of the very few Chinese philosophers who paid a great deal of attention to Indian philosophy. In his *Zhexue Gailun* 哲學概論 (*An Introduction to Philosophy*) (Tang 1974), he covered almost all of the philosophical ramifications involved in the comparative study of China, India, and the West. His discussion of Indian philosophy is the most in-depth of his time in the Chinese-speaking world. The numerous works he published can be mostly divided into two types of contributions to contemporary Chinese philosophy. One, represented by his four-volume series called

Zhongguo Zhexue Yuanlun 中國哲學原論(*Inquiry on Chinese Philosophy*)(Tang 1966;1968;1973;1975), intends to clarify the key concepts and ideas of Chinese philosophy. The other, exemplified by his magnum opus, *Shengming Cunzai yu Xinling Jingjie* 生命存在與心靈境界(*Existences of Life and Horizons of Heart-mind*)(Tang 1977), the last book of his life, was his own philosophical construction that should be regarded as one of the newest types of Chinese philosophy of his time. The philosophy Tang deliberately constructed in this book is very sophisticated and could be understood as a comprehensive idealism, which, although obviously influenced by Hegel's Phenomenology of Spirit, was deeply rooted in traditional Chinese minds, especially the Confucian humanism, and widely covered not only Confucianism, Daoism, and Buddhism but various branches of Western philosophy and Christianity.

When alive, Tang seemed more celebrated than Mou, especially in the international academia of Chinese philosophy. Since his passing in 1978, his influence has decreased and has been replaced by Mou's, whose students and followers have been more vibrant than those of Tang's in terms of numbers and scholarly achievements. It is primarily Mou's students and followers in Taiwan and Hong Kong who have been continually promoting contemporary New Confucianism and Chinese philosophy in general, although their originality could not keep abreast with their master.

As a like-minded and close friend of Tang, Mou was more philosophically influential and controversial. The great contributions he made to the study of Chinese philosophy were not limited to Confucianism but also deeply involved Daoism and Buddhism, although his ultimate concern and commitments were rather Confucian. His seminal and voluminous works on neo-Confucianism (Mou 1968 - 69; 1979), neo-Daoism (Mou 1963), and Chinese Buddhism (Mou 1977) have become landmark for later studies in Chinese philosophy. Similar to Tang, in addition to the interpretation of traditional Chinese philosophy, Mou also constructed his own philosophical edifice. He was so well versed in the Western philosophical tradition that his mastery of Western philosophy even exceeded many of his contemporaries and younger generations who specialize exclusively in Western philosophy. In fact, Mou had already been noted for his achievements in Western logic, metaphysics, epistemology, and ethics before he published his pioneering works on Chinese philosophy. For instance, he might have been the first person in China who seriously studied Russell and Whitehead's *Principle of Mathematics* and carefully read Whitehead's *Process and Reality* and even planned to translate it into Chinese in the 1930s. Furthermore, his dialogue with Kant was a lifelong endeavor and he was also the first person in China who singlehandedly translated Kant's three critiques into Chinese. It is exactly because he was so immersed in Kant and once again claimed that Kant was a bridge for connecting Chinese philosophy represented by Confucianism and Western philosophy that many observers, laymen or even experts on philosophy, took it for granted that Mou interpreted Chinese philosophy and constructed his own in a Kantian way or with a framework of Kant's idealism.

It is true that Kant was crucial for understanding what Mou has done in both interpreting and constructing Chinese philosophy. It is superficial and specious, however, to deduce that Mou's standpoint was Kantian. On the contrary, as long as the standpoint of Kant is in conflict with that of Confucianism, Mou's reaction was resolutely to revise or even criticize Kant from a Confucian point of view. For example, in his translation of and commentary to Kant's *Foundation of the Metaphysics of Morals* and *Critique of Practical Reason*, the Chinese translations of both were combined into one book called *Kangde de Daode Zhexue* 康德的道德哲學(*Moral Philosophy of Kant*) (Mou 1982), Mou argued at great length about his understanding of moral feeling and criticized Kant's view that moral feeling should be strictly confined to empiricism. For Mou, in light of Mengzi (Mencius), moral feeling, especially the four beginnings of the human heart, is deeply rooted in humanity and could not be simply reduced to empirical experience. Mou (1978) even called this intrinsic moral feeling the "ontological feeling." Mou's interpretation of moral feeling was surely open to discussion, but what this example indicated was that the impression that he simply employed Kant to measure Confucianism was not pertinent, if not totally wrong.

The philosophy Mou established is usually known as a "moral metaphysics," which he purposely differentiated from Kant's "metaphysics of moral." This moral metaphysics attempts to argue that the human heart-mind is a moral agent that has intellectual intuition and this conviction has commonly, if not consciously, been espoused by Confucianism, Daoism, and Buddhism in the Chinese tradition (Mou 1975). For Mou, the human heart-mind is not only empirical but also ontological and cosmological. Morality, then, is not only empirical either. He used the Mahayana Buddhist term, *yixin kai ermen* 一心開二門(twofold unfolding of the unlimited and free heart-mind), to describe the two levels of the human heart-mind. Also, he even coined a term, onto-cosmology, to depict the salient feature of Chinese metaphysics. According to his moral metaphysics, epistemology could be understood to arise as the result of the self-negation of the intellectual intuition that the human heart-mind possesses. In this sense, this moral metaphysics, based upon Mou's understanding of Chinese philosophy in general and Confucianism in particular, could be seen as a revision of Kant's metaphysics of morality.

After Tang and Mou, this branch of New Confucianism in Taiwan and Hong Kong has continued to be be advocated by their followers. These are mostly students of Mou's, such as the late Cai Renhou 蔡仁厚(1930 – 2019), Liu Shuxian, and Li Minghui. Cai mainly, if not completely, followed Mou's interpretation of Chinese philosophy, and his writings are relatively easy to understand and helpful for those who find it difficult to read Mou's works. Liu was a student of Fang Dongmei but was deeply influenced by Mou in terms of the interpretation of the Confucian tradition, especially of neo-Confucianism. Since Liu received his PhD in the US, however, as mentioned previously, together with those Chinese scholars who have been strenuously working in the English-speaking world, he has made great contributions to the internationalization of Chinese philosophy. Li received his PhD from Germany and has substantially advanced many aspects of Mou's thought, especially the relationship between Confucianism and the philosophy of Kant. For example, Li's doctoral dissertation compared the separate understandings of moral feeling in Confucianism and Kant (Li 1994). There are also a handful of contemporaries of Li who are attempting to go beyond Mou but, unfortunately, it seems their work is devoid of substantial scholarship and they are still are conceptually wrestling with making themselves clear and convincing.

Even though the branch of New Confucianism initiated by Feng Youlan was once terminated with the establishment of Communist China in 1949, it was revitalized after the 1980s with the reforms and open policies of the CCP carried out in mainland China. In his late days, Feng openly conceded that his critique of Confucianism from a Marxist point of view during the 1950s to the 1970s was insincere, and he was still committed to Confucian core values including humanity, justice, civility, wisdom, and trust. But he was too old to reestablish his own New Confucian philosophy. As previously mentioned, it was Chen Lai who followed the methodology of Feng and Zhang Dainian and eventually it was he who developed this branch of New Confucian philosophy in the mainland.

Chen Lai is well known for his studies of neo-Confucianism (Chen 1988; 1991; 2004). His voluminous publications include numerous monographs and articles on classical Confucianism and modern Confucianism. In part by way of inheriting the legacy of Feng and Zhang, the philosophy Chen attempts to construct is represented by his recently published *Renxue Benti Lun* 仁學本體論(*Ontology of Humaneness*, Chen 2014). His elaborations on the idea of humaneness in the Confucian tradition construe it as an ontological and cosmological concept, which, according to Chen, should be understood as the central foundation of Confucian philosophy.

Furthermore, Chen also has presented thoughtful responses to Li Zehou and other contemporary Chinese philosophers. Chen many times announced that his aim is to develop a New Confucian philosophy, namely, an ontology of humaneness, by interpreting and reconstructing the discourses of ren (humaneness) in the Confucian tradition, and his ontology of humaneness represents a major philosophical construction New Confucian philosophy in contemporary China.

Peng Guoxiang has consciously inherited the ways of studying and constructing Chinese philosophy from the two contemporary Confucian genealogies discussed previously. One of the major projects that he has been pursuing in terms of philosophical inquiry is the further integration of contemporary Chinese philosophy, especially Confucianism, into a global context. He has been engaged in the debate on the methodology of the interpretation and construction of Chinese philosophy as a modern discipline (Peng 2009). His reflections on this issue clearly indicate an endeavor of synthesis and incorporation. His publications on Confucianism have instantiated ways of interpreting and constructing Chinese philosophy from a comparative perspective in a context of world philosophy. What differentiates his genre from other approaches that also try to integrate Chinese philosophy into a global philosophical discourse is that his axiological standpoint is based on a Confucianism conceived as an everlasting dynamic process open to new elements rather than a static structure confined to the past.

As a matter of fact, if the distinction between "Confucian scholars" and "scholars of Confucianism" is significant and helpful, all these figures of contemporary New Confucianism I just mentioned are not simply philosophers of Confucianism, but Confucian philosophers. Although their projects differ from one another, "New Confucian" as a title, no matter demonized or deified, is an acknowledgement of both the growing substantial scholarship on Confucianism and a truly devoted Confucian commitment. Anyone who lacks one of both cannot be worthy of this title.

3.2 New Marxist Chinese Philosophy

It is necessary to make a distinction between "Chinese Marxism" and "Marxist Chinese philosophy." As defined here, the former does not belong to the latter, but contemporary Chinese philosophy includes Marxist Chinese philosophy since Marxism was introduced to China more than a century ago and it has heavily shaped all aspects of contemporary China. What differentiates Marxist Chinese philosophy from Chinese Marxism is that, for the former, the resources of "Chinese philosophy" play an important or crucial role in the new construction of contemporary Chinese philosophy, while Marxism could still be the standpoint or cornerstone of this philosophical construction. Of course, besides Marxism, other elements of the Western philosophical tradition, more or less, would be integrated into this new Marxist Chinese philosophy.

Contemporary new Marxist Chinese philosophy is primarily instantiated in the philosophical discourse developed by Li Zehou. As mentioned previously, Li is one of the few philosophers in contemporary mainland China who was truly baptized by Marxism as a social philosophy, and the philosophy he has developed is called "historical ontology" (Li 2002). The tenets of this philosophy were summarized by Li himself as consisting of four principles: (1) the transcendental or a priori form of human experience is originally derived from the empirical experience of human beings; (2) human reason is not a priori but shaped in the process of history; (3) the ontological substance of human beings is essentially derived from the accumulation of human psychological experience; (4) it is feeling rather than reason that constitutes the foundation of human experience.

Apparently, like Mou Zongsan, Li's philosophy seems also to be a response to Kant and Li indeed published a book on Kant's critical philosophy (Li 1979). Compared with Mou's, however, Li's standpoint is more Marxist than Confucian. On the other hand, Li (1980) probably was the first scholar who gave a positive evaluation to Kongzi in the early 1980s in the mainland after decades of extreme anti-traditionalism. His emphasis on the priority of feeling to reason also originated from the impact of Chinese philosophy. He has particularly advocated the position that social existence, especially material life, has played in the construction of human consciousness; this position is obviously from Marxism. But the resources of traditional Chinese philosophy, not only of Confucianism, have also played an indispensably constructive role in Li's philosophical discourse, and it is this point that differentiates Li from merely being a Chinese Marxist.

3.3 An Endeavor towards Constructing Chinese Philosophy as a World Philosophy

The genre of the philosophical construction developed by Feng Qi is similar to that of Li Zehou. In a sense, Feng could also be regarded as a Marxist. His unremitting philosophical reflections on "wisdom" from the 1940s into the 1990s culminated in his *Zhihui Sanshu* 智慧三書 (*Three Treatises on Wisdom*).[③] In addition, he has also published two books respectively on the ancient history of Chinese philosophy (Feng 1977) and the modern history of Chinese philosophy (Feng 1997). What he has repeatedly stressed is "to transform theory into virtue." This tenet of his philosophy should be understood as a revision or rectification of Marxism from a perspective of Chinese philosophy, especially of the Confucian tradition. Of course, other resources in the Western philosophical tradition in addition to Marxism have also been integrated into his philosophy. It seems he has already triggered the ambition and paved the way to build a Chinese philosophy as a world philosophy by incorporating various philosophical elements from other philosophies around the world.

Yang Guorong, a former student of Feng, has further and substantially advanced this approach to the construction of contemporary Chinese philosophy as a world philosophy. Yang's knowledge of the Western philosophical tradition in general and of its contemporary development in particular is more comprehensive than his teacher. Although he is still relatively younger, Yang has been quite productive. His own philosophy, also represented by three

---

③ These three treatises include: (1) *Renshi Shijie yu Renshi Ziji* 認識世界與認識自己(*To Know the World and to Know Yourself*); (2)*Luoji Siwei de Bianzhengfa* 邏輯思維的辯證法(*Dialectics of Logical Thinking*); and (3)*Ren de Ziyou yu Zhenshanmei* 人的自由與真善美(*The Freedom of Human and Truth, Goodness, and the Beauty*). The ten-volume Complete Works of Feng Qi has already been published.

recently published books (Yang 2011), widely involves various contemporary Western philosophical discourses and universally philosophical issues. Yang calls the philosophy that he has attempted to construct a "concrete metaphysics" that intends to avoid the "oblivion of wisdom" and the "abstraction of wisdom" (Yang & Dai 2015), and it is difficult to classified it into an exclusive tradition, Chinese, Western, or Marxist. The resources of Chinese philosophy, especially Confucianism, Western philosophy, and Marxism, have been almost equally integrated into his philosophical construction as a concrete metaphysics. For that matter, it seems either Confucianism or Marxism could hardly be considered the axiological anchorage of Yang's own philosophy. It is exactly in this regard that his endeavor is differentiated from the two other genres: New Confucianism and New Marxist Chinese philosophy. But in the final analysis, the way of thinking that underpins Yang's concrete metaphysics still has its origin of Confucianism. In this regard, it rivals the Confucian metaphysics of Mou Zongsan and Chen Lai.

Yang has taught many brilliant students, most of who now teach in Shanghai. Among them, Yu Zhenhua 郁振華 (1966 -) is representative of the later generation, who received a more rigorous training in Western philosophy. Besides the doctorate of Chinese philosophy supervised by Yang, Yu received a second doctorate of Western philosophy in Norway. It seems he has not only inherited the tradition from Feng to Yang, but has also stepped further into the Western philosophical tradition. If his first book based upon his PhD dissertation still focused on Chinese philosophy (Yu 2000), his second and the latest book is a work of epistemology that is almost entirely immersed in the Western philosophical tradition (Yu 2004).

In addition to the philosophical reflections and constructions discussed above, relative to the flourishing of contemporary New Confucianism, there are also some voices that are trying to set their own fashions. For example, the so-called contemporary New Daoism has been advocated by a few scholars. However, only once more substantial establishments have been achieved, in terms of not only acknowledged scholarship but seminal philosophical reflections and constructions, could these voices go beyond mere slogans.

4 Issues Focused in Contemporary Chinese Philosophy

As for those specific studies in the different stages of Chinese philosophical tradition, for instance, in Classical Confucianism, Neo-Confucianism, contemporary New Confucianism, Daoism, neo-Daoism, and Chinese Buddhism, there are so many scholars and fruitful products which cannot be completely scrutinized here. Fortunately, there are relevant resources available elsewhere. In the following part, only a few major issues in contemporary Chinese philosophy will be examined.

4.1 Debates on Immanent Transcendence in Chinese Philosophy

There is one feature in particular of Chinese philosophy that is found in Confucianism, Daoism, and Chinese Buddhism that has generated much debate among contemporary scholars that has come to be recognized in the expression of "immanent transcendence." This term is used to epitomize and depict the fundamental and exceptional, if not unique, characteristic feature of Chinese philosophy. It originated in the writings of Mou Zongsan (1974) and Tang Junyi (1974) and was gradually accepted by many scholars such as Tang Yijie 湯一介(1927 - 2014) (Tang 1991) in the mainland.

Since both "immanence" and "transcendence" are concepts originally from the Western philosophical tradition, it is understandable that scholars of both Chinese and Western philosophy launched the debate on "immanent transcendence." Roger Ames and David Hall first questioned the usage and validity of "immanent transcendence." For them, immanence and transcendence are two mutually exclusive concepts, and the expression is simply an oxymoron (Ames and Hall 1987).

The critique of Ames and Hall about "immanent transcendence" has garnered responses from a number of Chinese scholars who defend the expression, and the arguments of Li Minghui were the most influential. He not only carefully analyzed the layers of the meaning of "immanent transcendence" in the works of his predecessors (especially Mou), but also argued that the notion was not completely alien to Western philosophical tradition (Li 1994a). This justification resonated among Western scholars, and both Robert Neville (2000) and John Berthrong (1996) endorsed the validity of using it to depict this characteristic of Chinese philosophy; Berthrong is quoted as saying that Ames and Hall "overstate the case."

Next to the various understandings of "immanence" and "transcendence" in and of themselves, the debate on "immanent transcendence" also involves issues of translation from one language into another. Specifically, the meaning or implication of "*neizai chaoyue* 内在超越," the accepted Chinese translation of "immanent transcendence," is not completely equal to the original English expression. The question that Ames and Hall raise about "immanent transcendence" is meaningful in the English context of the Western philosophical tradition. Interestingly, it was Yu Ying-shih in the West who first realized the possible problems with the expression. Presumably to avoid controversy, he deliberately used the phrase "inward transcendence" 内向超越 (*neixiang chaoyue*) in his recently published work to replace "immanent transcendence" that he had previously been using (Yu 2014). Regardless, the Chinese phrase "*neizai chaoyue*" does not necessarily entail the problem that Ames and Hall questioned in the Chinese context, and most scholars of Chinese philosophy, at least in the Chinese-speaking world, continue to use it to epitomize this essential feature of Chinese philosophy.

This debate on "immanent transcendence" has received much attention among scholars of Chinese philosophy. It actually involves a deeper issue of doing Chinese philosophy, namely, how to reconcile and integrate Chinese philosophy and Western philosophy. Relevant reflections on the methodology of doing contemporary Chinese philosophy constitute an important and irreducible issue in the field of contemporary Chinese philosophy.

4.2 Debates on the Methodology of Doing Chinese Philosophy

Since the time that Chinese philosophy was first established as a modern discipline and taught in Chinese universities, there have been sporadic discussions concerning how to do modern Chinese philosophy, how to analyze and interpret specific issues in the Chinese philosophical tradition, and how to undertake novel constructions of contemporary Chinese philosophy in the modern world. Examples can be found in the evaluation of Feng Youlan's History of Chinese Philosophy by Chen Yinke 陳寅恪(1890 - 1969) and Jin Yuelin in the 1930s, and, in Mou Zongsan's and Lao Siguang's critiques of the same book. Nevertheless, debates concerning these and other such methodological issues did not come to the fore until the 1990s and the early 21th century.

With the collapse of Marxism after the 1980s, it is only natural to reconsider the question of how to do Chinese philosophy, given that all textbooks and research works on Chinese philosophy during the period from the 1950s to the 1980s in mainland China were dominated by dogmatic Marxism as an interpretively theoretical framework, the reflection on and critique of this way of doing Chinese philosophy, therefore, was initially triggered by the debate on the methodology of studying Chinese philosophy.

Initially, reflections and debates on the issue were directed to Western philosophy as an interpretive framework in general, not at Marxism. Presumably any direct critiques of Marxism would entail political risk, given Marxism's position as a national ideology, and debates on the interpretation and construction of Chinese philosophy within the fabric and agendas of Western philosophy could implicitly be involved in the reflection on the abuse of Marxism. In any case, Marxism, which is after all still a twig of the whole Western philosophical family tree, was and continues to be no doubt meaningful and significant. But this debate went so far that some scholars even asserted that Chinese philosophy should be purified and any element of Western philosophy should accordingly be thoroughly eliminated. This seemingly philosophical assertion was underpinned by a cultural nationalism usually advocated by scholars who either lacked overseas academic experience or who had frustrated overseas educational experiences.

By contrast, a few leading scholars of Chinese philosophy including Chen Lai, Peng Guoxiang, and Yang Guorong, argued that this extreme that tried to instill a cleavage between Chinese and Western philosophy and to indigenously purify Chinese philosophy was undesirable and even virtually impossible for the development of contemporary Chinese philosophy. Peng Guoxiang, for example, avowedly pointed out that establishing the identity and autonomy of Chinese philosophy could not be achieved by isolating Chinese philosophical inquiry from the Western philosophical world. If used properly, the Western philosophical tradition should be a resource rather than a burden for the enrichment and development of contemporary Chinese philosophy. In an age of cultural symbiosis, in Peng's view, the entanglement of different concepts from originally different philosophical traditions would not obliterate the individuality and particularity of any single philosophy; rather, the convergence of concepts and experience requires constant revision to improve upon philosophical assumptions, which are often taken for granted as universal in their respective traditions. The more resources one philosophical tradition (or one civilization) could absorb from other traditions, the more promising and flourishing the future of this tradition would be.

4.3 New Light on Chinese Philosophy in Its Classical Period: On the Implications and Significance of Newly Excavated Texts

One of the most well-known startling turn of events in contemporary Chinese philosophy is the continuous emergence of newly excavated texts that provide new representations of ancient and early Chinese philosophical traditions. Beginning from the 1970s, these new archeological findings have challenged the given pictures of the ancient Chinese intellectual world. What the newly excavated texts demonstrate is so extensive that their study requires interdisciplinary collaboration and many international circles for the study of these new materials has been formed. All of this directly impacts the understanding of Chinese philosophy and constitutes an integral part of contemporary Chinese philosophy.

While it is an exaggeration to say that the entire history of Chinese philosophy will be rewritten because of these newly unearthed materials, these archeological findings have indeed much shed new light on the classical period of Chinese philosophy. Before these new texts were unearthed, resources for the innovative study of classical Confucianism and Daoism, roughly before the end of Western Han dynasty (206 B. C. -A. D. 24), were known and somewhat limited. For example, it was recorded that Confucianism after Kongzi split into eight schools, but the big picture of these eight schools was murky. How did Confucianism after Kongzi develop until Mengzi became its second towering figure in the Warring Sates period? Fortunately, many of the excavated Confucian texts inscribed on bamboo slips, such as the two versions of *Xing Zi Ming Chu* 性自命出, the *Zigao* 子羔, and the *Zhonggong* 仲弓, to name but a few, have become widely used resources for Confucianism after Kongzi and before Mengzi. Furthermore, quite a few of these texts, such as the *Kongzi Shilun* 孔子詩論 (*Kongzi on Poetry*) are records about Kongzi himself entirely separate from the *Analects*, and they provide firsthand materials for understanding longtime overlooked aspects of his life. The same situation is also true for Daoism, and many of these excavated texts also fruitfully enrich our understanding of Daoist cosmology and cosmogony in its incipient period, as with the *Taiyi Sheng Shui* 太一生水.

In short, the implications and significance of these newly excavated texts are far-reaching. A more sophisticated picture of the world of philosophy in ancient China, which constitutes an integral part of the contemporary study of Chinese philosophy, is gradually being painted by scholars in several separate fields. For example, based upon while not limited to the endeavors and products of experts in paleography, Chen Lai proposed a more coherent and convincing interpretation of *wuxing* 五行 and its relevant thought, which have previously been riddles with ambiguity and controversy in the study of classical Confucianism (Chen 2009). As well, the newly unearthed texts that Yu Ying-shih used to great advantage provided subsidiary support for his seminal contribution to the study of the origin of ancient Chinese thought (Yu 2014).

4.4 New Advances in the Study of Neo-Confucianism

"Neo-Confucianism" refers to the Confucianism from the Song to Ming dynasties. Both *lixue* 理學 (learning of principle), narrowly defined by Zhu Xi 朱熹 (1130 - 1200) and his forerunners including Cheng Yi 程頤 (1033 - 1107), and *xinxue* 心學 (learning of heart-mind) particularly developed by Lu Xiangshan 陸象山(1139 - 93) and Wang Yangming 王陽明(1472 - 1529) both belong to "Neo-Confucianism."

Before the 1990s, the study of Neo-Confucianism had focused on those forefront figures such as Cheng Hao and Cheng Yi, Zhu Xi, Lu Xiangshan, and Wang Yangming. Other seemingly secondary figures in the Neo-Confucian tradition have not received enough attention, but this situation has been dramatically changed. Represented by works of Peng Guoxiang (2003; 2005), Qian Ming 錢明(2003), and Wu Zhen 吳震(2003; 2005) in the early 21st century, a burgeoning group of scholars have followed their lead, and the study of Wang Yangming and his students has been booming in the Chinese-speaking world (Peng 2003). ④

Similarly, the study of the students of Zhu Xi has also been recently rejuvenated. Many books, for example by Zhang Jiacai 張家才(2004), on the first generation of Zhu Xi's student such as Chen Chun 陳淳(1159 - 1223) have been published. Moreover, under the leadership of Chen Lai, a research team focusing on Zhu Xi's followers has also been established recently. A few younger scholars are working on this area and more products are expected.

These new advances in the study of Neo-Confucianism are actually also buttressed by the collation and sometime new discovery of the works of other Neo-Confucian figures. For example, the huge

④ The study of Wang Yangming's learning as a school that includes students of his from later generations is an interdisciplinary area. Scholarly approaches to it are not only philosophical but also from the field of intellectual history, cultural history, and social history.

collation of ancient books supported by the CCP and numerous local libraries, particularly the *Siku Quanshu* 四庫全書 series that includes the *Siku Cunmu Congshu* 四庫存目叢書, provides most of the complete works of those followers of Wang Yangming in the late Ming dynasty. Before these projects were completed in the late 1990s, it was very difficult to obtain complete works by those seemingly secondary Neo-Confucian scholars. Another example is the two versions of the *Lixue Lu* 理學錄 respectively by Huang Zongxi 黃宗羲(1610 - 95) and Jiang Xizhe 姜希轍(? - 1698). The *Lixue Lu* by Huang had always been regarded as a lost book, and the *Lixue Lu* by Jiang had been totally unknown, but with the discovery of these two works the landscape of the Neo-Confucianism of the Ming dynasty can now be further revisited and reconsidered (see Peng 2013, 2015).⑤

5 Defining the Characteristics of Contemporary Chinese Philosophy

After this overview of contemporary Chinese philosophy that has examined its major historical developments, its representative figures, its primary genres, and some of its important issues and debates, in this concluding section, I make a brief summary of several of its defining characteristics.

As mentioned above, the distinction between contemporary

⑤ Peng's two monographs on the newly discovered two versions of the Lixue Lu were respectively published in 2009 and 2011. Both were included in his special collection published in 2013 (Taipei) and 2015 (Beijing).

Chinese philosophy and traditional Chinese philosophy lies in the fact that the former, no matter the interpretation of traditional Chinese philosophy or the philosophical construction based upon the standpoint of traditional Chinese philosophy, is a modern discipline that took shape as a result of the introduction of Western philosophy. From its outset, the formation and development of contemporary Chinese philosophy (and the entire Chinese humanities as well) could not avoid confronting its relationship with Western philosophy (and the entire Western humanities as well).

If we reconsider once again the three major genres of contemporary Chinese philosophical interpretation and construction, together with the grounds shared among them, we can see that they each and altogether, although in varying degrees, have integrated the available resources of the Western philosophical tradition. It is almost impossible to find the exception in which no elements from the Western philosophical tradition was adopted.

In exactly this regard, contemporary Chinese philosophy as a modern discipline should be regarded as a kind of comparative philosophy. This is a defining characteristic and the most salient feature of contemporary Chinese philosophy since the 20th century.

There are two radical trends, mostly seen in the mainland, concerning the way of doing Chinese philosophy since the 1950s that are closely related to this defining characteristic of contemporary Chinese philosophy. One is the attempt to completely westernize the traditional Chinese philosophical tradition. The typical model of this extreme is the "Marxistization" of traditional Chinese philosophy that was active in the period from the 1950s to the 1980s. The other is trying to thoroughly clear away any element or shake off any impact of Western philosophy, a trend that was first seen in the 1990s. This last trend, unfortunately, together with the so-called revival of Confucianism and traditional Chinese learning, has become more popular after 2000 among conservatives, if not pseudo-conservatives, in the mainland. [⑥]In fact, reflections and examinations of the damage to Chinese philosophy caused by the abuse of dogmatic Marxism as a universal and authoritative interpretive framework does not necessarily lead to the way that unrealistically tries to purify Chinese philosophy by eliminating all ingredients of Western philosophy. These two trends are nothing but extremes detrimental to the real enrichment and flourishing of Chinese philosophy as a living tradition. Again, I would like to say that, if properly treated, the Western philosophical tradition provides resources rather than burdens for the advancement of contemporary Chinese philosophy and Chinese culture as well.

References:

Ames, Roger and Hall, David. 1987. *Thinking Through Confucius*. New York: SUNY Press.

Ames, Roger. 1991. "Contemporary Chinese Philosophy," in *A Companion to World Philosophies*, edited by Eliot Deutsch and Ron Bontekoe. New York: Wiley-Blackwell.

Berthrong, John. 1996. *All Under Heaven: Transforming Paradigms in Confucian-Christian Dialogue*. New York: SUNY Press.

⑥ For reflections on the revival of Confucianism, see Peng (2015b).

Chen, Lai. 1988. *Zhuxi Zhexue Yanjiu* 朱熹哲學研究(*The Study of Zhu Xi's Philosophy*). Beijing: Zhongguo Shehui Kexue Chubanshe.

Chen, Lai. 1991. *You Wu zhi Jing: Wang Yangming Zhexue de Jingshen* 有無之境：王陽明哲學的精神(*The Realm of Being and Non-Being: The Philosophy of Wang Yangming*). Beijing: Renmin Chubanshe.

Chen, Lai. 2004. *Quanshi yu Chongjian: Wang Chuanshan de Zhexue Jingshen* 詮釋與重建：王船山的哲學精神(*Interpretation and Reconstruction: The Philosophy of Wang Fuzhi*). Beijing: Beijing Daxue Chubanshe.

Chen, Lai. 2009. *Zhubo Wuxing yu Jianbo Yanjiu* 竹帛五行與簡帛研究(*Study on Bamboo and Silk Versions of Wuxing and Other Newly Unearthed Confucian Texts*). Beijing: Sanlian Shudian.

Chen, Lai. 2014. *Renxue Benti Lun* 仁學本體論(*Ontology of Humaneness*). Beijing: Sanlian Shudian.

Cheng, Chungying. 2000. "Philosophy: Recent Trends Overseas," in *Encyclopedia of Chinese Philosophy*, edited by Antonio S. Cua. New York: Routledge.

Cheng, Chung-Ying and Bunnin, Nicolas. 2002. *Contemporary Chinese Philosophy*. New York: Wiley Blackwell.

Fang, Dongmei. 1981. *Chinese Philosophy: Its Spirit and Its Development*. Taipei: Linking.

Feng, Qi. 1997a. *Zhongguo Gudai Zhexue de Luoji Fazhan* 中國古代哲學的邏輯發展(*The Logical Development of Ancient Chinese Philosophy*). Shanghai: Huadong Shifan Daxue Chubanshe.

Feng, Qi. 1997b. *Zhongguo Jindai Zhexue de Geming Jincheng* 中國近代哲學的革命進程(*The Revolutionary Process of Modern Chinese Philosophy*). Shanghai: Huadong Shifan Daxue Chubanshe.

Feng, Youlan. 1931 and 1934. *Zhongguo Zhexue Shi* 中國哲學史(*History of Chinese Philosophy*). Shanghai: Shenzhou Guoguangshe 神州國光社; Shangwu Yinshuguan.

Feng, Youlan. 1945. *Zhongguo Zhexue Xiaoshi* 中國哲學小史(*A Short History of Chinese Philosophy*). Shanghai: Shangwu Yinshuguan.

He, Lin. 1941. "Rujia Sixiang de Xinkaizhan" 儒家思想的新開展(New Development of Confucianism), in *Sixiang yu Shidai* 思想與時代(*Thought and Time*), Vol. 1.

He, Lin. 1942. *Jindai Weixin Lun Jianshi* 近代唯心論簡釋(*Brief Introduction to Modern Idealism*). Chongqing: Duli Chubanshe.

He, Lin. 1947a. *Dangdai Zhongguo Zhexue* 當代中國哲學(*Contemporary Chinese Philosophy*). Nanjing: Shengli Chuban Gongsi.

He, Lin. 1947b. *Wenhua yu Rensheng* 文化與人生(*Culture and Life*). Shanghai: Shangwu Yinshuguan.

Jin, Yuelin. 1940. *Lundao* 論道(*On the Way*). Beijing: Shangwu Yinshuguan.

Li, Minghui. 1994a. *Dangdai Ruxue zhi Ziwo Zhuanhua* 當代儒學之自我轉化(*The Self-transformation of Contemporary Confucianism*). Taipei: Academia Sinica.

Li, Minghui. 1994b. *Das Problem des moralischen Gefühls in der Entwicklung derkantischen Ethik*. Taipei: Academia Sinica.

Li, Zehou. 1979. *Pipan Zhexue de Pipan* 批判哲學的批判(*The Critique of Critical Philosophy*). Beijing: Renmin Chubanshe.

Li, Zehou. 1980. "Kongzi zai Pingjia"孔子再評價(Reevaluation on Kongzi). *Zhongguo Shehui Kexue* 中國社會科學(*Chinese Social Sciences*) 2: 77 - 96.

Li, Zehou. 2004. *Lishi Benti Lun* 歷史本體論(*Historical Ontology*). Beijing: Sanlian Shudian.

Liang, Shuming. 1921. *Dongxi Wenhua Jiqi Zhexue* 東西文化及其哲学(*Cultures and Philosophies of the East and the West*). Beijing: Caizhengbu Yinshuaju.

Lin, Tongqi. 2000. "Philosophy: Recent Trends in China Since Mao," in *Encyclopedia of Chinese Philosophy*, edited by Antonio S. Cua.

Liu, Shuxian. 2003. *Essentials of Contemporary Neo-Confucian Philosophy*. Westport, Connecticut: Praeger.

Mou, Zongsan. 1963. *Caixing yu Xuanli* 才性與玄理(*Temperament and Neo-Daoism Metaphysics*). Taipei: Student Bookstore.

Mou, Zongsan. 1974. *Zhongguo Zhexue de Tezhi* 中國哲學的特質(*Characteristic of Chinese Philosophy*). Taipei: Student Bookstore.

Mou, Zongsan. 1977. *Foxing yu Bore* 佛性與般若(*Buddhata and Prajna*). Taipei: Student Bookstore.

Mou, Zongsan. 1978. *Xinti yu Xingti* 心體與性體(*The Substance of Heart-mind and the Substance of Human Nature*). Vol.

1. Taipei: Zhengzhong Bookstore.

Mou, Zongsan. 1979. *Xinti yu Xingti* 心體與性體(*The Substance of Heart-mind and the Substance of Human Nature*). Vol. 2. Taipei: Zhengzhong Bookstore.

Mou, Zongsan. 1975. *Xianxiang yu Wuzishen* 現象與物自身(*Phenomena and Thing-in-itself*). Taipei: Student Bookstore.

Mou, Zongsan. 1981. *Kangde de daode zhexue* 康德的道德哲學(*Moral Philosophy of Kant*). Taipei: Student Bookstore.

Neville, Robert. 2000. *Boston Confucianism: Portable Tradition in the Late-Modern World*. New York: SUNY Press.

Peng, Guoxiang. 2003, 2005. *Liangzhixue de Zhankai: Wang-longxi yu Zhongwanming de Yangmingxue* 良知學的展開：王龍溪與中晚明的陽明學(*Unfolding of the Learning of the Innate Goodness: Wang Longxi and the Learning of Wang Yangming in the Mid-late Ming Dynasty*). Taipei: Student Bookstore; Beijing: Sanlian Bookstore.

Peng, Guoxiang. 2003. "Contemporary Chinese Studies of Wang Yangming and His Followers in Mainland China." *Dao: Journal of Comparative Philosophy* 11.2: 311–29.

Peng, Guoxiang. 2009. *Rujia Chuantong yu Zhongguo Zhexue: XinShiji de Huigu yu Qianzhan* 儒家傳統與中國哲學：新世紀的回顧與前瞻(*Confucian Tradition and Chinese Philosophy: Retrospect and Prospect*). Shijiazhuang: Hebei Renmin Chubanshe.

Peng, Guoxiang. 2012. *Rujia Chuantong de Quanshi yu Sibian: Cong Xianqin Ruxue, Songming Lixue Dao Xiandai Xin Ruxue* 儒家傳統的詮釋與思辨：從先秦儒學、宋明理學到現代

新儒學(*Speculation and Interpretation: Confucian Tradition from Classical Period to Its Contemporary Transformation*). Wuhan: Wuhan Daxue Chubanshe.

Peng, Guoxiang. 2013/2015a. *Jinshi Ruxueshi de Bianzheng yu Gouchen* 近世儒學史的辯正與鉤沉(*Revision and New Discovery: Historical Study of Pre-Modern Confucianism from Northern Song till Early Qing Dynasty*). Taipei: Asian Culture Press; Beijing: Zhonghua Shuju.

Peng, Guoxiang. 2015b. "Inside the Revival of Confucianism in Mainland China: The Vicissitudes of Confucian Classics in Contemporary China as an Example," in *Confucianism, A Habit of the Heart: Bellah, Civil Religion, and East Asia*, 71 - 84, edited by P. J. Ivanhoe and Sungmoon Kim. New York: SUNY Press.

Qian, Ming. 2002. *YangmingXue de Xingcheng yu Fazhan* 陽明學的形成與發展(*The Formation and Development of the Learning of Wang Yangming*). Hangzhou: Zhejiang Guji Chubanshe.

Shen, Vincent. 2000. "Philosophy: Recent Trends in Taiwan," in *Encyclopedia of Chinese Philosophy*, edited by Antonio S. Cua. New York: Routledge.

Tang Junyi. 1953. *Zhongguo Wenhua zhi Jingshen Jiazhi* 中國文化之精神價值(*The Spiritual Values of Chinese Culture*). Hong Kong: New Asia Institute.

Tang, Junyi. 1966. *Zhongguo Zhexue Yuanlun: Daolun Pian* 中國哲學原論:導論篇(*Inquiry on Chinese Philosophy: Introduction*). Hong Kong: New Asia Institute.

Tang, Junyi. 1968. *Zhongguo Zhexue Yuanlun: Yuanxing Pian* 中國哲學原論：原性篇（*Inquiry on Chinese Philosophy: Inquiry on Xing*）. Hong Kong: New Asia Institute.

Tang, Junyi. 1973. *Zhongguo Zhexue Yuanlun: Yuandao Pian* 中國哲學原論：原道篇（*Inquiry on Chinese Philosophy: Inquiry on the Dao*）. Hong Kong: New Asia Institute.

Tang, Junyi. 1975. *Zhongguo Zhexue Yuanlun: Yuanjiao Pian* 中國哲學原論：原教篇（*Inquiry on Chinese Philosophy: Inquiry on Cultivation*）. Hong Kong: New Asia Institute.

Tang, Junyi. 1977. *Shengming Cunzai yu Xinling Jingjie* 生命存在與心靈境界（*Existences of Life and Horizons of Heart-minds*）. Taipei: Student Bookstore.

Tang, Yijie. 1991. *Rushidao yu Neizai Chaoyue Wenti* 儒釋道與內在超越問題（*Confucianism, Buddhism, Daoism and the Immanent Transcendence*）. Nanchang: Jiangxi Renmin Chubanshe.

Wu, Zhen. 2003. *Yangming Houxue Yanjiu* 陽明後學研究（*Study of the Students of Wang Yangming*）. Shanghai: Shanghai Renmin Chubanshe.

Yang, Guorong. 2011a. *Dao Lun* 道論（*On the Way*）. Beijing: Beijing Daxue Chubanshe.

Yang, Guorong. 2011b. *Chengji yu Chengwu: Yiyi Shijie de Shengcheng* 成己與成物：意義世界的生成（*Establishing the Self and Establishing Others: The Formation of the World of Meaning*）. Beijing: Beijing Daxue Chubanshe.

Yang, Guorong. 2011c. *Lunli yu Cunzai: Daode Zhexue Yanjiu* 倫理與存在：道德哲學研究（*Ethics and Existence: Study of*

Moral Philosophy). Beijing: Beijing Daxue Chubanshe.

Yang, Guorong and Dai, Zhaoguo. 2015. "Zhexue Xingshangxue de Fanben yu Kaixin"哲學形上學的返本與開新(The Establishment of the Concrete Metaphysics: An Interview with Yang Guorong). *Anhui Shifan Daxue Xuebao* 安徽師範大學學報(*Journal of Anhui Normal University*) 1: 1-7.

Yu, Ying-shih 2003, 2004. *Zhuxi de Lishi Shijie: Songdai Shidafu Zhengzhi Wenhua de Yanjiu* 朱熹的歷史世界:宋代士大夫政治文化的研究(*The Historical World of Zhu Xi: Political Culture of the Scholar-officials in Song Dynasty*). Taipei: Yunchen; Beijing: Sanlian Shudian.

Yu, Ying-shih. 2014. *Lun Tianren Zhiji: Zhongguo Gudai Sixiang Qiyuan Shitan* 論天人之際:中國古代思想起源試探(*Between the Heavenly and the Human: On the Origin of Ancient Chinese Thought*). Taipei: Linking; Beijing: Zhonghua Shuju.

Yu, Zhenhua. 2000. *Xingshang de Zhihui Ruhe Keneng* 形上的智慧如何可能(*Possibilities of Metaphysical Wisdom in Modern Chinese Philosophy*). Shanghai: Huadong Shifan Daxue Chubanshe.

Yu, Zhenhua. 2012. *Renlei Zhishi de Mohui Weidu* 人類知識的默會維度(*The Tacit Dimension of Human Knowledge*). Beijing: Beijing Daxue Chubanshe.

Zhang, Jiacai. 2004. *Quanshi yu Jiangou: Chenchun yu Zhuzi Xue* 詮釋與建構:陳淳與朱子學(*Interpretation and Construction: Chen Chun and the Learning of Zhu Xi*). Beijing: Renmin Chubanshe.

附录二　在世界学术的整体中推进中国的人文学——彭国翔教授访谈

采访人：彭老师，您好！很高兴有此机缘对您进行访谈！据我了解，您很早便将中国思想文化尤其是儒学立为终身志业。但您在南京大学时读的是政治学专业，后来到北京大学读硕士和博士时才转到中国哲学专业。能否请您与我们分享一下，您是如何走上这一研究道路的？

彭国翔：首先是家庭环境的影响吧。我祖母接受过传统和西式的两种教育。我小时候她常给我讲中国历史故事，告诉我做人要"仁义"。这正是儒家最核心的价值。另外，她也是佛教的信徒。我中学时曾替她去买过《心经》、《金刚经》。家父虽然是受现代物理学的训练，但在为人处世上，几乎完全接受了我祖母的价值观。因此，我从小对中国的人文传统毫不陌生，祖母的影响潜移默化。并且，她的影响不是说教，而是以身作则。

此外，人的气质也是一个因素。儒家讲"气质之性"，陆象山甚至说"千圣同堂而坐，其议论不必尽合"。意思是即使成了圣人，大家坐在一起，言行举止还会仍有不同。为什么如此？因为每人各有与众不同的气质，这种"气性"恐怕是天生的禀赋。我早年认为儒家讲的"变化气质"就是要将"气质之性"化除，彰显纯粹的"天命之性”，但后来意识到这是错误的理解。因为“天命之性”必须在“气质之性”之中体现，离开“气质”或者说有血有肉的个人，“天命之性”是无从“挂搭”和表现自身的。所以说“变化气质”并不是要把气质消除，那也是不可能的，而是要让自身“气质”的各种成分彼此平衡，如此才能更好地体现“天命之性”。我讲这个的意思是说每个人都有各自的气禀，也是影响各自人生道路的一个因素。比如我们高中文理科分班时，社会流行“学好数理化，走遍天下都不怕”，但我主动选择文科。当时要进行考试，其中一道题目是“为什么要选择文科”。我的回答是“我就是要选文科”、“这是我的意愿和兴趣”。我并没有特别记得自己的回答。若干年后当时的阅卷老师告诉我，别的同学都写出这样或那样的理由，唯独我例外。如今看来，我的回答除了不免让人有“我行我素”之感外，恐怕反映了我天性对人文学就有爱好。

天性很大程度上也决定了我少时的阅读经验，小学时我就读完了《水浒传》、《三国演义》、《西游记》等古典小说的原本，并没有白话文注解。当时不免囫囵吞枣，但印象极为深刻。比如水浒里一百单八将的姓名及其绰号，我现在绝大多数仍然能够记得。中学时期，我的阅读重点从文学作品转到历史和思想类的著作。记得我初中时买过任继愈注解的《老子》，当时对他所用“唯物主义”和“唯心主义”的框框就兴趣不大，但对《老子》文本自身的玄学气息极有兴趣。当然，读书本身就是我的一大爱好，我的阅读并不限于文学、历史和哲学。比如，我从小对武学就很有兴趣，武侠小说不用说，几乎所有练武的杂志像《武林》、《中华武术》、《精武》甚至《气功》，我中学时全都订阅，认真阅读的同时也自行练习。

不过，直接将我引上中国思想文化这一道路的，是我的大学经验。我 1988 年考入南京大学，选择的是政治学专业。这是我自己的决定，并不是父母的意愿。当时虽不自觉，事后想来，也是出于儒家“治国平天下”的理想。我的天性和气质显然不适合实际政治工作，所以大四时已经自觉政治学专业对我只能是一个“学”。其实，几乎从大一第二学期开始，我的阅读几乎完全投入到人文学的领域，政治学反倒实际成了副业。

之所以如此，固然由于前面所说的个人因素，但当时知识界的思潮也是直接的原因。20世纪80年代末，不仅我入大学之前已有《河殇》这样的电视纪录片播出，进入大学后更是恰逢“文化热”。当时国内思想界非常活跃，各种思潮相互激荡。我大一即修了历史系年轻讲师高华的“近现代中西文化论战史”。他从20世纪初各种文化思潮一直讲到80年代末思想文化界的几个重要流派，包括“中国文化书院派”、“走向未来丛书派”和“‘文化：中国与世界’派”这三大知识人群体及其所代表的思想倾向。那门课对我产生了影响，高华也帮了我一个忙，使我直接进入了更为广阔的思想世界。

南大图书馆当时有一个“港台阅览室”，专门收藏港台出版的图书，但对大一、大二的学生不开放。由于我在阅读各种文章时已经看到大陆学者引用海外学人的著作，也看到了一些海外学人著作的大陆节选本，很想直接阅读海外学者的完整著作。我请高华给管理员写了封信，说我写论文需要，于是得以进入港台阅览室。从此除休息日外，几乎天天去。近四年下来，举凡中国哲学、思想史和宗教的港台著作，我基本读遍了。像钱穆、牟宗三、唐君毅、徐复观、方东美、劳思光、余英时甚至罗光等人的著作，大都是在那儿看的。当然，大陆学者的著作我接触更早，同样广泛阅读。那时除了吃饭、睡觉、上课，其余时间几乎都在图书馆度过，心无旁骛，满怀好奇，很多书的细节至今仍可清晰地浮上脑海。四年下来，确是扎扎实实读了一些书，与同龄的同学形成了差距。这一点当时并不自觉，后来到北大读研究生时才感觉到，面试时也给中国哲学的老师们留下了较深的印象。

当时思想文化界的主流是西学，周围同学不怎么读书的不论，真正有兴趣读书的，手边案头都是有关西学的著作，对我醉心于中国传统十分不解。不过，我并不只读“中学”方面的书，更不只读华人研究中国思想文化的著作。由于海外学人著作中常常出现西方学者的作品，不仅是西方学者研究中国思想文化的著作，还有那些纯粹西方思想理论的著作，我也就按图索骥，于是养成了阅读英文原著的习惯。这对于我后来研究工作中的方法论自觉，也奠定了基础。

我大学时虽已实际主修中国思想文化，但并未想过以此为职业。读书于我只是一种爱好，所以也没打算读研究生。走上社会后发现失去了读书的环境，才决定考研。决定考研时，考试只有一个月了，而我连考什么科目都不知道。能顺利考取，除了导师的错爱，和我大学专心读书，打下了较好的基础是分不开的。而我进入北大后，对于自己今后的人生道路，就非常明确和坚定了。

采访人：您的博士论文《良知学的展开——王龙溪与中晚明的阳明学》(2001)曾获评“全国百优”，是北大哲学系中国哲学专业唯一的一篇，也是国内以宋明理学为题材的首篇。其学术史意义是大陆学界真正开始重视和深入阳明后学的标志。正如陈来先生所说，他的《有无之境》和您的《良知学的展开》“各自代表了两个世代”。如今阳明学尤其是阳明后学研究大热，请您谈谈研究阳明学的过程与经验。

彭国翔：我决定去北大读研究生时，报考的导师是陈来先生。我大学时已经读过他的《朱熹哲学研究》和《有无之境——王阳明哲学的精神》。北大硕、博士六年，我都在陈来先生的指导之下。硕士期间研究王龙溪，就是他的建议。那时阳明后学的深入研究在大陆学界还没有开始。好的导师就是要根据学生的特点，帮助学生选择一个有学术价值的题目。我自己指导研究生后，对这一点的自觉更为明确。我常对学生说，博士生最重要的就是论文选题。题目选得好，事半功倍；否则，事倍功半。选的题目拾人牙慧，写出来的东西又不能在言之成理、持之有故的基础上提出新见解，就完全失败了。我在北大继承了从冯友兰、张岱年再到陈来先生这样一条中国哲学的传统，即注重将思想观念的诠释和阐发建立在坚实的文献研究和文本分析的基础之上，这与陈来先生的影响是分不开的。

北大六年期间我上课并不多，陈来先生也常在海外。除了听课及课后接触，我觉得认真研读他的著作，在了解其具体观点之外，注重他运用文献进行分析论证的过程与方式，更是我学习其治学方法的途径和经验。我后来也常对自己的研究生说，了解一位学者的学术观点并学习其治学方法的最好办法，就是仔细阅读其著作。即使未见其人，若能读透其书，掌握其治学的门径，便是得其所学了。

我的硕士论文只写了王龙溪的四无论，但在阅读文献、思考和写作的过程中，我不但已经掌握王龙溪思想的各个方面，也逐步进入整个中晚明阳明学的思想和精神世界。尤其博士最后一年，我曾访问台湾地区四个月，更为广泛地接触到了中晚明的诸多古籍以及阳明学的各种研究成果。除了海外出版而大陆不易得见的著作之外，还有很多以阳明学和中晚明思想文化为研究对象的博、硕士论文。当时学界有一些研究宋明思想的著作，以一股思潮或一个时期的剖面为对象。这种写法虽能得其大概，但往往专精深入的程度不够。原本陈来先生建议我博士论文专论王龙溪，就是为了能够专精深入。但我在广泛阅读各种文献与研究成果的基础上，自信对于中晚明阳明学内部的诸多问题和线索已有通盘的看法，觉得专论龙溪意犹未尽；并且，在我看来，龙溪的思想如能放在整个中晚明阳明学的论域中来观察，会更能得其原委。我于是提出不只写王龙溪的思想，同时以其为焦点，探讨中晚明阳明学最为核心的问题与线索。我把想法告诉陈来先生之后，他接受了我的意见，于是就有了那篇博士论文。

阳明后学研究增多后，我的研究重点却转到别处去了。当然，这并不是说我不再研究阳明后学，比如龙溪之后阳明学在浙东地区的发展与演变，就是我一直在从事的课题之一。而是因为，虽然我的博士论文是王龙溪及中晚明的阳明学，我的关注和研究却从来不限于阳明学一个领域。

采访人：是的，除了阳明学，您一直在扩大自己的研究领域，运用不同的研究方法。比如在宗教学尤其是比较宗教学领域，围绕儒家传统的宗教性，您进行了一系列诠释与建构的工作，代表作就是您在北大出版社出版的《儒家传统——宗教与人文主义之间》。您为什么会关注宗教？在您看来，宗教与非宗教的差别在哪里？

彭国翔：我关注宗教有两方面的原因。首先，这历来是我的兴趣所在。除了思想观念的澄清和历史真相的探索之外，我从小对人生和宇宙的终极课题充满好奇，比如人性、生死、鬼神等属于“超越性”的东西。所谓“究天人之际”，在我看来涉及的不只是哲学的思考，也包含宗教的探求。

其次，包括儒学在内的整个中国哲学，有相当的内容在现代学术分类体系中所对应的更多是“宗教”而非“哲学”。在中国大陆的高校里，儒学基本上在哲学系讲授，但在欧美的大学，儒学主要并非哲学系的科目，而是历史系、东亚系和宗教系的内容。我们当然可以说“哲学”和“宗教”都是西方学术分类意义上的科目，未必适用于中国传统思想。但既然我们已经采用了西方的学术分类体系，那么，与其一味指责其适用性，不如尽量用不同的学科视角去观察和思考中国的思想文化传统，以求不失其整全。我曾用《庄子》里"混沌"的故事打过一个比方：对于中国思想传统的现代发展来说，我们面对的问题就是如何给传统开窍而又使其既不死，更获得凤凰涅槃一样的新生。因此，在我看来，现代学术分类体系之下，儒学传统的一些内容只有从宗教学的视角才能更好地说明。比如工夫论的问题，儒、释、道都有丰富的内容。而这一部分涉及的身心修炼，单纯哲学的角度很难得其要领，只有从宗教学的视角观察和分析，尤其与其他宗教传统加以对比，才能深入了解其话语的所指(references)和所涉(involvements)。并且，只有了解包括佛教、道教、基督教(Christianity)、伊斯兰教、犹太教、印度教等在内其他各个宗教传统如何处理那些儒学传统中同样或类似的问题意识，才能对儒学的特点有更为深入和透彻的理解。

区别宗教与非宗教的关键在于如何理解和定义宗教。目前中国大陆对于宗教的理解，一般民众且不论，即便是学界人士，除非对专业的宗教学理论和研究有相当了解，大部分还是以基督教为代表的一神教(monotheism)模式来理解宗教。但是，这种理解其实非常褊狭。如果充分考虑世界上不同的宗教传统，在一神教的犹太教、基督教和伊斯兰教之外，还有佛教、道教、印度教。如果我们知道佛教原本是无神论的立场，道教是一种多神的信仰，而佛教和道教早已被接受为世界宗教的两种，那么，仅仅属于一神教的特点，就无法成为决定"宗教"之所以为宗教的普遍属性。因此，在如今专业的宗教学界，界定宗教的基本共识早已不再是一神教的标准。

至于界定宗教的标准是什么？我的理解是，一种包括理论和实践两方面的传统，以宇宙和人生的终极性课题作为探究的对象，同时又给该传统的信奉与践行者带来身心的切实转化，该传统就是一种宗教性的传统。显然，正如我曾经指出的，根据这一标准，如果我们认识到，基于亚伯拉罕传统(Abrahamic tradition)的"宗教"

(religion)只是“分殊”,而“宗教性”(religiousness, religiosity)才是“理一”,并且,宗教的本质在于“宗教性”,其目的在于“变化气质”,使人的现实存在获得一种终极性、创造性的自我转化,那么,以“修身”为根本内容,为追求“变化气质”并最终成为“大人”、“君子”、“圣贤”提供一整套思想学说和实践方式的儒家传统,显然具有极强的宗教性而完全具有宗教的功能。只不过较之西亚一神教的亚伯拉罕传统,儒家“大人”、“君子”以及“圣贤”境界的达成不是从人性到神性的异质跳跃,而是人性本身充分与完美的实现而已。

采访人:您的研究中体现了不同学科方法的运用,哲学与宗教之外,您对历史研究也有浓厚的兴趣。2013 年和 2015 年分别在台湾和大陆出版的《近世儒学史的辨正与钩沉》,就是学术思想史和历史文献学的成果。可否请您结合自身的经验,谈谈历史、哲学和宗教等不同学科和取径之间的关系?

彭国翔:我在史学方面的尝试,一方面源于我自小就有的兴趣,另一方面也与我大学时代的阅读经验有关。对我有很大影响的,除了唐君毅、牟宗三这一继承和发展了熊十力思想的哲学线索之外,还有从钱穆到余英时先生这样一条史学的线索。当然,这并不是偶然的。

钱穆和余英时两位先生都可以做极为精细的考证工作,如钱先生的成名作《先秦诸子系年》。余英时先生的《方以智晚节考》和《陈寅恪晚年诗文释证》,更是在深入细致考辨文献的基础上进入到了研究对象的内心世界。不过,钱、余两先生不同于单纯以考证见长的学者之处,在于他们都不是只能从事“见目不见林”的局部和细节工作,而是能够在坚实的文献考辨之基础上对全局性和思想性的课题做出精确和恰当的分析与判断。以余先生为例,从 20 世纪 70 年代的《方以智晚节考》到 21 世纪初的《朱熹的历史世界》,其中一贯的特点,就是善于从文献的字里行间进入到研究对象及其所在的精神与思想世界。所以他们两位虽然是史学名家，但其研究往往不只是“论事”，同时也包含相当“说理”的内容。我甚至认为余先生是中国史学领域中最擅长谈思想的一位。他们虽然对“形而上学”保持距离，但并不反对哲学。余先生甚至熟悉西方哲学的很多方面。这就与一些因无法进行深入的观念思考而对哲学产生偏见甚至拒斥的文史工作者区别开来。因为我毕竟有哲学思考的兴趣，后来又接受了哲学的训练，所以钱穆到余英时先生这种重视思想的史学取径，始终让我感觉亲切。并且，这种取径与北大中国哲学注重将辨名析理的观念思索建立在坚实的文献考辨基础之上这一特点恰好彼此吻合。我继承了北大中国哲学从冯友兰、张岱年到陈来先生这一中国哲学的传统，却仍能一直从钱穆到余英时先生这样一条史学的谱系中汲取养分，尤其2000年以来不断得到余先生的指点，原因固然与我自己治学的取向和特点有关，恐怕也是这两个传统或学术谱系原本具有内在的亲和性使然。所以，在我所发表的文字中，也有一些属于极为专业和尖端的历史文献考辨性质，《近世儒学史的辨正与钩沉》中收录的专题论文，大都属于这一类。不过，这些文字除了它们在学术思想史和历史文献学上独立的价值和意义，都应该在我整体的研究工作中才能得其定位。

当然，最初受到这些不同学术传统和谱系的影响，是不知不觉的，后来则慢慢变成了我的高度自觉。这就涉及你所问的我对于哲学、历史和宗教这几门人文学基本学科之间关系的看法这一问题了。我在《近世儒学史的辨正与钩沉》前言中，不仅谈到了格外影响我学术成长的一些前辈及其各自代表的学术传统，也表达了我对人文学中不同学科之间关系的看法。

我多年以来一直认为，人文学术中的不同学科，如文、史、哲、宗教、艺术等，是观察与思考人文世界的不同角度，彼此之间非但并无高下短长，更要相互配合，方可掌握人文世界的整全。任何一个学科有所“见”的同时也都有所“蔽”。恰如一个手电筒，在照亮一个局部的同时，不免无视其余而在周围留下阴影。各学科只有彼此配合，各条光束相互汇聚，方能形成“无影灯”，使得人文世界的整体尽可能得到完全的照明。在这个意义上，我很欣赏明儒周海门所谓的“教本相通不相违，语可相济难相非”。现代学术早已如庄子所谓“道术为天下裂”，分工日益细密。在没有专业和擅长的情况下以“通人”自居，妄谈打破学科界限，只能流于掩盖浮泛与空疏的遮羞布。但学者的训练不限一门，掌握一门以上的研究方法，恰如武学高手可以精通一门以上的武艺，虽然能“至”与否有赖于个人主客观的诸多条件，但却应当是“心向往之”的目标。当然，兼通多门武艺，须以先通一门武艺为前提。同时，兼通一门以上的武艺，也不意味着不同武艺由于可以集于习武者一身而泯灭了各自练法的不同。这就是我对于人文学不同科目之间关系的看法，以及我自己在哲学、史学和宗教学这三个领域进行研究工作时的方法论自觉。

采访人：*您曾在“海外中国思想史研究译丛”的“总序”中表示了对于“思想史”作为一种研究取径的肯定。不过，当下中国学界在对以往中国哲学成果进行检讨时，有些学者恰恰认为其史学意味过浓而哲学味道不足。对此您怎么看？*

彭国翔：我对“思想史”的肯定，与我对“思想史”的理解直接相关。“思想史”作为史学的一个分支，其界定在学界并非没有一定程度的共识，但也常常莫衷一是。对于“思想史”作为一种研究方法和视角，我强调的是“思想”和“历史”的兼顾、“汉学”与“宋学”的兼顾，或者说既“说事”又“讲理”。我常说，一个好的“思想史”研究应该是哲学专业的认可其中有“思想”而历史专业的承认其中有“史”。如果哲学专业的认为观念不清、论证薄弱，而历史专业的认为史料贫瘠，证据不足，显然不是一个好的思想史研究。根据这一理解，思想史就并不能只是“史”，还要有“思想”。

另一方面，所谓“法无定法”，不同学科的取径和视角，彼此之间并无高下，只有是否适用于研究对象。并不存在一种可以无条件应用于所有研究对象和领域的方法。运用哪一种方法，哲学史的、思想史的、社会史的还是文化史的研究方法，取决于研究对象自身的性质和特点。

至于你说的认为“中国哲学”领域中史学意味过浓而哲学味道不足的看法，本身就需要分析。首先，无论是“中国哲学”还是“西方哲学”，都有“诠释”与“建构”这两个虽然相关但又不同的向度。前者主要是哲学史的研究，后者主要是哲学观念的建构；前者侧重“理解”别人，后者侧重“抒发”自我。如果从事的工作属于哲学史的研究，本来应当尽可能去理解历史上那些哲学家的思想并尽可能予以准确和客观的诠释，而不是把研究者自己的想法注入到研究对象的文本之中。哲学建构固然侧重自我思想的抒发，但如果自己的思想不是真正植根于哲学史广袤的沃土，没有真正消化吸收前辈时贤的思想成果，所谓自己的思想，究竟能有多少没有被以这样或那样的方式思考过，甚至思考得更为深入和完善，就是一个问题了。假如自己提出的思想观念早已被古今中外其他学者思考并提出过，只是自己不知道，那么，“拾人牙慧”而不自知的思想观念，哪怕看起来煞有介事，也谈不上真正的哲学建构。孔子“温故而知新”的道理，是颠扑不破的。

在这个意义上，真正原创性的哲学建构应该是一种水到渠成的自然结果，不是“为赋新词强说愁”的刻意而为。如果不能够在区分“理解”与“想象”的基础上，一方面不能认真“理解”古今中外哲人的思想结晶，一方面放纵自己的想象力，结果只能是“恍兮惚兮”的海市蜃楼，不可能建立起哪怕是一个经得起分析检验的观念，遑论广大精微的思想大厦。况且，就算在一大堆名相伪装之下发挥意识流的想象，不能深入理解古今中外伟大心灵的思想结晶，其想象力也难免单薄乏力。反过来，能够深入理解古今中外一流哲人的思想成果，将其融会贯通，“实有诸己”，就好比掌握了《天龙八部》里的“北冥神功”，可以将无崖子一类武学宗师的毕生功力尽收体内，哲学思想的真正推陈出新，就是顺理成章的。我觉得，年轻时要加强理解力的训练，年老时则需加强想象力的训练，因为年轻时往往理解力欠缺而年老后往往想象力不足。正所谓取长补短。

所以，哲学史研究和哲学建构一方面各有分工，侧重不同，另一方面又是彼此支持的。在追求所谓的哲学味道之前，我建议还是扎扎实实做些哲学史的诠释工作，在“想象”之前多做些“理解”的功夫。即便不去从事哲学建构，好的哲学史研究仍有其自身的学术价值。不然，浮泛地发表一些议论，拨弄一些名词，只会流于故弄玄虚的空中楼阁，远不是真正的哲学建构。

采访人：记得您在总结陈来老师《有无之境》一书的典范意义时归纳了三个方面：文献基础、西学素养与国际视野。您本人对此不仅有着高度的自觉，更将其贯彻到具体的研究中。您在世界多所高校和研究机构有客座教授和访问学者的经验，在国际学界一再获得肯定，比如您获得洪堡基金会2009年度的“贝塞尔研究奖”(Friedrich Wilhelm Bessel Research Award)，是从事中国人文学研究的首位获奖中国学者；而您获任美国国会图书馆“2016年度北半球国家与文化克鲁格讲席”(Kluge Chair in Cultures and Countries of the North)，更是该讲席2001年设立以来第一位中国学者，同时也是首位亚洲学者。我想特别请您结合自己的国际经验，谈一下国际视野对于从事中国哲学、思想史和宗教研究的意义？

彭国翔：21世纪伊始，学界有一场关于中国哲学方法论的讨论，我在2003年发表的“合法性、视域与主体性——当前中国哲学研究的反省与前瞻”一文中，已经指出了“文献基础、西学素养与国际视野”是当代中国哲学发展不可忽视的三个要素，只是尚未正式使用这三个词语。不久之后陈来先生要我给《有无之境》写篇书评，而我认为该书对于中国哲学研究的典范意义正在于这三个方面，就进一步明确提出了这三个观念。在我看来，不仅中国哲学，这三个要素对于整个现代中国人文学的发展都有普遍的方法论意义。

具体来说包括两个方面。从学术研究的角度来说，中国的学问早已不是中国人自己的专属，世界各地几乎都有从事中国人文学的同行，不管他们所在文、史、哲以及宗教等哪一种学科。如果不能充分吸收和消化世界范围内中国人文学研究同行们的既有成果，真正的推陈出新是很难甚至无法做到的。从思想创造的角度来说，无视世界上其他思想传统中不断累积和发展的成果，不去对话、吸收和消化，是否能够创造出真正既新且有价值的思想，也是很可怀疑的。前面提到孔子“温故知新”一说，在21世纪的今天，对于中国哲学的发展，这个“故”绝不仅仅是中国人自己过去的传统，也应当包括世界上其他文明的思想传统发展出来的成就。总之，无论是了解国际范围内中国人文学同行们的成果，还是吸收其他文明人文思考的结晶，对于中国人文学的学术研究和思想创造，在我看来都是不可或缺的。

以我自己的经验而言，了解国际上的同行已经做了什么、正在做什么，了解其他文化传统中一流学者在人文领域的研究和思考，对于我对中国哲学、思想史和宗教的研究与思考来说，无论在广度和深度上，都会产生极大的促动，构成有益的资源。我经常说，以古今中外人类经验和知识的总体来衡量，我们每个人都是一只井底之蛙，庄子所谓“生也有涯而知也无涯”，就是这个意思。但每只蛙各自井口的大小并不一样。知识人在心智上总想追求不断扩展自己的井口，以尽可能扩大自己所能看到的天空。我的体会就是，在读书思考的过程中，具备国际经验和视野，自觉地将中国人文学置于世界人文学的整体之中观察和思考，是不断扩大井口而看到更大天际的一个重要保障。

采访人：除了国际经验和视野之外，您在“西学素养”方面也一直有所追求。在您的论著中，中西哲学的比较也是一个引人瞩目的方面。您2013年获选为美国“国际中西比较哲学学会”的副会长，去年又继任为该会新一届的会长，表明了您这一方面的工作得到了国际同行们的肯定。可否借这个机会请您谈谈您为什么注重对西方哲学的了解以及中西哲学的比较？同时，也想听听您对于中国哲学未来的展望。

彭国翔：这个问题刚才已有涉及。本世纪初中国哲学研究方法论的讨论中，我曾提出用“援西入中”来概括20世纪初以来现代学科意义上“中国哲学”形成与发展的基本模式，主要是在“描述”的意义上指出西方哲学对于诠释与建构现代中国哲学的不可或缺。当时学界还有“以西解中”、“反向格义”甚至“汉话胡说”等说法，这些带有贬义色彩的讲法意在批评诠释与建构现代中国哲学的过程中对于西方哲学的生搬硬套。虽然并非无的放矢，但容易导向简单排斥西方哲学的偏颇。在我看来，西方哲学的引入对于现代中国哲学的发展既无可避免，更并非只有负面后果。正如对佛学的深入消化导致了儒学在宋明的复兴一样，消化吸收西方哲学不一定使现代儒学丧失自己的主体性。

我在“合法性、视域与主体性”一文中指出，简单地用某种西方哲学的框架裁剪中国哲学的思想材料，固然难以把握中国哲学的固有精神，无缘得见中国哲学的主体性，而由此即导致逆反，对西方哲学产生厌恶或者恐惧，希望全面清除中国哲学中的西方哲学因素，同样不免堕入“边见”，只能是从一个极端到另一个极端。以往对于西方哲学的运用不善,并不意味着中国哲学的研究不需要西方哲学,更不意味着真正的“中国哲学”中就不允许有任何西方哲学的因素。在世界各种文化传统互动沟通日趋深入的情况下,试图在拒斥西方哲学的情况下建立中国哲学的主体性,既无必要也不可能。只有在与西方哲学深度互动与交融的过程中,作为一种真正富有特性的观念结构和价值系统而非单纯的话语形式,中国哲学的主体性才能够得以建立。我们可以看到,迄今为止,无论古典研究还是理论建构,在中国哲学领域取得巨大成就的前辈与时贤,几乎无一不对西方哲学传统有深入的了解与吸收。可以这样说,对中国哲学的发展而言,关键不是用不用西方哲学的问题,而是用得好坏与深浅的问题。我们当然不能以西方哲学为标准,但不可不以西方哲学(包括印度哲学以及其他文化的哲学传统)为参照。作为一名从事中国哲学的工作者,这是我对西方哲学以及中西哲学之间关系的基本看法。

“援西入中”主要是描述的意义,而我在 2015 年发表的“重思‘Metaphysics’——中国哲学的视角”一文中提出的“援中入西”,更多是在提倡的意义上来说的。我的看法是,当今世界不同思想文化传统日益共生共成,越发“你中有我、我中有你”。这种情况下,将中国哲学引入西方哲学,既有助于西方哲学传统在当代的自我反省和更新,对于检讨人类普遍经验以及重构哲学之所以为哲学的基本问题,也是不可或缺的。

所以,注重西方哲学和中西哲学的比较,对我来说一方面是发展中国哲学的必由之路,另一方面也是基于人类普遍经验的哲学思考工作的必然要求。当然,“援西入中”和“援中入西”不应理解为两种先后的工作,似乎 20 世纪是将西方哲学引入中国哲学,而 21 世纪以来则要将中国哲学引入西方哲学。正确的理解应该是:即使我们自觉意识到如今需要将中国哲学的观念资源引入西方哲学的当代发展，也并不意味着将西方哲学引入中国哲学的工作已经结束。“援西入中”和“援中入西”必须同时进行，中国哲学的持续发展需要不断引入西方哲学，反之亦然。如此双方在不断互动交融的同时，各自的主体性也才会日益彰显。当然，无论是“援西入中”还是“援中入西”，都要求我们在植根中国哲学传统的同时，必须深入了解西方哲学传统。只有不断吸收和消化西方哲学的养分，同时积极介入西方哲学的发展，中国哲学的发展才会“苟日新、又日新、日日新”。

后　记

本书比较系统和完整地反映了我迄今为止对中国哲学方法论问题的思考。在今年这个人类历史上极为特殊的时期，本书能够顺利结集成册并出版，得益于以下几个方面的因素。

其一，我要感谢柏林高等研究院（Wissenschaftskolleg zu Berlin）。本书的整理与结集，是我在柏林高等研究院担任研究员（Fellow）期间完成的。作为世界顶尖的高等学术研究机构之一，柏林高等研究院为来自世界各地、具有不同学科背景的学者提供了各方面无出其右的（second to none）的便利。除了从事自己当初提交给高研院的研究计划并参加高研院定期的报告会（colloquium）以及其他学术活动之外，学者们可以完全自由地安排自己的日常活动。如此一来，我自然得以抽出时间从事此书的整理与结集工作。多年以来，我养成了一种习惯：几种不同的研究工作同时进行。从事这一项工作时，另一项工作的暂停就可以说是一种休息。不过，在这种暂停与休息的状态中，我对相关工作的思考并未终止。有些需要斟酌的问题，反而会自然而然地迎刃而解；有些灵感，也会不期而至地涌现。在这个意义上，整理与结集此书，恰可以作为我其他工作的暂停和休息。当然，当我进行其他工作时，此书在其暂停与休息的状态之下，也获得了深思熟虑的机会。我的很多想法，常常是每日晚饭后在湖畔林间散步之时萌发。柏林高等研究院的所在以及我居住的地方环境优美，不仅绿植茂盛、湖汊纵横，而且人口密度很低，散步时常常周围不见一人。即使2月底3月初德国疫情日趋严重，我也一直没有终止每日的例行散步。正是由于这种“独与天地精神相往来”的从容与自在，不仅平素自觉的思考很容易获得更为澄明的条理，很多以往不自觉的蕴蓄，也时常在优美与静谧的环境之中油然而生，成为自觉。所以，此书能够顺利结集成册，我的各项研究工作能够适意进行，不能不说柏林高等研究院提供的工作与生活环境是一个首要因素。

其二，本书从接洽到正式签订出版合同，不过一个半月时间，可以说极为顺畅。之所以如此，实在算是特别的机缘使然。2012年暑假，我在位于哥廷根的马普宗教与民族多样性研究所（Max Planck Institute for Religious and Ethnic Diversity）担任研究员期间，曾于7月16—21日赴德国南部的小城图岑（Tutzing）参加国际儒联与位于图岑的德国公民教育学院（Academy for Civic Education）合办的学术会议“Foundation of Reason and Morality: A Philosophical Dialogue between Chinese and German Philosophy”。会议期间遇到复旦大学的孙向晨兄。虽然那是初次见面，但茶歇、聚餐以及会后的游览期间，我们相谈甚欢，很多看法不谋而合。向晨兄当时即邀我加盟复旦，后来还专门请我到复旦做了一次讲座。当然，2014年伊始我去了浙大，彼此忙于各自的工作与生活，加之我历来奉行“君子之交淡如水”的理念，与他随后也就没有特别的交流了。因缘巧合的是，去秋向晨兄到柏林自由大学哲学系客座，事先我完全不知道。我来柏林高等研究院，也没有知会他。柏林自由大学哲学系的一次活动邀请我参加，我才看到他的名字，知道他原来也在柏林。尽管我因故没有参加那此活动，但既然两人同在柏林“为异客”，自然也就再续前缘，聚了几次。虽然许久没有联系，但彼此相见，还是和八年前一样没有客套，谈得很投缘。用向晨兄的话来说，我们常常是一句话尚未说完，彼此已经完全明白了对方的意思。尤其难得的是，无论是对于学问、学界还是教育，乃至若干时事，我们的很多看法都高度一致。向晨兄多年来在治学有成之外，也从事行政管理工作，并已到了得心应手的境界。而我除了研究和教学之外，迄今所有从事过的工作，都仅限于学术的领域。但向晨兄对于我的取向与追求，竟颇能有相当的"了解之同情"，三言两语之下，常常一语中的。这就不能不让我顿生一种"他乡遇故知"之感了。因此，当他提及与上海三联书店黄韬先生的交谊之后，我出于对他的信任，便考虑将上海三联当作出版此书的首选。而同样让我感到愉快的是：黄韬先生虽然迄今尚未谋面，但彼此邮件往复不过两次，我已颇感其人之友善、周到与高效。可以说，正是如此的机缘，使得此书从接洽到签约极为迅速和顺畅。

其三，本书能够及时交稿，我也要感谢帮助我完成校订工作的几位学生和友人。除了我如今在浙大指导的研究生王聪、王若言、胡恩宇、蒋昊、唐若严、陈辰以及我以前在清华指导过的学生李卓之外，还有中国社会科学院世界宗教研究所的李文彬先生。由于文彬对印度哲学有相当的了解，我特意请他帮我校阅了第七章"唐君毅与印度哲学"这一部分。事实上，该章文字当初发表之后，文彬便留意到了其中的几处误植。我后来也做了更正。但换了两次电脑，我不能确定现存的文档是否改正后的版本，只好再请他帮忙。他们的认真与细致，不但使我很快完成了校订工作，而且将文字误植的几率降低到了最小。

我以往在中国大陆出版的著作，除了《儒家传统的诠释与思辨——从先秦儒学、宋明理学到现代新儒学》(2012)是因为接受了武汉大学出版社素未相识的编辑之邀外，都是在北方的几家出版社出版的，其中包括生活·读书·新知三联书店、北京大学出版社、中华书局以及河北人民出版社。即使2018年由浙江大学出版社出版的修订版《重建斯文——儒学与当今世界》(初版是2013年北京大学出版社出版,完整增订版2019年春由台湾华艺出版社出版),实际的出版单位北京启真馆文化传播有限公司,其实也不在杭州而是在北京。此书之前,我并未想过要特意选择南方的出版社出版自己的著作。不过,既然我如今南下武林于浙大任教已近七载,那么,在人杰地灵的江南,由同样素享盛誉的上海三联书店出版自己的著作,也就是自然而然、顺理成章的了。我也很希望这次的出版,成为我个人学术著作出版史上一个新的阶段的良好开端。

去年岁末迄今的疫情,使我们人生的方方面面都发生了改变。诸多疫情期间的状态,是否会成为人类生存的新的常态?这个问题,也许要交给时间去回答。无论如何,这场全球性的疫情,大大增加了人们独处的时间。我历来认为,对于纯粹的学术思想工作而言,尽量避免各种热闹而保持冷静是非常必要的。如果离开了热闹便嗒然若丧,在独处的状态下便心猿意马、憧憧往来,恐怕并不适合真正的学术思想工作。当然,真正的冷静无分闲忙、不随境转,但独处较易带来冷静,也是必须承认和值得珍惜的。此书的结集成册,不仅在我又一次"独在异乡为异客"的经验之中,更是在这次疫情所致的非常的"独处"状态下完成的。对于这一全球性的事件来说,这或许也算得上我个人一种别样的见证。是为记。

2020年5月19日初稿

2020年9月23日修订

图书在版编目(CIP)数据

中国哲学方法论:如何治"中国哲学"/彭国翔著.
—上海:上海三联书店,2020.11
ISBN 978-7-5426-7203-2

Ⅰ.①中… Ⅱ.①彭… Ⅲ.①哲学—方法论—中国—文集
Ⅳ.①B2-53

中国版本图书馆 CIP 数据核字(2020)第 180328 号

中国哲学方法论——如何治"中国哲学"

著　　者 / 彭国翔

责任编辑 / 黄　韬
装帧设计 / 徐　徐
监　　制 / 姚　军
责任校对 / 张大伟　王凌霄

出版发行 / 上海三联书店
(200030)中国上海市漕溪北路 331 号 A 座 6 楼
邮购电话 / 021-22895540
印　　刷 / 上海普顺印刷包装有限公司

版　　次 / 2020 年 11 月第 1 版
印　　次 / 2020 年 11 月第 1 次印刷
开　　本 / 640×960　1/16
字　　数 / 250 千字
印　　张 / 18
书　　号 / ISBN 978-7-5426-7203-2/B·707
定　　价 / 68.00 元

敬启读者,如发现本书有印装质量问题,请与印刷厂联系 021-36522998